本书翻译得到教育部哲学社会科学研究重大课题攻关项目

"加强宪法实施、教育和监督研究"（项目批准号：18JZ036）的资助

孩子为什么遵守规则

法律社会化与合法性发展

[美] 汤姆·R.泰勒（Tom R. Tyler）
[美] 里克·特林克纳（Rick Trinkner）/ 著

雷槟硕 / 译　范进学 / 校

WHY CHILDREN FOLLOW RULES

Legal Socialization and
The Development of Legitimacy

上海三联书店

推荐序

泰勒与特林克纳撰写的《孩子为什么遵守规则》(*Why Children Follow rules*)一书并不是对孩子们的遵守规则之行为进行实然描述,而是关注孩子们遵守规则的原因,其试图分析人们遵守规则的内在驱动力是什么。

为何作者要关注这样一个问题?泰勒曾专门写过《人们为什么遵守法律》一书。[①] 作为一本法律社会学的著作,《人们为什么遵守法律》通过对芝加哥地区所进行的社会调查,分析人们为什么遵守规则。如果一本专著即可解决前述问题,那么作者便无需另行撰写专著。但是,泰勒为何又专门撰写另一本专著来探讨孩子为什么遵守规则呢?用本书作者自己的话来回答就是,"法律学者们大多都忽视了儿童与青少年社会化的过程……与法律相关的态度和价值观在成年之前已经形成……从儿童与青少年时期开始的法律社会化是整个法律社会化过程的重要部分"[②]。人们遵守、认可与支持法律的原因很多,既可能是基于最基本的成本与效益的功能性考量,也可能是单

---

① 中译本参见[美]汤姆・R. 泰勒:《人们为什么遵守法律》,黄永译,中国法制出版社2015年版。

② Tom R. Tyler, Rick Trinkner, *Why Children Follow Rules: Legal Socialization and the Development of Legitimacy*, Oxford University Press, 2017, p. 1.

纯担心受到法律惩戒，还可能是因为认可法律所体现的价值观。其中，最具稳定性的守法理由便是法律及其运作所体现的价值同行为主体的价值观相一致，即行为主体认为法律具有合法性（legitimate）。但是，这种合法性并非来源于人们成年那一刻的"灵光一闪"。事实上，成年人对法律合法性的认知是一个不断发展演变的过程。在个体的生命历程中，尤其是儿童与青少年时期，其涉法的日常实践活动使得法律合法性得到进一步发展或削弱。[①] 因此，关注孩子为什么守法，便是关注成长过程中的孩子如何形成他们对法律合法性的认知。

人们对法律形成合法性的认知并不等于说法律就是合法的，因为合法性认知存在程度高低之分，甚至存在负面认知的情形。相反，在生命历程中，孩子对法律的看法与认知具有不同的发展轨迹，既可能是纯粹强制性模式驱动下的"投机"守法，也可能是将守法作为生活方式的价值观驱动式守法。因此，人们对法律的信任感与守法精神之形成离不开儿童和青少年时期的合法性认知之培育。培育一种与法律相关的支持性态度和价值观，可以促使人们认可法律及当局，并使法律实施活动不再停留在外在威慑层面上，从而更多地推动人们将法律作为一种二阶的行动理由[②]贯彻到日常生活中。一方面，从内在视角来看，法律制度、法律规则等法律的外在表现形式需要体现法律价值，从而在深层次上使法律与行为主体达成规范一致性[③]；另一方面，在规范一致性形成的基础上，法律制度、法律规则、负责具体实施规则的法律当局以及其他权威可以获得行为主体的认同，以实

---

① Tom R. Tyler, Rick Trinkner, *Why Children Follow Rules: Legal Socialization and the Development of Legitimacy*, Oxford University Press, 2017, pp. 49-51.

② ［英］约瑟夫·拉兹：《实践理性与规范》，朱学平译，中国法制出版社 2011 年版，第 27—40 页。

③ Tom R. Tyler, Rick Trinkner, *Why Children Follow Rules: Legal Socialization and the Development of Legitimacy*, Oxford University Press, 2017, p. 79.

现即使在法律规则同个人利益或者偏好乃至特定范围中的社会利益出现冲突时,行为主体也将践行法律规则。相反,尽管人们可能会基于成本与效益之考量或对惩戒之恐惧而选择遵守法律,但这种动机驱动下的守法行为具有极大的不稳定性,会导致法律活动沦为行为主体的纯粹利益权衡与风险评估;同时,维持这种动机驱动过于倚重强制性措施。本书作者明确指出,强制性措施尽管可能是有效的,但其效果却甚为微小。[①] 此外,为取得持续的效果,强制措施必须被长久地实施,因此高水平的制度资源与成本将被不断投入,这必然会影响其他社会领域资源的投入,甚至是攫取其他领域所需要的资源,即强制措施对培育法律信任和守法精神收效甚微,甚至是发挥负面作用。强制性的内容并不能将服从内化为一种价值观,相反,其会导致人们不信任采取该措施的权威,进而使得权威合法性流失。由此带来的结果便是,人们拒绝同权威进行合作,并且在权威强制措施不足以形成可靠压力的情形下,拒绝服从规则;甚至在权威强力足以形成压制的情形下,人们拒绝服从规则的情况仍然会出现。对于基于权威强力而服从规则的行为人来说,与外在服从行为相对的内在认知却是对规则的反对与反感,即使行为人可能表面上选择了服从规则,但内在仍然可能对权威的合法性做出消极评价。因此,为促使人们形成对法律合法性的认知,或者提升法律在人们认知上的合法性程度,价值观培育的方式需要更多地被采用。

价值观培育的方式应更多地聚焦于个体的未成年阶段,因为"个人对法律制度合法性的看法在孩子成长到青少年早期阶段的时候已经形成。为了确立法律制度的合法性,在早期阶段采取介入措施是

[①] Tom R. Tyler, Rick Trinkner, *Why Children Follow Rules: Legal Socialization and the Development of Legitimacy*, Oxford University Press, 2017, p. 34, 42, 132, 201.

必要的"①。为促使人们形成对法律的认同，必要的介入措施必须在人们未完全形成对法律的成本-效益认知或者工具主义认知之前就被采用，以培育人们对法律合法性的认知。同时，根据本书作者的论证，在成长过程的不同领域（家庭、学校和青少年司法系统）中，孩子对权威与规则的认知不尽相同，但是不同领域会相互作用，尤其是前领域会影响后领域中的人们对权威与规则之看法。因此，在更早阶段培育孩子对权威与规则的合法性之认知就尤为重要。此外，不同领域内的合法性认知也具有不同的特点，如在家庭中，孩子对父母权威的认知具有依赖性的特征，因为在儿童乃至婴幼儿时期，孩子的生活范围有限，其所接触到的权威有限，孩子在价值观方面对父母具有高度依赖性。但是，孩子在学校中所面对的情况则不同，他们不仅是家庭中的孩子，还是学校中的学生，他们面对的既有家庭中的父母权威，还有来自学校的教师和同龄人的权威。此时，不同权威之间可能存在冲突，人们会基于不同权威所体现的价值观及其程度采取不同的行为，以展现他们对不同权威的支持倾向和价值观偏好。② 因此，对孩子的法律价值观之培育还要注重不同阶段、不同领域的特点，有的放矢地采取对应的措施。

当然，关于孩子为什么遵守规则以及如何在不同领域内培育孩子们的支持性态度与价值观，读者需要进入到本书中进行更细致的阅读与探讨，因为本书涉及的内容还包括认知能力发展、道德发展、法律推理等具体问题，而这些问题都关乎孩子的价值观与态度之形成。同时，上述问题也是促使价值观与态度形成的因素，尽管形成的价值观与态度可能是反对或否定的，但这些因素是不可被忽略的。

---

① Tom R. Tyler, Rick Trinkner, *Why Children Follow Rules: Legal Socialization and the Development of Legitimacy*, Oxford University Press, 2017, p. 205.

② Tom R. Tyler, Rick Trinkner, *Why Children Follow Rules: Legal Socialization and the Development of Legitimacy*, Oxford University Press, 2017, p. 102.

这些因素构成支持性公民态度与法律价值观形成的前提，而支持性公民态度与法律价值观是法律信任感和守法精神的核心动力，其促使人们将遵守法律作为内在理由，从而形成一种遵守法律的公民身份认同，而不仅仅是通过外在观察视角来评价法律的"好与坏"或者是否应该遵守法律。将遵守法律视为一种生活方式或者促使人们将遵守法律作为公民身份认同的一种方式，这有助于促进法律信任感和守法精神内化为公民的一种品质。只有养成稳固的守法意识与精神，公民才能将遵守法律内化为一种价值观驱动力。因此，探索"孩子为什么遵守规则"便是追问如何培育孩子遵守规则。通过价值观培育的方式，法律制度、法律规则和法律权威能与人们的认知相契合，法律由此能够得到人们的认同，并在日常生活中被充分践行。

2015年2月28日，习近平总书记在北京亲切会见第四届全国文明城市、文明村镇、文明单位和未成年人思想道德建设工作先进代表时提出："人民有信仰，国家有力量，民族有希望。"同样，只有人民信任法律，法治国家才有力量，中华民族才更有希望。

范进学

致　谢 ────────────────────────────────────

　　汤姆·泰勒想要感谢他的导师大卫·O.西尔斯,感谢西尔斯让他在加州大学洛杉矶分校的学习生涯中认识到法律社会化的重要性。里克·特林克纳受到自己的研究生导师艾伦·科恩的激励。在新罕布什尔大学正在进行的系统化研究中,科恩努力阐释了法律社会化对日常生活的关键作用。这本书很大程度上应归功于科恩等人早期的开拓性工作与琼·塔普,塔普早期的耕耘为未来学者的研究确定了研究领域。我们还要感谢我们各自的伴侣——多莉丝·兰贝茨和萨拉·杜德克——当我们全身心写作本书时,她们默默地支持着我们。

目 录

第一编

导　论

　　法律学者和社会学家研究法律问题,他们认为法律中的一个核心问题是要理解为什么成年人遵守法律(Tyler,2006a,2011)。证据表明,与法律相关的态度和价值观是驱动(motivating)成年人实施涉法行为(law-related behavior)的核心。因此,析清与法律相关的态度和价值观在法律社会化过程中的发展过程就尤为重要。虽然这是事实,但法律学者们大多都忽视了儿童与青少年的社会化过程。缺乏对人们在成年之前的法律社会化之关注的研究是极为讽刺的,因为人们心中与法律相关的态度与价值观在成年之前就已经形成,并且他们通常拥有与法律权威(legal authorities)①打交道的定型化个

---

① 关于"authority"或"authorities"的译法,本书主要有三种情况:第一,译为"当局",一方面是因为国内已有人在泰勒的译著中将"authority"译为"当局"(参见[美]汤姆·R.泰勒:《人们为什么遵守法律》,黄永译,中国法制出版社2015年版),另一方面是因为在本书中,该词有时被用作指称权力机关,所以译为"当局"比译为"权威"更能体现语境与词汇的用法;第二,译为"权威",在本书中,"authority"不仅同"legal"搭配使用,还同"moral""social"等词汇搭配使用,如导论第三自然段中就使用了"moral authority"的用法,译为"当局"显然不符合语境,因此译为"权威"在类似的语境中显然更合适;第三,译为"权力",此译法主要适用于"主体+动词(如exercise)+authority"等句式,但有时也译为"权威"。第三种用法在本书中出现得不多,其他两种用法的含义一样,只是在语境上有所区别。因此,译者一般将"authority"或"authorities"译　　　　　(转下页)

人经验。始于儿童与青少年时期的法律社会化是整个法律社会化过程的重要组成部分。

是什么区分了法律社会化与一般意义上的社会化呢？法律社会化是更大社会压力的一个子集，它特别侧重于人们发展和理解他们与法律之间的关系之过程。在其核心部分，法律社会化假定法律是社会环境结构的关键制度，法律的重要性在于它是调整社会、指引人们行为以及组织家庭、学校和其他社会制度内人际关系的依据（Ewick & Silbey，1998；Tapp & Levine，1974）。而且，与更广泛的社会制度一样，学习法律以及与其打交道的方式（how to relate to it）是人们成长过程中的重要环节。

社会中的法律制度与道德权威的来源不同，法律制度在社会管理、纠纷解决与社会秩序维持中扮演了国家的角色。法律制度通过行为规范成文法化（codified）的方式（如法律规定）管理公民的行为。通过此种方式，法律当局被国家授权实施公共领域的规范性行为标准，以及解决人们之间的冲突与分歧。这表明社会管理（control）是通过国家行为和公共权威的运作进行的，而不是借助个人行为标准进行私人管理。

法律社会化关注人们如何通过法律制度形成他们对正式行为规范的认识与观念。法律何时可以约束人们的行为？哪些类型的事情应该受到规制？为什么法律应该规制某些情形下的某些行为，而不是其他情形下的其他行为？同样重要的是，法律应该怎么规制行为？

（接上页）为"权威"，在涉及国家机关或权力机关意义上的权威时则将之译为"当局"。具体译法之选择，还需要参考上下文含义及其所指称的语境。

译文会采取必要的译者注的形式对相关问题（如社会背景、特定名词等）进行必要解释。同时，本书存在少部分（25 个）尾注，因为数量较少，译文统一采用脚注的形式将其列出。为区别于译者注，原书注（尾注）将以"＊"的方式标出，而译者注采取每页重新编号的形式，用阿拉伯数字予以标出。——译者注法律应该采用惩罚和报复的方式进行规制吗？在实践中，人们如何运用法律权力才是合理的？人们何时应该遵守法律？在某些情形下，人们可以不服从法律，但在其他情形中呢？这些问题的答案背后体现的是人们如何经历和解释他们同法律之间的关系，这些内容催生了人们对法律权威的态度与支持。

还有大量的研究关注道德社会化（参见 Killen&Smetana，2015），而且很重要的是，这些研究从一开始就将法律社会化与道德社会化区分开来。道德发展的研究关注人们如何习得（acquisition）以"什么是对的，什么是错的"为主要内容的个人价值观。实际上，道德社会化是一个观念发展的过程，其关乎人们应该实施什么样的行为，而无论正式的成文规则（如法律）是如何规定的。一旦被内化，这些价值观就被人们用于指导自己的行为（例如，我要做我认为符合道德的事情），并指导他们在其他领域中的判断（例如，你是不道德的，因为你做了我认为是错的事情）。这里的核心思想是，一系列个人原则的发展使这些价值观成为个人的行动标准，并融入到他们对社会世界的理解之中。

尽管法律社会化与道德社会化有诸多相似之处，但两者并不能相互替代。道德发展检验与人们行为的合理性相关的社会规范，而法律发展寻求的则是与社会标准应如何规制人们的行为相关的规范。无论一个人同意还是不同意吸食毒品、进行堕胎、欺骗伴侣或者自愿卖淫，这都是道德价值和道德发展问题。无论一个人是否认为法律制度需要使用权力来约束人们做以上这些事情的能力，一旦规则被制定出来，这些权力该如何运用，以及人们是否认为自己应遵从这些规则（无论他们的道德观是什么样的），就都是法律价值观和法律发展问题。

在考察决策困境这一公共议题时，人们可以清楚地看到法律与

3　道德之间的区别。科尔伯格（Kohlberg）①曾提出过一个著名的道德困境案例（1963），即一个人偷药品拯救他的配偶是否是正义的。在这个困境中，人们需要平衡两种道德价值观：遵守法律和帮助需要的人。从另一个视角来看，这也是一个法律问题。一个人遵守法律和遵从法律权威指导的义务是什么意思？如何确定一项法律的合法性（legitimacy）②？法律权威合法性的限度在哪里？这些问题并不关注道德原则意义上的那些正确的应为之事，而是关注人们对外在的国家权威的义务之遵从（而不管个人的道德原则）。法律社会化涉及的就是这种义务观念的形成。

　　法律社会化的目标是使人们逐渐形成遵从法律或者接受法律权威之义务或责任感；而道德社会化的目标是使人们形成一种遵从有关合理行为的社会标准之义务感，这种标准独立于法律规则与法典。鉴于日常生活中的情况，那些在社会中被认为不道德的行为通常也为法律所禁止，所以两者通常致力于同一个目标。但是，情况并非总

① 科尔伯格是美国儿童发展心理学家，他继承了皮亚杰的道德发展理论，并在儿童认知发展领域提出了"道德发展阶段"理论，该理论同以弗洛伊德为代表的精神分析学派相并列。皮亚杰与科尔伯格代表了认知心理学派。科尔伯格的理论在本书后续章节中得到充分展现，需要深入或进一步了解该问题的读者，可以阅读科尔伯格的著作。——译者注

② "legitimacy"可以译作"合法性"，也可以译作"正当性"。当"legitimacy"与"legality"并存时，"legitimacy"译作"合法性"，"legality"译作"合法律性"；当"legitimacy"译作"正当性"时，"legality"译作"合法性"。在与"legality"相对应的语境下，"legitimacy"强调的是实践、制度等内容的道德价值与合理性（参见［美］布赖恩·H. 比克斯：《牛津法律理论词典》，邱昭继等译，法律出版社 2007 年版，第 136—137 页）。但是，本书译者之所以将"legitimacy"译为"合法性"，主要基于以下几个考虑：第一，在国内已有的泰勒译著中，"legitimacy"也被译作"合法性"（参见［美］汤姆·R. 泰勒：《人们为什么遵守法律》，黄永译，中国法制出版社 2015 年版），遵循惯例是一个重要的考量；第二，在本书中，作者曾在与道德相区分的意义上使用"legitimacy"，将其翻译为"正当性"或"合理性"则无法有效区分其在法律意义上的使用；第三，"legitimacy"同样具备法律意义上的含义，在法律与道德两分的情形中，译为"合法性"更易于区分。基于以上三个原因，本书译者将"legitimacy"译为"合法性"。——译者注

是如此。犯罪行为并不一定是一种不道德的行为,也并非所有的不道德行为都被认定为是犯罪行为。大多数人都能想到的一种情形是,他们认为某种行为是不道德的,但他们却不足以确定此种行为是犯罪并使用所有的法律力量去禁止人们做这件事。与此同时,在理论上,即使人们支持用法律来规制不道德行为,但在怎么借助法律制度、在多大程度上借助法律制度等问题上,人们的观点也不尽相同,这些观点受到人们理解法律在社会中的位置和功能之方式的强烈影响。

法律社会化讨论的核心是法律在公众心中呈现出普遍的合法性认知。法律社会化所关注的合法性表明,道德社会化与法律社会化在内容上是不同的。在一般社会化过程中,道德价值观是以人们的一系列是非原则(principles of right and wrong)之形式发展起来的。这些原则最后被成年人用于指导自己的行为,并用个体的是非标准(standards of right and wrong)来判断每一个问题。相对应地,合法性观念指导人们的行为,从而使人们认同这是他们遵守法律的义务,而不论其内容为何。因此,人们将法律当局权威化,法律当局得以决定何者是正确的,人们随后会产生一种遵从的义务感。当然,正如我们将要指出的,这仅发生在恰当的问题域内。在这一领域内,人们暂停自己的价值观运作,并依赖权威的价值观。因此,从合法性与道德观影响法律制度运作的方式来看,两者之间存在根本的不同。

与这一区别相一致的是,法律在历史上有时同道德价值观相协调,有时则与道德价值观相抵触。纵观历史,国家与教会一直作为可以互相替换的规范性权威来源而存在。在美国,有很多道德价值观同法律相抵触的情形,其中之一便是堕胎。针对那些将堕胎视为是道德上的错误的人,法律要呼吁他们服从合法性权威。因此,我们认为法律社会化同道德社会化不同,在更根本的意义上,法律社会化关系到国家在一个道德价值观多元的社会中的运作能力。

4

　　另一方面，同样重要的是，我们必须承认道德价值观在涉法行为中发挥着重要作用。我们通常可以在研究中发现，行为的道德性是预测人们是否实施该行为的强有力因素（Tyler，2006a）。相比于合法性和惩罚性之威胁，道德观更有用。因此，在我们试图弄清楚何以增进人们对法律的服从时，另一个重要的问题是如何处理道德观与合法性之间的关系。我们认为这些问题都是重要的，而且这是一个能将道德社会化研究立即同法律制度如何运作这一讨论关联起来的问题（参见 Killen&Smetana，2015，其对道德社会化的研究做了一个综述）。然而，基于已经指出的原因①，我们此处并不关注这个问题。

　　研究法律社会化就是去研究——通过考察法律制度在我们的社会世界中所扮演的角色——法律与社会之间的关系。这需要处理一系列有关法律的问题。人们如何理解他们与法律制度之间的关系？哪些责任与义务——作为法律与公民的组成部分——同这种理解相关联？法律制度在创造或破坏社区成员间的团结和凝聚力中发挥着什么作用？人们怎么被激发去参与法律制度？这种方式形成了凝聚力，并影响了人们对法律的服从，以及人们与法律权威的合作。所有这些问题都与研究法律社会化的学者有关。

　　我们这本书的目标是鼓励学者对法律社会化问题投入更多的注意力。我们通过确定与这种社会化相联系的基本过程来做到这一点，它们包括：（1）内化价值观，即人们期待法律权威如何对待公民，以及公民如何对权威的行为进行回应；（2）形成态度，即对现实的法律象征（包括法庭、法律、警察、法官和其他法律当局）的态度；（3）认知和生物学意义上的能力发展，即分析和思考作为一种社会制度的法律如何在社会中发挥恰当的作用。

---

① 此处所指的原因是前文指出的法律与道德不同，两者不能相互替代。而且，本书关注合法性而非道德问题，所以，作者不在此处进一步推进道德社会化问题的研究。——译者注

除此之外,我们还考察了法律社会化在发展过程中的特定时间 *5*
点上如何发生,并如何在整个生命历程中随着时间而演变。我们特
别强调了儿童与青少年时期,因为法律社会化会对人们的早年生活
产生重大影响(Tapp,1991;Tapp&Levine,1974)。对于大多数人
来说,第一次同法律当局——尤其是与警察——打交道就发生在这
段时期(Snyder,2012)。实际上,大多数人实施犯罪行为的最早时
期就是在他们还是青少年和年轻人(young adult)的时候
(Steffensmeier&Ulmer,2002),并且大多数人同刑事司法系统的绝
大部分私人接触发生在他们成年之前。*

尽管刑法和刑事司法系统是表征人们与法律打交道的非常突出
之载体,但需要注意的是,此处所进行的讨论有更广泛的含义,这一
点很重要。人们对法律的倾向影响着他们生活的诸方面
(Ewick&Silbey,1998),包括他们是否相信他们应该遵守合同、在工
作中是否需要遵守有关腐败和欺诈的法律、是否有义务纳税,以及是
否选择一般性地遵从法律和服从法律当局的决定。正如我们将要详
细说明的,在某种程度上,社会的有效运转受大多数人在他们的日常
生活中所做出的遵守或不遵守法律之决定的极大影响。

一个人早年经过法律社会化所形成的初步看法,容易促使他们
在将来发展出一系列特定的态度、价值观和行为,这些法律社会化的
残存影响构成和塑造了人们随后的生活。因此,为了充分理解成年
人对法律制度的态度以及他们同法律制度之间的互动,研究法律社
会化至关重要。在这个过程中,儿童和青少年逐渐形成他们对法律
的观念,以及关于警察、法庭和其他法律当局的看法。

此外,尽管成年人继续同法律当局打交道,但他们同当局打交道的

---

* 在撰写有关青少年与其生命历程中的犯罪进行斗争的著作时,社会科学家(如 Moffitt,
1993)通常会认为仅有很少一部分人(少于 10%)在成年后会继续参与犯罪行为。

内容主要是接受服务（如寻求帮助）和轻罪（minor offense）行为（如违反交通规则）。* 青少年也可能实施轻罪行为，但是这其中包括一些可能使他们被逮捕甚至被收监的犯罪行为（如故意损坏财物、酗酒和抽大麻），这些行为将他们同青少年司法系统（juvenile justice system）联系起来。这种模式的结果是，法律发展（legal development）①的起点远早于成年人通过寻求制度帮助以解决他们的纠纷。

人们在与法律制度的早期接触中所发生的事情很可能影响一个人的一生，以及影响人们成年之后所持有的经验类型。青少年的生活可以走向不同的方向，这取决于青少年司法系统对青少年成年之前的大多数轻罪行为将采取何种类型的行动。因此，个人同法律制度的接触对许多人的人生轨迹之影响大多发生在他们成年之前。已然形成的观念倾向也随着孩子的成年而进入成年人的世界，但先前的行动已然为人们开辟了一条未来守法或不守法的潜在道路（Sampson&Laub，1993）。

生命轨迹强调这样一个要点，即人们早年形成的对待法律的态度将对其接下来的生活中的行为产生广泛的影响。加剧孩子疏离感的父母之行为会导致他们在学校中欺负别人以及在将来实施违法行为。老师强行实施规则——实际上同规则的真正含义并不一样——改变了学生心中与法律相关的价值观与态度。而且，一个警察的行为是一种教育经验，这会影响孩子未来的交互行为。在一种重要的

---

*这是一个事实，这里一般只有一小部分成年人，这群人普遍贫困和属于少数族群，他们不断同警察打交道，犯罪行为充斥着他们的一生（Delisi，2005）。这些经常犯罪的人一般占到整个成年人群体的 5%—10%。

① 此处的"法律发展"（legal development）并不是指"法律的发展"，而是同"道德发展"（moral development）相对应的法律认识与认知之发展。参考科尔伯格的道德发展阶段理论以及后文的观点，此处的法律发展强调青少年在法律判断上的心理发展历程，强调青少年对法律判断的阶段性特征。后文使用"发展"作为名词时，便具有此处心理上发展的含义，如本章"文化冲突"一节第二段中的"积极的发展"（positive development）。——译者注

方式中,这些早年的因素将影响成年人的行为。早年生活中遭际的当局行动,以及当局对轻罪行为的反应,会在人们成年后的生活中有所体现。作为首席执行官(CEO),商业主管在管理生意时的贪腐行为,可以追溯到其法律社会化的根源。同样,某个人是否可能成为一个终身暴力犯罪人,也可以追溯到其法律社会化的根源。

实施这些想法的一个关键是制度设计。很长一段时间以来,法律学者对如何促使人们更好地遵从法律感到困扰。为实现这个目标,法律学者经常重新设计制度,并改变惩罚的可能性与程度,以应对犯罪行为。更晚近的时候,法律学者建议使用激励来替换惩罚(Brezina,2002;Collins,2007;Pratt,Cullen,Blevins,Daigle,&Madensen,2006)。除此之外,我们认为成年人的服从是由其他制度所决定的,制度通过改变人们在孩提时代形成的对当局之倾向,对他们施加影响。这种认知改变了孩子对如何应对成年人行为之认识。我们认为,孩子早期生活中的三个阶段对他们成年后秉持的看待当局之态度有重大影响:家庭、学校和青少年司法系统。这项政策内容的关键是在设计制度时采取干预措施,以处理如何塑造成年人遵从法律这个问题。

理解法律社会化的作用

在后弗格森(post-Ferguson era)时代[①],紧张且根深蒂固的不信

[①] 2014 年 8 月 9 日,一个名为迈克尔·布朗的密苏里州弗格森镇的 18 岁黑人男青年被警察击毙,美国随后出现了抗议活动并演变为骚乱。美国有 170 多座城市出现了民众抗议活动,这其中包含着两个引爆热点的问题:第一,过分使用武力;第二,针对特定族群。与本书密切相关的就是第一个问题,过分使用暴力引发了紧张的警民关系。击毙布朗的警察达伦·威尔逊辞职,而且在随后的审判中,大陪审团(9 名白人,3 名黑人)作出不起诉的决定。不起诉的决定进一步引发了抗议活动,在抗议活动中还出现了不同程度的暴乱。——译者注

任弥漫于许多美国大众与服务于他们的法律制度之间。* 在这样的环境下，热心公民、社区领袖、执法机关的工作人员和法律学者都投入了大量的资源，以期理解并最终找出方案来重塑这种关系（总统的21世纪警务特别工作小组①［President's Task Force on 21st Century Policing］，2015）。目前，公众对法律当局的消极评价持续增多，所以，在新的阶段，政府必须制定新的战略，尤其是要关注人们的信任和信心之重建。

评估研究——促使人们对法律当局做出反应与表达不满的因素——广泛检验了成年人同警察和法庭打交道的经历，以及他们对警察和法庭的态度。然而，尽管人生的早期阶段对这些态度的发展十分重要，但在近来的法律研究中，很少有人关注年轻人如何认识法律的性质与形成他们对法律当局的原初看法（initial opinions）。

在这里，我们处理这些被遗忘的内容——成年前的社会化——并特别考察那些同法律社会化相关的问题，以及研究法律社会化如何对我们遇到的问题产生潜在的影响。我们追问了一系列问题：为什么研究法律社会化是重要的？哪一种法律社会化的心理学模型为影响成年人的涉法行为提供了最好的机会？当年轻人经历人生中的一系列由不同但重叠的权威主导的阶段时——家庭、社会和青少年司法系统——这个过程是如何进行的？人们对法律社会化的理解如何被用来提升法

---

* 密苏里州的弗格森镇，就是手无寸铁的黑人青年被警察击毙的地方，此事件引发了全国范围的抗议活动。在2014年至2015年间的诸多涉警击毙情形中，弗格森事件首次使公众对警察的信任问题（更根本上是对法律制度的信任问题）暴露在了全国人民的目光中。

① 弗格森事件发生后，当时的美国总统巴拉克·奥巴马于2014年12月签署了一项行政命令，成立了该行动小组。小组成员包括学者、民权活动家、执法官员，小组发布了临时报告和最终报告，并对警察枪击与民众对警察的态度问题进行了调研。报告的建议为美国部分州和城市所采纳，但采纳的州和城市仍然较少且各项措施进展缓慢。——译者注

律合法性(legitimacy of the law)以及被用来重建信任？此种理解对当前重塑社会成员与法律当局之间的关系之努力又有何影响？

在我们所持的有关法律和法律权威的观点中，关注点应被放在理解儿童、青少年或成年人进行推理(reason)时采用的那些使他们认为法律是正确的、正当的或正义的，进而接受它的方法。我们将论证法律社会化的一个核心部分是培育一种意识，即合理运用法律权威是什么样的(looks like)。这种观念的形成将最终为判断不同权威的合法性提供一个框架，这发生在人们的日常生活之中。这些判断对权威是至关重要的，因为无论儿童、青少年和成年人是否回应——在认为权威是合理时服从权威，或者在认为权威是不合理时质疑权威——这些判断都具有影响，要么是确定权威判断之主体，要么是确定行使权力判断之方式。

换句话说，我们强调这种观念，即无论是否选择服从权威，人们都不会被社会化成毫无反思(盲目)地服从的人。尽管这种盲从(blind obedience)可能而且正在发生，但我们的关注点在于让儿童、青少年和成年人形成一种框架，以使他们能够根据权威和制度倡导的价值观以及它们所规定的程序，对当局与制度进行区分，然后根据程序来决定何时、何地接受它们的引导。换言之，这种理想的法律社会化产品对规则和权威持一个批判性的立场，其接受遵守法律与服从权威的义务，但保持一种观点，即人们可以让权威对自身的运作方式和自身行使之权力负责。

合法性与协商性权威

本书呈现了两种不同模式的法律社会化：强制性(coercive)和协商性(consensual)。我们认为，一些社会化模式的政策和做法会促进法律态度与价值观类型的发展，它们能够使法律权威的协商模式被建立在人们的社会价值观之上。还有一些政策和做法是强制性的，它们会使人们将自身同法律制度之间的关系建立在个人风险评估之上（如果我要从一个商店偷东西，那么我被抓到和被惩罚的可能性有多大），以及建立在更一般意义上的奖惩考量之上。

这两种模式的区别植根于其他的论争当中，即人们为什么遵守或违反规则。强制性模式植根于工具性判断的理性选择之上，这种工具性判断以奖励和惩罚为内容（Becker，1976；Gibbs，1968，1975；Nagin，1998）。人们对违背规则的预期收益与被施以惩罚的可能风险进行权衡。协商性模式强调自愿遵从规则的观念，即当权威恰当行使其权力时，其便应该获得人们的服从（Beetham，1991；French&Raven，1959；Jackson，Bradford，Stanko，&Hohl，2013；Tyler，2006a）。人们关注规范性判断，而不是工具主义的问题，即人们评估他们所信任的权威是否具有合法性，进而判断它们是否有权获得人们的服从。

当人们决定自愿遵从规则时，他们会同意，因为他们相信这是在做正确的事情。这些可以被建立在个人推理和深思熟虑之上，并且/或者同权威就规则进行商议与谈判。人们对行为目的和内容的理解应被置于特定的环境之中。

在法律社会化的过程中，模式的发展程度取决于年轻人在儿童和青少年时期所经历的家庭、校园与法律权威之性质。态度与价值观的发展并不是自动的，也并不是所有的社会化实践都可以形成支持性态度和生成价值观。

关键之处在于，早期经历对大多数人的生活轨迹产生了很大的影响。而且，人们对法律的倾向在他们以成年人身份习得这些规则之前就已经基本形成。根据人们同法律打交道的方式，以及人们随后参与的法律活动的性质，青少年的生活可以朝向不同的方向发展，这取决于他们的父母与老师采取行动的方式和对他们成年以前的大多数轻罪行为所采取的应对措施。因此，对成年人的关注忽略了很多重要的事情,如理解成年人的态度、价值观和行为之根源。重要的和业已形成的倾向被嵌入成年人的心中,先前的行为也为守法或远离守法奠定了未来的潜在路径。

我们认为,这些不同的人生轨迹之影响不仅限于未来的生活和人们的幸福生活。当很大程度上是以协商性方式和法律手段被管理时,社会将颇能受益;特别是当管理方式是协商性而非强制性的时候,民主社会将享受到更有益的发展。在日常生活中,人们同法律的关系、法律对社会和民主政治的影响,也都是如此。协商性的法律价值观也是使民主进程充满活力的基础,它也可以增进社会活力和个人的福祉(Tyler&Jackson,2014)。

尽管人生早期阶段对于公民和民主社会来说很重要,但近来的法律研究普遍不够重视如下问题,即年轻人如何认识法律和法律权威的性质,以及他们如何形成对法律权威的原初倾向(Fagan&Tyler,2005)。因为法律学者的关注点在成年人及其价值观、态度和经历上,而更晚近的关于警察和法庭的研究也同样忽视了人生早期阶段的重要性。

法律社会化的关键阶段

我们认为,上述两种模式在法律社会化的过程中相互作用,这个过程集中在三个关键阶段:在家庭中、在学校里和在与青少年司法系统的互动中。我们认为,在这三个阶段的任何一个阶段中,年轻人都能够在父母、老师、驻校的安全人员(school resource officers)①、警

_____

① School resource officers(简称为 SRO 或 SROs)是驻校的安全人员。不同于警察进校园,驻校的安全人员是常驻学校的某类事务工作人员,他们不仅扮演执法者的角色,还扮演教育者、安全顾问等角色,这同国内的驻校民警有一定的相似性。驻校的安全人员需要协调青少年法庭、教育中心、学校等不同机构与组织之间的关系。——译者注

察和法官的不同做法中体验到不同类型的权威。在每一个阶段中，权威都能够以不同的方式运作，这既可以促进人们与法律相关的态度和价值观之形成，又会阻碍人们与法律相关的态度和价值观之形成。同时，不同的运作方式既可能传递关于权威和制度的积极看法，又可能传递关于权威和制度的消极看法。

研究表明，在这三个阶段的任一阶段中，有一种权威运作的方式并未构建与法律相关的价值观，也并未促进人们的支持性态度之发展（Fagan&Tyler，2005；Gregory&Ripski，2008；Trinkner，Cohn，Rebellon，&Van Gundy，2012；Tyler，1997）。这种方式借助威吓或者使用暴力力量来强迫人们服从。除此之外，此种方式还同使人感到不公平的决策方式联系在一起（Larzelere，Klein，Schumm，&Alibrando，1989；Weisz，Wingrove，&Faith-Slaker，2007/2008）。这种方式不能一致地实施规则、缺乏透明性和解释力、拒绝人们参与和发声、呈现出不公和偏见，以及过度依赖于暴力和威慑之使用。这些方式也与那些不尊重、不礼敬、不关心服从权威的人有关，它反映了一种冷酷、充满敌意、羞辱或骚扰的行为，并且这种行为可以被认为是反映了漠不关心或者压迫统治下的人之动机（Arum，2003；Straus&Donnelly，2001；Tyler，2011）。最后，这种类型的权威不承认、不接受个体自主性和选择的空间（Huq，Jackson，&Trinkner，2016；Trinkner，Jackson，&Tyler，2016）。强制性方式不能使人们形成支持性态度和价值观，而且其甚至可能使人们形成反社会的态度与充满质疑的价值观，从而培育出离群索居和独来独往的人（Anderson，1999；Delgado，2008；Mukherjee，2007；Trinkner&Cohn，2014）。强制性方式还导致孩子们欺凌他人和实施人际攻击行为，进而引发青少年违法行为与成年人的犯罪（Aizer&Doyle，2015；Fagan&Piquero，2007；Farrington，2005；Mayer&Leone，1999；McCord，1991；Trinkner et al.，2012；

Way，2011）。

当然，并非所有奖惩制度都是一样的，其中一个区别是，它们是否有导向同意的那些特征。说明为什么适用惩罚机制，并且强调适用一贯的和基于规则的惩罚是可能的。研究表明，当惩罚制度以人们认为是公平的方式被实施时，人们会支持这种观念，并认为法律是合法的（van Prooijen，Gallucci&Toeset，2008）。换句话说，两种模式虽然是不同的，但它们的特点可能存在重合的部分。

另外一种模式可以在社会化的过程中促进支持性态度和价值观的形成。这种模式包含了权威的三个重要方面：决策（decision-making）、待人的情况（quality of treatment）和限度（boundaries）。

首先，这种模式涉及以让人们感到公平的方式决策。公平的决策包括允许人们参与、使规则的性质及其适用情况透明、解释做出决策的理由、展示事实的情况和决策理由并非基于偏见，以及给人们批评的机会与提供申诉和矫正的机制。这些要素与传统法律关注的公平程序相吻合。

其次，这种模式要求公平地对待他人。公平的人际对待包括尊重他人、他们的地位、他们的需求和关切，听取和考虑人们说的事情，以及以仁爱和真诚的方式采取行动。除了做出合法与合理的且实质上恰当的决策外，我们还要注意到法律当局是社会权威，它们对待人们的方式传递了影响人们自我尊重的信息，并且它们对人们在社会中的位置和地位进行了评价。羞辱、嘲笑或者其他同蔑视一个人价值有关的行为，以及怀疑一个人或群体在社会上的地位，至少在社会学家看来，是同等重要的。这些都是相关的重点，因为它们都传达了一个社会性的信息（Tyler&Lind，1992）。

最后，这种模式涉及承认权威的限度，并且支持个人自主的观念。自主包括认可个体认为不受权威管辖的特定范围，并意识到权威染指这些范围的程度要受到限制。如果权威执意要管理恰当范围

11

以外的行为，那么权威的引导可能会被拒绝。若人们欲形成一系列个人价值观、道德观或者义务感，则他们首先必须形成一种独特的自我意识，这种自我意识是指在服从权威上，人们能够根据什么是合适的或什么是不合适的来做出决定。这些决定的核心是继续努力去区分权威的决定何时应被服从。

当父母、老师或法律权威以这种方式行事时，他们创造了一种理解合法性的框架，这种框架构成了协商性权威的基础（Beetham，1991；Tyler，2009）。当权威以具有合法性的方式运作时，孩子们相信他们应该服从权威（Trinkner&Cohn，2014）。权威的公正运作会传达合法性的信息，并引导人们服从。当社会化完成后，持有这种价值观并认为权威运作是值得信任的儿童、青少年和成年人一般更有可能遵守规则与法律，而且持有这种价值观的青少年更不可能出现人际间的攻击性行为和违法行为，也更不会在成年后实施犯罪行为（Sunshine&Tyler，2003a；Trinkner et al.，2012；Tyler，2006a）。

大量关于成年人的实证研究表明，以上观点包括两个主要方面（参见 Tyler，Goff，&MacCoun，2015；Tyler&Jackson，2013，它们做了一个综述）。首先，过往研究一再证明，信任具有合法性的法律权威并对现有权威评价良好的成年人不仅遵守法律，而且同法律权威进行合作，而不是工具性地关注他们首先获得了或者失去了什么。在日常生活中，人们以各种方式支持法律，包括担任陪审团成员、作为证人出庭作证等。

其次，研究表明，法律权威的合法性来自这样的判断，即法律权威通过公正的法律程序来制定和执行法律，包括公正的决策、公平地对待人们和承认权威运作的合理限度。大量关于成年人的研究清晰地表明，这些因素甚至在某种程度上比社区问题、警察的效用以及警察行为的合法性判断都要重要，其明确了合法性的观念（Jackson, Bradford, et al.，2013；Kochel, Parks, &Mastrofski，2013；Meares, Tyler,

&Gardner，2016；Tyler，2006a；Tyler&Huo，2002）。

以社会化的视角对两种模式进行对比是十分重要的。强制性模式可以发挥作用,但它是一种几无作用的资源集中方式,因为它是迅速和具体地实施惩罚强制的可能性,它需要创造和维持一种监督制度,并为裁判和监禁积聚资源（Garland，2001；Meares，2000）。再者,即使威慑能发挥作用,其作用也非常有限（MacCoun，1993；Paternoster，2006）。所以,为使强制性模式有效,政府往往需要维持特别高的资源水平,但强制性模式的社会成本却让人望而却步,并且社会所能发现和惩罚的犯罪行为的范围也非常有限。一项协商性制度之所以更有效,是因为它寻求的是最大化人们自我驱动服从的水平,而人们认为这是他们作为一个社会成员的义务与责任。因此,为了实现减少日后的执行成本之目标,最优化的设计建议是,将资源更早地投入到促进人们的价值观社会化和态度发展的工作之中。

发展性视角下的法律社会化

通过回顾价值观社会化的阶段与政治和法律态度之发展,我们将在传统和历史化的视角下检验法律社会化。相关研究处理了四个要点：

第一,发展一个框架,并在这个框架下理解权威。发展能够抽象思考的认知能力是发展过程的一部分,其允许规则和权威的观念发展（Tapp&Levine，1974）。法律社会化的核心就是对推理能力（reasoning ability）的研究。

第二,在发展推理能力的同时,法律社会化的进程还涉及将价值观内化为一个人的品质。这些价值观反映了有关法律制度的社会与个人规范,它在社会中的身份是正式社会控制的渊源,并且它反映了权威如何行使权力（Jackson，Bradford，et al.，2013；Tyler，

2006a)。人们一旦认定法律制度是一项有合法性的制度，那么在此基础上，这种观念就会成为他们的基本原则。由此带来的最终结果就是，人们会认为自己有义务服从权威，以践行这些价值观。

13　　　第三，法律社会化包含人们对现行政治与法律当局的态度变化。人们运用他们的认知能力和价值观来评价当局的行动，并促使自己形成对当局的喜欢或厌恶之态度（Cohn&White，1990）。在一定程度上，这涉及人们信任或不信任法律实施主体（legal actors）——警官或法官——的水平（Tyler&Huo，2002）。更为根本的是，这涉及人们对法律制度和法律自身观念的支持或者不满（Sampson&Bartusch，1998；Trinkner&Cohn，2014）。

　　第四，这些过程的背后是生物学意义上的发育。很长一段时间以来，生物学被认为是这个发展过程的基础。随着人们年龄的增长，人们获得了推理、情绪管理和自我约束的能力。任何试图理解法律或者其他社会化的努力，都必须直面社会化背后的生物学意义上之变化，这属于社会化过程的一部分（Grusec&Hastings，2015）。生物学的研究在法律社会化的案例中极其重要，因为随着人们年龄的增长，神经发育的过程是朝着人们能够更好地同法律建立协商性关系的方向发展的。这个发展过程在个体成年以前都一直在进行。所以，相对于成年人，年轻人更难做到自我约束（Steinberg，2009）。

　　正如前文所指出的，对于大多数人来说，人们同刑法的第一次接触发生在他们成年以前，刑法对他们所犯的轻罪予以回应：因为错误判断引发的犯罪（Steinberg&Cauffman，1996）、不能有效控制自己的冲动而犯罪（Gottfredson&Hirschi，1990），以及因为过大的同龄人压力而犯罪（Gifford，Smith，Dodge，Dishion，&McCord，2005）。研究表明，如果这些活动未将这些青少年带到刑事司法当局面前，他们会随着推理能力和控制能力的提高而"逐渐消除"（age

out)他们的违法行为,几乎所有人都会成长为正常的守法成年人(Moffitt,2007;Steffensmeier&Ulmer,2002)。

然而,在某种程度上,对于因这些行为而被带到青少年司法系统中的青少年而言,他们的人生轨迹更有可能朝向成年犯罪方向发展(Aizer&Doyle,2015;Petrosino,Turpin-Petrosino,&Guckenburg,2010)。正如巴托拉斯(Bartollas)和施马勒格(Schmalleger)曾解释的,"年轻人越早为青少年司法系统所注意,就越有可能继续实施青少年犯罪;他们花费越多的时间在青少年司法系统中,就越有可能走向成年人犯罪;他们越走向制度的深处,当他们离开这项制度后,再犯(recidivism)的概率就会越高,并在他们成年后实施更严重的犯罪"(2011,p.310)。尽管与青少年司法系统接触并不会必然导致这些消极的后果,但从本质上说,具有惩罚性和严厉性的制度可能会激化问题,而不是解决问题(Slobogin&Fondacaro,2011)。

14

制度设计

为什么关注法律、法律权威和涉法行为社会化的观点呢? 我们的观点已经清晰地指明了法律制度设计的含义。培育社会中的大多数人对法律协商性模式的倾向有明确的优点,而且我们的社会制度就应该如此被设计。然而,与此同时,美国人视角下的法律社会化存在一个悖论(paradox)。我们将在研究中回顾这一主张,即指向法律的协商性方式产生了社会效益。而且,研究表明,价值观的社会化是可能的,并且社会化也为这一活动提供了机制。

尽管有这些事实支持,但在法律社会化过程中——强制性模式或协商性模式——哪种模式更合适是存在巨大争议的,并且仍有人支持在家庭中(Regalado,Sareen,Inkelas,Wissow,&Halfon,2004)和在学校中(Arum,2003)采用强制性模式,青少年司法系统

(Rios，2011)和成年司法系统(Garland，2001)亦应如此。不管是体罚问题、严格的课堂规则与纪律问题、青少年新生训练营(adolescent boot campus)问题或糟糕的监狱条件问题，许多人——包括刑事司法当局和政治领导人——赞成用工具主义的方式来管理社会秩序。通过解释价值观的社会化和推动支持性态度法律社会化的研究提供了与强制性模式形成平衡的重要观点，法律社会化的观点不仅可以激发人们遵从法律的意愿，而且可以促使人们自觉服从权威，并自愿与法律权威合作。

正如我们将在本书的第三部分详细论证的，法律权威和非法律权威的研究接连传递出两个信息：第一，法律社会化的过程并不必然会使人们对法律表现出协商性倾向，这取决于那些握有权力和运用权力来规范人们行为的人之经验，人们可能基于支配、恐惧和工具化的动机而同法律形成一种关系；第二，当人们的经历是这样的，即权威以尊重他们的方式，公正决策和承认他们的自主性时，人们才会对法律表现出协商性倾向，这促使人们将法律接受为一种价值观基础上的动机要素，并且认为当人们践行法治(follow the rule of law)时，社会才能很好地运转。

在法律和非法律的背景下，权威可能以阻止法律价值观习得的方式行动。实际上，许多被广泛采用的做法已经表明，权威可能削弱人们与法律相关的价值观的社会化。从父母教育的角度来看，许多父母以不连贯和非透明的方式实施规则，并使用体罚的方式来推行规则，孩子们开始变得冷漠或拒绝父母(Regalado et al.，2004；Straus，1991；Straus&Donnelly，2001)。体罚的广泛使用反映了这样一个现实，即许多父母通过强制性的方式养育他们的孩子，他们不解释他们的决定，不对规则和规则的适用加以阐释和进行协商，父母对待孩子的方式也缺乏尊重。这么做不仅不能使孩子形成支持性的态度与价值观，而且孩子们将来有很大的可能性同青少年违法行为和成年人犯罪发生直接关联（Earls，1994；Gershoff&Bitensky，2007；Straus&Donnelly，2001；Trinkner&Cohn，2014；Trinkner et al.，2012）。

在学校中，以过分严厉的制度体系和惩罚应对规则违反行为，以及采取惩罚性和漠不关心的教学策略，将有很大概率会导致学生违反校园规则（Genderon Williams，&Guerra，2011）、加入校园帮派（Rios，20110）和在随后的生活中实施青少年违法行为（Jenkins，1997）。另一方面，那些被认为以公平的方式运用权力的老师可以与学生建立信任关系，他们被视为正当的（legitimate），还可以使学生在学校和校园环境以外的其他区域更多地实施规则遵守行为（Arum，2003；Gregory&Ripski，2008；Trinkner&Cohn，2014）。

最后，警官、法庭和青少年司法当局通常被认为是不公正的、缺乏尊重的，在同青少年的接触中，它们过度使用惩戒（Carr，Napolitano，&Keating，2003；Gau&Brunson，2010；Humes，1997）。毫不意外的是，这种接触的结果通常会破坏支持性法律价值观与态度，并刺激青少年实施违法行为（Fagan&Tyler，2005）。实际上，部分法律权威的不公正和惩罚性行为会导致人们质疑法律及其维持社会秩序的能力（Trinkner&Cohn，2014），强化人们与成年人犯罪相关的观念，并使人们对高犯罪率社区中的暴力漠不关心（Kirk&Matsuda，2011；Kirk&Papachristos，2011）。

文化冲突

在每一个发展领域内，权威都可以采取一些能够产生积极后果的行动。在这些领域内，父母、老师和法律当局可以通过公平行使权力，以及以促进信任和创造社会联系的方式，促进价值观的习得。

尽管这些观点十分有说服力，但指出以下观点同样重要：权威的强制性模式受到广泛的欢迎，而这些方式已经被证明并没有推动积极的发展和价值观的习得（Arum，2003；Kupchik，2010；Petrosino et al.，2004，2010；Straus&Donnely，2001）。这表明，任何试图理解社会为何通常能——如何做到这一点——产生支持性价值观的一个关键方面是需要应对激进的工具主义，即过分相信惩戒和严厉的作用，并认为体罚能够增进守法行为。

这种模式所谓的优点本身是值得商榷的（Tyler&Rankin，2012）。更为重要的一点是，因为法律从服从模式转向以尊重和合作为核心的模式（model focused upon deference and cooperation），所以行为更加受到价值观和态度的强烈影响（总统的 21 世纪警务特别工作小组，2015；Rahr&Rice，2015；Schulhofer，Tyler，&Huq，2011），其很大程度上不再同工具主义判断相关联（Tyler，2006a，2009，2011）。

撇开协商性模式的潜在优势不说，两种法律权威模式的可取性之间一直存在着冲突。工具主义的方式仍然十分流行，尽管证据显示，它们并不能构建合法性和推动长期的规则遵从行为之形成。家庭中的体罚与未来的犯罪有很高的关联性（Straus，1991；Straus&Donnelly，2001）；学校中的严厉规则并不能减少纪律问题（Arum，2003）；驻校的安全人员并不能改变校园违反纪律行为发生的概率（Kupchick，2010）；惩罚性青少年司法项目（如训练营）亦不能减少未来的犯罪行为（Petrosino，Turpin-Petrosino.，&Buehler，2004）。在所有这些领域中，人们采用提升孩子价值观习得水平与促进孩子对法律权威支持性态度发展进程的教育模式，但这种模式的可取性饱受争议。即使研究表明，工具主义模式是无效的，或者社会化之后的支持性价值观和态度可以促进青少年与成年人对法律的遵守，这种模式仍饱受争议。

我们的方法对制度设计的影响表明,这种方法既是一种合理且富有成效的权力行使方式,又是一种规制家庭、学校和青少年司法系统中的孩子之行为的手段。在每一个领域内,权威都应该采用有助于提升合法性和促进法律权威以协商性模式运作的方式手段。这表明积极的教育策略支持采用深思熟虑的教育方式,并且反对采用惩罚性或基于惩罚性的方式来处理青少年的不当行为。

在问题的核心部分,我们的讨论追问了人们想生活在何种社会之中。民主社会不仅仅关注效率,它还关注人们自己的感受,以及他们所在社区中的其他人的感受。人们想生活在一个可以自由选择的社会之中(Tyler,2011)。此处所进行的回顾研究认为,这样一个社会不仅是可能的,而且是更好和更可取的。因此,在今日的美国,权威问题得到如此热烈的讨论是令人震惊的。本书探讨了设计我们的社会制度以获得合法性,并进而通过这种社会制度来实现法律协商性模式的优势。

当然,这两种视角的描述之对比不应该被过度夸大。尽管我们认为协商性权威有优势,但我们认为两种权威模式在任何法律制度中都有一定的作用。正如我们将在后续章节中论证的,似乎总会有一些人欠缺价值观,因此我们必须通过强制惩罚的方式来管理这些人的行为。同理,也有许多最好采用强制惩罚的方式予以应对的情形。一个例子就是这样一个场景,在其中,立即服从(immediate compliance)是必要的。当暴力强制出现时,人们一般会迅速调整他们的行为。在一些情形中,权威所具有的获得人们快速服从的能力是重要的。但是,人们并不是在所有的情形中都可能有时间来构建合法性和达成同意。

艾尔斯(Ayres)和布雷思韦特(Braithwaite)的研究就是努力平衡两种视角的一个例子(1992),他们主张一种层次化的规制(pyramid of regulation)。在这种规制方式中,人们第一次接触到基于价值观的诉求。这对于大多数人而言是有效的,但有一小部分人对这种诉求没有或不能进行回应。这部分人需要经由惩罚来管理。

17

这种方式的一个好处是，只有在面对这一小部分人时，我们才需要维持必要的惩罚措施(credible sanctions)所需的资源。

小结

我们这本书的目标是呈现一种观点的可能性——这种观点是可取的——即法律制度在很大程度上通过协商运转。基于协商的法律权威模式要求：(1)社会上的大多数人拥有与法律相关的支持性价值观和态度；(2)法律制度通过法律权威公平运作的方式来推动同意。为了使这一切成为可能，孩子必须发展一种观念，即知道权威必须具有合法性意味着什么。这种观念为法律价值观的内化、与法律相关的态度以及推理能力的习得所驱动。

我们在导论中的目标是回顾以往的法律社会化研究，说明通过鼓励孩子与法律权威形成一种协商性关系是可能的，这建立在他们恰当地理解法律的作用，以及承担作为守法公民的责任之基础上。再者，我们回溯了人们与家庭、学校和青少年司法系统中的权威打交道而形成的这样一种关系，从而呈现了一种广泛和开阔的视角。尽管如此，我们强调了当今美国社会中仍在持续的争议，即与基于强制和严格服从的关系相比，构建协商性关系是更可取的。我们希望本书可以激发人们研究法律社会化过程之兴趣，鼓励人们加入对法律权威最可取方式的讨论之中，并努力思考社会化的不同方式对成年人与法律之间的本质关系之影响。

需要强调的是，尽管我们使用的许多例子与犯罪过程相关，但我们概述的倾向却具有更广泛的含义，特别提及这一点同样重要。民主社会中的人们广泛参与到与法律和法律权威相关的活动之中。他们同刑法打交道，但也同民事司法系统和行政机关打交道。他们所面对的许多法律义务并不是关于刑法的。他们被要求缴税和参军打仗(fight in wars)。然而,社会寻求和需要的是人们挺身而出,以及在不借助强制性手段时,人们仍能遵从这些义务。针对未能这么做的人,权威可能最终会适用刑法。实际上,面对普遍不愿意这么做的人,社会将努力挣扎(struggle to survive)。再者,现代社会强调积极参与和创新性参与的可取性,这些自愿和非强制性的行为同社会认同相关联,而社会认同源自人们在一个有序世界中与其他人合作。

当然,所有这些观点的背后是这样的理论,即合法性可以通过接触正义的制度被创造和维持。在有关制度变化的核心部分,我们的观点是,制度需要被那些同制度打交道的人认为是正义的。法律社会化不仅涉及价值观的习得,而且还强调法律制度对这些价值的吸纳。这就要求制度在公众认可的框架下运作,其不仅关注犯罪和行为规制,还关注制度在广义的社会结构中的作用。

从这个视角出发,近来最重要的研究之发展解释了经由程序正义获得合法性。其他的研究呈现了一种程序正义的清晰模式,以确保制度有明确的、能够构建合法性的指导原则(Jackson, Bradford, et al. , 2013; Schulhofer et al. , 2011; Tyler, 2004,2009)。令人惊喜的是,这些关于成年人在评价权威时在思考什么的发现,与针对家庭、学校和青少年司法系统的研究相吻合。研究显示,年幼的孩子也明白程序正义原则,并且他们将程序正义原则视为评价他们自己和其他人的行为之框架(Grocke, Rossano, &Tomaselll, 2015; Shaw&Olson, 2014)。

19 第一章　法律社会化与合法性因素 ────────

现代社会科学的早期先驱者——埃米尔·涂尔干（Emile Durkheim，1973）、马克思·韦伯（Max Weber，1968）与西格蒙德·弗洛伊德（Sigmund Freud，1930）——全部都强调公民态度与价值观在民主社会有效运转方面的关键作用，并且强调人们在孩子和青少年时期所习得的态度与价值观之重要性。这些学者认为，民主要求扩大从公民处获得的合法性支持以维持其活力，并通过制度发展的方式寻求及创造这种支持，如发展公立学校以社会化人们的支持性态度与价值观。这种视角一直贯穿于 20 世纪的社会理论家们的作品之中，如帕森斯（Parsons，1937）和伊斯顿（Easton，1965），并且此视角亦被引入到广泛的道德发展研究（Kohlberg，1963，1981）和法律社会化研究（Tapp&Levine，1974，1977）之中。这些学者一般都假定，重要的是，人们有与法律和法律权威相关的态度与价值观，而且这些态度和价值观是支持性的。

信任与信心流失的年代

我们认为，今日的美国正处于一个高度不信任的时代，并且我们不能认为公民持有的价值观和态度能够持续支持我们的民主及其制度,包括法律体系。在美国,这种公共信任的流失不是必然发生的,因为人们不再持有他们认为法律应该是什么样的价值观。[①] 相反,这反映了人们对现行法律权威的判断,即同他们一样,法律权威也不再持有相同的价值观。例如,在有关人们对国家机关中的政治家之信任度的调查中,公众被问到:"在做出公共决策时,政治家们是否考虑了他们所代表的社区之利益?"学者们一直认为这个问题是一种重要的合法性标志。然而,问题是人们越来越不相信政治家,并且认为政治家实际上不再基于他们这个群体的利益而做出决策。人们认为政治领导人为特殊或者更大的经济利益所俘获,因此政治家在为公司服务,而不是为公众服务。

近来,有关美国公众对警察、法庭和法律——人们对法律权威合法性的看法——的信任程度与信心的研究发现,人们在一定程度上是积极的,尽管一定比例的人表达了他们的不信任(盖洛普[Gallup][②],2015)。除此之外,合法性与信任问题还呈现出明显的、长期的种族差别(racial gaps),且此差别没有表征出消失的趋势,这至少从上个世纪七十年代开始就一直如此。一项从民意测验资料(opinion poll data)中获得的数据显示(皮尤研究中心[Pew Research Center][③],2014a),一般成年人群体对警察持较温和的积极支持态度(例如,50%—60%的人表达了对警察的信心),但非裔美国人的支持程度意外的低(低至20%—30%)。再者,一般成年人对法庭——尤其是对刑事法庭——的支持程度甚至更低,并且此种支持同样存在相近但更小的种族差别。除此之外,研究还显示,尽管人们对警察的

---

① 此处的意思是,当人们持有法律应如何的价值观时,他们会对法律报以特定的期待。在法律不符合这种期待时,人们会失望,结果便是公共信任的流失。但是,当人们不再持有法律应如何的价值观时,他们便不再对法律抱有什么特定的期待,因此也就不会因期待落空而导致失望和信任流失。——译者注
② 盖洛普公司是全球知名的民意测验和商业咨询公司。——译者注
③ 皮尤研究中心是一家设立在华盛顿特区的独立民调机构。——译者注

支持是稳定的，但他们对法庭的支持程度却在下降（Jones，2015a）。

还有证据显示，公众认为联邦政府所推崇的公民价值观会使联邦政府值得信任，并使联邦政府具备合法性，但是近几十年来，此种观点的支持者人数却有所下降。公众民意测验、学者以及专家都指出，民众对美国政府的感受使得他们的信任感降低（Nye，Zelikow，&King，1997；Pharr，Putnam，&Dalton，2000；公众民意测验，2013；Smith&Son，2013）。特别是有关公众对政府的信任程度和信心的研究都如"全国选举研究"（National Election Studies）所呈现的一样（Hetherington，2005）。从 1950 年代末到今天的所有民意测验都表明，公众对政府的信任程度是急剧下降的。例如，在 1958 年，73％的美国人认为政府"几乎总是"（just about always）或者"大多数时间"（most of time）都在做正确的事情。但是，到了 2013 年，只有19％的人认为政府能这样做（皮尤研究中心，2013）。现在，30％的被采访者表达了对政府的愤怒，这一数字与 1997 年相比增长了 12％。

21　　再者，芝加哥大学的独立调查机构 NORC[①] 就人们对社会机构的信任程度进行了综合社会调查（General Social Survey），调查结果显示，从 1973 年到 2006 年，人们对社会机构的信心不断下降（Smith&Son，2013）。这项研究着眼于国家层面的机构，诸如宗教组织和政府机构（例如，美国国会、联邦最高法院和行政机关）。总体来说，除了军方（某种程度上还包括联邦最高法院），公众对国家机构的信心在不断流失。更晚近的测验显示，甚至联邦最高法院也在持续丧失公众的信任（Jones，2015a）。

所有这些证据在这一观点上都是一致的，它们都表明，近几十年来，美国人的合法性感受与信任感很明显是在降低，从而使得社区同

---

① NORC 的全称为"National Opinion Research Center"，即全民民意调查中心。根据其主页的介绍，NORC 是一家客观的、不具有党派倾向的调查机构，其提供可靠的数据与严谨的分析，并可以进行关键方案、商业策略和政治决策方面的指导。——译者注

政府之间产生了问题（Rodgers，2011）。尽管人们普遍认为，通过提升政府协商性的方式可以提高政府合法性和人们对政府的信任感（Beetham，1991；Weber，1968）。同样重要的是，我们需要认识到，研究并未明确表示低于某个特定水平的不信任就会使得社会不能有效运转，也未认定除非社会制度具有合法性，否则社会就不能运转。相反，在公众对法律与政府采取的行动是基于协商的情况下，社会——尤其是民主社会——能够很好地运转。

还需要指出的是，对警察和法庭的支持与对联邦政府的支持存在矛盾。人们对联邦政府的信任程度很低（皮尤研究中心，2013，2014a）。这个矛盾部分的产生是因为人们对地方机构的信任程度一般高于对国家层面机构的信任程度。比如，1996年的全国选举研究要求受访者回答，他们认为哪个层级的政府更忠于"做正确的事情"（do the right thing）的信念。结果表明，37％的人选择了州政府，33％的人选择了地方政府，30％的人选择了联邦政府（Blendon et al.，1997）。当受访者被问到哪个层级的政府拥有更少的信念时，48％的人说是联邦政府，34％的人说是地方政府，19％的人说是州政府。所以，这表明法律当局首先受益于它是地方或州这一层级，并且这个层级的政府可能是关注法律社会化开端的最佳主体。同样值得注意的是，警民冲突这样的事件——在诸如密苏里州弗格森镇——将会影响地方的受信任度。尽管最初的测验表明，公众对警察的信任有一个实质性的降低（Jones，2015b），但早先一些时候，信任水平很大程度上已经回归稳定（Saad，2015）。

这些研究使用了各种各样的术语来探讨公众的感受。最常被使用的衡量法律和法律权威普遍合法性之方式有三种：第一，信任和信心，其涉及诸如"诚实的法官"或者"警察试图在社区中做那些对人们最好的事情"的说法；第二，遵从被认可的义务（perceived obligation）；第三，法律权威及社区成员间有着共同的道德和规范性

22

价值观，即基于价值观的条件，人们想要与社区持有一样的价值观。

由于合法性的视角依赖于法律社会化过程中的法律价值观之内化，所以法律社会化过程需要成为研究的焦点。在一个自由民主的社会中，人们关心发展与维持法律、政治和社会制度有效性的价值观。因此，我们认为，法律社会化需要再次成为研究关注的焦点。在这样的环境下，再次关注价值观、态度和推理能力的形成变得越来越重要。*

当然，指出以下问题同样重要，即以创设价值观和态度为目标的制度设计不仅仅是一项避免可能带来不信任感的问题之机制。人们通过一系列价值观来评价他们的社会环境。特别是在考虑法律权威与制度如何行为时，这些问题被内嵌于我们的讨论之中。人们拥有一套评价法律规则如何被合理制定与执行的框架（Cohn&White，1990；Tapp&Levine，1974；Tyler，2006a）。为了获取信任，权威必须以值得信任的方式行为。因此，对于任何制度来说，构造和维持信任的首要关注点必须是权威如何行为，以及权威能否被评价为是公平的。

对强制框架的关注

如果人们对当地的警察和法庭的信任感和信心是稳定的，或者至少他们对警察和法庭的态度是温和而积极的，那么此处为什么还需要关注通过将法律相关的态度与价值观社会化的方式来提升人们的支持呢？一个关键的原因是，人们日益认识到，当前被建立在强制基础上的政策收效甚微，但其成本却很高昂。关切的内容包括监禁的高昂成本和美国监狱系统的高再犯率（Travis，Western，&Redburn，2014），公众持续不愿遵从规则和无意合作而导致的困

---

* 正如我们随后将要详细论证的，区分信任流失与人们可能对法律持有的不断增长的工具主义倾向是重要的，他们可能是出于自私而不是基于态度和价值观而行动。一种观点认为，注重激励和惩罚会削弱人们的态度与价值观。

境（Kril&Papachristos，2011），以及通过监禁的方式阻止犯罪所要承担的日益增长之成本（Garland，2001）。最后，这种方式对公众的信任状况有长远的影响，其强制蚕食着人们的信任感和信心（Gau&Burnson，2010；Geller，Fagan，&Tyler，2014）。

　　强制的政策被建立在理性选择（rational choice）模型之上（Becker，1976；Gibbs，1968；1975；Nagin，1998），它关注紧急情况（immediate situation）下的物质奖励或成本，并且忽视长期的价值观在塑造行为方面的作用。理性决策模型假定人们有预设的态度和价值观（如偏好），并且检验如何将这些偏好转化为选择。理性选择模型强调谨慎思考的作用，即在特定环境中以及在做出一个行动决策前，成年人会有意识地考量任何特定行为的物质和精神收益与损失。从这个角度看，激发人们服从法律的关键要素是惩罚的威胁和奖励的预期，而且人们与法律权威的关系植根于人们心中的趋利避害之想法中。

　　这里产生了两处不同。第一处不同在于动机是工具主义的，还是基于价值观的；第二处不同在于焦点是偏好和价值观的源起（origins），还是偏好和价值观对决策结果的影响。法律社会化关注源起，尤其是我们的行为模式，其关注价值观的源起。

　　尽管许多研究认可规范、态度和价值观的作用（Brezina，2002），但强制模式的主要概念框架是物质的得失——尤其是损失——很大程度上导致了一个通过惩罚来管理的制度，并且其将部分注意力放在了激励措施上（Collins，2007；Pratt，Cullen，Blevins，Daigle，&Madensen，2006）。在过去几十年中，法律和涉法行为中的成本-效益方法不仅一直是法学研究之核心，而且也是法律权威的现行政策与做法不断发展之核心。

　　为什么强制模式在过去能够如此成功？决策的重点立基于已有的偏好假设，这种已有的偏好存在于人们的心中，并引导他们做出自

23

己想要的决定。但是，这种模式支持社会化的可行决策吗？经济模型是成功的，因为它研究了一个时代中的人们普遍持有的个人偏好。当人们普遍持有这种支持性态度与价值观时（如信任政府，信任社会制度和充满信心，支持法律权威、制度和法律），他们的行为亦将受到影响，进而使社会能够有效运转。这些态度和价值观作为一种更广泛框架的一部分而存在，这个框架存在于个人偏好之中。换句话说，人们支持法律是他们的态度和价值观使然，即使这些态度和价值观已经超出了法学研究一直关注的框架。

然而，基于强制的模式关注惩罚（特别是严厉或严苛的惩罚），并且将使用暴力作为社会控制的一种手段，这使得人们认为自己的态度和价值观与法律没有关系。这就是说，强制模式削弱了态度与价值观在涉法行为中的作用（Tyler，2004）。强制模式使得人们将他们同法律制度之间的关系工具化，而不是将这种关系建立在价值观的基础上。其次，立基于暴力的方式有损人们对法律的支持性态度与价值观，并且滋生了人们对法律的蔑视和抵触（Carr，Napolitano，&Keating，2007；Gau&Burson，2010；Geller，Fagan，&Tyler，2014；Kane，2005；Reisig&Lloyd，2009；Sunshine&Tyler，2003a）。公众对法律的支持随着时间的流逝而逐渐减少，特别是在那些最有可能感受到这种方式之影响的社区中（Trinkner&Goff，2016）。

第二次世界大战以后的那一代人对社会制度与权威的支持是广泛且往往不加批评的，这种情况在一些经典书籍中得到了描述和评论，如《孤独的人群》（*The Lonely Crowd*①；Riesman，Glazer，&Denny，2001，初版于1950年），当代对美国历史中的那个时代的

---

① 大卫·里斯曼与同事格莱泽和丹尼合著了一本书，该书介绍了美国人社会性格的形成。里斯曼研究了19世纪到20世纪的发展过程中的美国人性格转变之原因，其认为父母、家庭和学校是性格形成的主要原因。——译者注

描述亦是如此。然而,这一赋予了政治法律制度和权威以合法性的广泛但不加批评的时代性支持,却在最近几年被缓慢地侵蚀掉(盖洛普,2015;Pharr et al.,2000)。在这种广受欢迎的合法性背景下,基于强制的制度能够维持政府与法律的运作,因为这种支持性态度和价值观发挥了"外生性作用"(exogenous role),其越出了成本-效益框架中的要素发生作用之范围。

不断降低的制度信任水平现在引发了严重的、难以应对的社会问题,包括强制模式的问题,这些问题变得越来越突出。在一定程度上,这是因为强制方式的日常运作在无意中引发了削弱这些支持态度和价值观的后果,而且人们对强制的重视导致了他们未对价值观和态度的发展问题给予充足的关注——特别是在法律社会化的过程中。

需要一种更广泛的框架

近来的研究清楚地表明,强制的方式在行为塑造上是有效的。但是,强制模式需要高度集中的资源(Chalfin&McCrary,2014;Kleiman,2009)。结果便是,强制模式的限度同资源的限度相关(Meares,2000;Tyler,2004)。比如,热点监管(Hot-spot policing)①显示,警察可以通过在特定地点集中警务人员的方式来减少犯罪(Braga,Papachristos,&Hureau,2012)。然而,集中相应水平资源的能力是有限的,尤其是如果要将资源集中水平一直维持在一点上。换句话说,强制模式的限度不只是在理论上说说,而是实际

25

---

① "Hot-spot policing"是指犯罪并非在所有时间与所有地点无差别地发生。相反,犯罪具有集中化的特点,其在某些时间或某些地点具有高密度的特征,并形成一定的热点。针对这些特点,执法机关可以有针对性地开展执法活动。通过警力的集中部署,执法机关能够加大对热点区域的监管力度,以实现减少犯罪之目的。——译者注

存在的。在大多数情境下，以及当为了回应诸多犯罪时，创造和维持可信的惩罚风险对于社会来说是困难的。

由于人们认识到惩罚在突发和特定问题上是最有效的，因此这个问题就变得更加严重了（Kleiman，2009）。尽管研究表明，这种模式是诸多强制模式中最有效的一种，但这种模式也是最需要集中资源的。强制模式需要充足的社会承诺（societal commitment），以让当局参与到监管和突发情况的逮捕与裁判中。因此，这些发现都强调强制模式的可能性，以及其作为法律权威通常策略的限度。*

作为一种塑造成年人涉法行为的框架，强制也是存在限度的。一个重要的限度就是，强制不能解释态度与价值观对行为的影响。通过将成本-效益模式与态度和价值观模式进行对比，我们可以发现，对于成年人而言，态度与价值观对解释行为具有重大且不同于成本-效益模式的作用，并且实际上其往往比成本-效益模式更重要（Tyler，2006a，2006b）。一个不能解释态度与价值观模式作用的框架错失了法律工具箱（legal arsenal）里的一个重要工具。

随着态度与价值观的重要性变得日渐明显，人们的注意力已经转移到理解人们的支持性公民价值观、信任和不信任的态度问题以及两者背后的推理能力上（Tyler，2011）。采用一个更广泛的人类动机概念是重要的，其包括价值观、态度和其他要素。私人与法律制度之间的关系——就像所有的社会关系一样——不仅取决于强制、合理性和工具化的控制，而且更多地为非工具化的关切所定义和驱动，这包括人们持有的价值观、他们形成的态度以及他们拥有的认知能力。

---

* 当监管可以集中于一些人或者环境时，以及当行为难以被隐藏时，威慑可能是最有效的。

关注态度与价值观并不必然是要关注法律社会化的过程。如果成年人持有支持性价值观和态度,那么他们的这些偏好也将支持法律与人们守法行为之实施。在这种视角下,未来学术研究的一个问题是确保决策模式能够得到进一步拓展,以容纳对支持性态度和价值观在影响成年人行为中的作用之关切(Tyler,2006a,2006b)。

第二个问题是,通过我们所知道的价值观的形成和内化过程去设计法律制度。这种方式既可以促使公民产生支持性态度与价值观,又可以激发公民的支持性态度与价值观。最重要的是,尽管人们拥有价值观,但这并不足以使人们产生价值观。我们还需要利用法律制度来理解这些价值观的内容,并且采用这种观念来设计一种管理方式和法庭(an approach to policing and the courts),从而借助激发人们根植于价值观的行为来确保合作与服从的意愿。正如我们将要通过本章来展示的,依赖于暴力和强制的策略在这些问题的处理上力有不逮。然而,基于价值观的策略依赖于同意和相互尊重,因此其可以处理好这些问题。

伴随着人们对与法律相关的权威和制度的信任感及信心之流失,保持公众同政府联系的能力越发依赖于人们对地方当局所持有的支持性公民价值观与态度。警察和法庭是关键的地方当局,因为它们在州、郡和市这些层级被组织起来。对于大多数公民来说,这些专门机构(agencies)——尤其是警察——是政府的象征(face)(Tyler&Huo,2002)。因此,地方当局自然关注社区与法律以及州之间的关系之恢复。法律政策的一个重要目标应该是促使这些专门机构提升公众对法律与民主的支持。地方法律制度需要成为构建人们对地方社区和政府的支持之基础,其同样也是国家层面的政治与法律机构之基础(Meares&Tyler,2014)。

在恢复当局同公众之间的关系之过程中,法院也具有至关重要的作用。美国联邦最高法院的史蒂芬·布雷耶大法官（Justice Stephen Breyer）近来发表了观点，他认为法院是在社区中创造某种环境的核心，即可以"在日常社会中及时回应一般需求，为人们提供解决纠纷的一些方法"（Breyer，2010，p. 138）。除此之外，布雷耶大法官认识到了公众的合法性认知对法律当局的重要性，他认为"公众认可不是自动形成的，也不能被认为是理所当然的"（p. xiii）。布雷耶大法官还解释道，需要推动公众在地方社区与政府中的政治参与，这是保持民主切实可行的方式。人们的公民态度和价值观影响了他们对地方社区、法律和政府所采取的行为，进而影响了地方制度与权威的实际运作（Tyler&Jackson，2014）。这些制度转而在一般意义上影响着人们对政府和法律的态度，并左右着公众对联邦政府的倾向。

合法性的作用

还有证据表明，许多行为问题是因我们今天所使用的方法而导致的，这些问题可以通过提高合法性水平的方式得到解决，如使人们对警察和法院更加具有信任感并充满信心。对合法性的看法在一些问题上发挥着重要作用：维持人们对法律的服从（Tyler，2006a），因人们难以接受法官和警察的决定而导致的困境（Gibson&Caldeira，1995），人们同警察与法院之间的低水平合作（Tyler&Fagan，2008），不愿意将法律权威让渡给政府（Jackson，Huq，Bradford，&Tyler，2013），以及越来越倾向于在集体行动中采取超越法律边界的行为（如暴乱、恐怖主义行为等）以攻击社会制度（Carrabine，2005）。研究表明，高水平的合法性、信任感和信心都可以促进支持性的行为，并阻止不可取的行为（参见 Tyler，Goff&MacCoun 的综述，2015）。

成年人视角下的合法性

尽管我们在法律社会化问题上的关注点会引导我们关注合法性在儿童和青年时期的发展，但我们可以在大量关于成年人的研究中找到合法性如何发展的线索。这项工作表明，主观程序正义的裁判对相当大范围的群体态度和行为有重要影响（Cohen-Charash&Spector，2001；Lind&Tyler，1988；Mazerolle，Bennett，Davis，Sargeant，&Manning，2013；Tyler，2000）。特别是在关于合法性与行为的态度——决策接受度和法律遵循度——之研究中，程序正义特别重要。在合法的情形中，人们关心权威行使权力的方式（Tyler，2011）。人们希望权威以公正的方式做出决策，这些方式包括：允许人们发声、鼓励人们参与，以及权威充任一个中立或不偏不倚的观察者。与此同时，人们还希望权威通过充满尊重、诚实和其他可以表达可信赖意图的行为方式公平地对待他们（Blader&Tyler，2003a，2003b；Leventhal，1980；Tyler，2006a，2011）。

人们对权威做出的决策是否公平之看法取决于自己在互动过程中的发声程度和参与程度，如人们是否有机会解释他们的情况或者说明他们在事情中的立场。在权威做出如何行为的决策之前，人们有机会发表自己的观点并呈交证据。在政策发生变动和当局将政策贯彻到街头或者法庭中时，人们希望他们的重要观点能够被听取。

人们关于合法性的看法还基于权威与他们打交道时的中立态度之证据。中立包括一以贯之地适用法律原则和依据事件的事实做出决策，而不是依据个人的观点或偏见做出决策。规则与程序是透明和公开的，而且做出决策的方式有助于人们形成决策程序是中立之看法。

除此之外，人们关于合法性的判断特别容易受到以下内容的影

28

响：他们是否以有尊严和有礼貌的方式被对待，以及他们的权利是否被尊重。人际间的对待问题持续出现，这是在同法律权威打交道时，人们如何对权威进行回应的关键要素。人们相信他们有权受到有尊严的对待，并且人们对轻视或降低人际关系中的待遇之行为表现出十分消极的态度。

最后，人们关注这样一条线索，即传递法律权威的目的和特征之信息（他们的可信任性）。当人们认为法律权威是友善和热心的，以及当人们相信权威会真诚努力地去做那些被与它们打交道的人们认为是最好的事情之时，他们就会以支持的方式予以回应。当权威听取人们的陈述后，它们会表达这种类型的关切，并以表现出关心和心系人们的需求与关切之方式解释或者证成它们的行为。

有关合法性的早期讨论特别关注人们的发声和权威的中立，这是人们进行评价的核心要素。这与制定或实施法律及法律规则时，相关主体基于合法性而做出决策的观点是一致的（Thibaut＆Walker，1975）。然而，随后的研究更加清晰地表明，在同权威打交道时，关于人们身份和地位的问题同样相当重要（Bradford，2014；Bradford，Murphy，＆Jackson，2014；Tyler＆Blader，2003）。这些关系问题很重要，因为人们通过他们与权威之间的互动来理解和确定他们的自我定义与自我价值（Tyler＆Lind，1992）。研究表明，人际间的对待对自我定义和自我价值的推断尤为重要（Lind＆Tyler，1988；Tyler＆Blader，2003）。

另外一个影响人们对权威合法性之判断的关键问题是限度（Huq，Jackson，＆Trinkner，2016；Trinkner，Jackson，＆Tyler，2016）。限度问题在过去有关程序正义的研究中并不是一个重点，但这个问题在法律社会化的讨论中却是明确和重要的。几乎所有的权威领域都可能是有争议的，特别是在有关儿童时期的问题上。尽管人们乐意在一些领域内将权力（power）让渡给权威，但他们会坚持或者彻底拒绝一个权威所有试图控制或规制他们在其他领域的活动之行为（Darling，Cumsille，&Matinez，2008；Smetana，2002；Smetana&Bitz，1996；Tisak，&Maynard，2000）。当孩子走出家庭，他开始面对一个充满着各种各样的含有潜在冲突的权威之世界，限度便变得尤为重要。孩子需要一个框架，以确定何种权威在何种状态下是合法的。因此，对于研究法律社会化的学者而言，一个重要的问题是获得一种对这些限度的边界（lines）的更好理解，以及了解权威如何在不同领域内进行互动。

任何类型的权威都涉及的一个核心问题是，到底是什么给予一个人以权利，使其可以让另外的人去做什么。法律社会化是在合法性的框架内发展起来的，它涵括了构造个人自主权的意蕴，从而使人们产生这样一种观念，即在个人自己的空间内，做出某些决定是合适的。人们终此一生都在同他们自主权的界限作斗争，正如我们的社会需要在正式的法律中平衡权益、权利与义务。

鉴于现行法律制度的日常运作，限度问题同时也是我们讨论法律与政治权威的核心。大量的权威通常寻求在特定领域内获得决策的合法性。在法律上，国会和法官不断对每一个制度权威的范围提出质疑。举例来说，国会通过制定裁判准则来限制法官的权威，尽管联邦最高法院可以判断国会决定的合宪性。法官经常作出被上诉法院推翻的判决，警察的逮捕决定会被检察官驳回，这样的清单内容可以不断增加。与此同时，在任何时刻，以下公共论题都会争论不休，即法律权威的界限究竟在哪里，以及谁是着手解决该问题的最佳机构。明确一个权威何时被授权并能够行使权力，这是人们在同法律打交道时做出诸多决策的关键。

法律社会化与合法性的要素

人们最初接受的态度与价值观影响着人们对合法性的判断，这并非不可避免的。年轻人可能认可价值观，也可能不认可价值观；这些价值观可能是支持性的，也可能不是支持性的。成功的法律社会化（从社会的角度来看）既要让人们形成同意权威的能力，又要让他们认为现行权威与制度有权得到他们的尊重。*

孩子最初并没有这样的倾向，他们对这种倾向之习得同一系列因素存在关系，包括他们发育成熟、他们的遗传特性以及他们的社会经验（Augustyn，2015；Cumsille，Flaherty，&Marinez，2006；Tapp，1991；Trinkner&Cohn，2014）。社会经验在此特别令人感兴趣，因为正是在这些经验的形成过程中，社会可以影响人们，能够促使人们形成偏好，并实现培育支持它的公民之目标。

在后面的章节中，我们将探究研究文献中的案例。这些案例表明，孩子的社会化是可行的。通过引导他们意愿的方式，我们能让孩子在持有支持性公民态度和价值观的基础上接受权威。这种情况的发生与否取决于一个孩子的社会经历有没有符合许多条件中的一种或者几种，这促使孩子的支持性态度和价值观得到发展。然而，相反的结果也是可能的。某些社会条件可能导致这样的倾向，即反对和轻视权威与规则。我们可以发现，因法律社会化而产生的态度和价值观同规则遵从相关联，那些发展出更多支持性态度和价值观的人更有可能服从现行的规则与当局，那些更少拥有支持性态度和价值观的人则更可能违反法律。

---

* 当然，从个人的视角出发似乎看起来更合理，接受一种理解权威的框架终归是被建立在自我利益之上，进而在权威是否进行奖励或惩罚的基础上评价现行权威的合法性。

法律社会化是复杂的,因为它的目标不是在不考虑情境的前提下主张孩子应该简单地学习服从权威(Hogan,1976;Tapp&Levine,1974)。实际上,在许多情形中,当权威强调纯粹服从的要求时,孩子和青少年会拒绝服从权威(例如,Trinkner,Cohn,Rebellon,&Van Gundy,2012)。家庭社会化的一个重要部分是孩子在诸多领域内的学习,他们应该服从父母,然而在其他领域,他们有权利单独做出独立于父母权威的决定(Darling et al.,2007,2008;Smetana,2002;Smetana&Daaddis,2002)。相同的是,在法律情境中,当规则和权威被认为根本上是不正义和不道德的时候,拒绝它们就是正义的,这是一些即使是小孩子也知道的事情(Kohlberg,1963;Tapp&Kohlberg,1971)。因此,通过对孩子早期经历进行法律社会化,我们使孩子理解他们同权威和建立在规则之上的社会制度之间的关系。这种理解通过内化价值观和改善态度之方式形成,而不是作为框架,以机械地灌输服从之方式形成。

这些态度和价值观——在形成之后——通过个人来定义和理解他们同法律制度之间的关系,并且引导他们对法律权威的行为形成特定的期待。再者,这种框架还包括相互的期待,即人们应该如何服从权威人物,以此在法律制度与人们之间创造一个可以互利共赢的方式。只要双方都遵从和实施满足这些预期的恰当行为,制度随之就能有效发挥其功能。然而,当法律权威不依据这些预期实施行为时,人们可能也感受不到自己有义务(compelled)按照权威的要求实施行为。

同样重要的是,我们需要指出,正如公众对权威人物的行为有所期待,包括警官、法官等在内的这些官员也期冀公众以恰当的方式回应他们的权威(Paoline,2004)。这涉及对人们的尊重,以及对他们所代表的群体的尊重。如果人们不按法律权威所期待的行为方式回应权威,权威可能感到需要被迫采用胁迫的方式以获得对局面的控

31

制。尤其是警察可能寻找年轻人蔑视权威的迹象，这往往会促使警察加大力度，以迫使人们服从（Sherman，1993）。

法律价值观存在三个重要维度，其界定了人们与法律制度之间的关系。第一种维度反映了人们期待权威如何对待他们的态度和价值观（例如，对待遇的关注），这包括如下期待：权威应以充满尊重的方式对待人们、诚实对待人们，以及对人们关心的事情表现出关切。

第二种维度反映了人们这样的价值观与态度，即对权威如何做出决策的期待（例如，对决策的关注），这其中包括权威应该给人们表达自己观点的机会，权威应该听取人们的意见，以及人们有权得到权威对决策的解释。

第三种维度反映了某种态度与价值观，其涉及权威被允许规制何种行为，以及权威何时何地可以实施规制（例如，对限度的关注）。人们将自己的生活划分为不同领域，并且认可权威在某些领域可以规制他们的行为，而在其他领域则不行（Smetana，2002）。因此，在一些领域内，人们赋予权威以权力来规制他们的行为；然而，在其他领域内，人们不认为当局有权力这么做（比如，关于生活方式的决策）。实质上，在什么是合理的这一问题上，与人际对待维度和决策维度相比，限度这个维度存在更大的差异。对限度的关注存在于当今许多持续不断的法律政策论辩中（对毒品的战争、同性婚姻、枪支控制与持枪权、停车检查法等），以及存在于人们强烈不同意但法律制度仍能够合法控制的领域中。

我们的观点不是强调这些不同范畴的内容，而是呼吁人们关注这样的事实，即人们乐意做出这种限度划分，以及这种趋势的诱因（source）早在孩提时代就已经被埋下（Smetana，2002）。许多事情可以被法律权威以合法性的方式控制，而其他的事情则不可以。这种理解的发展是法律社会化过程的一个核心特点。

除此之外，尽管一个社会可能广泛支持某种特定的价值观（例

32

如，法律权威应该平等对待每一个人的理念），但这不意味着这些价值观都是普遍的。尽管这些基础价值的结构可能在社会中的大多数地方——如果不是全部的话——被发现，但这并不意味着每一个社会都有相同的特定——关于法律权威与公民之间合理关系的——态度与价值观。换句话说，所有社会都存在关注权威应该如何对待人们的价值观、权威应该如何决策的价值观，以及权威可以规制的范围的价值观，但是这些具体价值观的内容是不能被普遍化的。举例来说，权力高度远离人们（high-power distance）的文化研究表明，在这种文化中的人们既不期待在决策前被咨询，也不期待在决策后得到解释（Tyler，Lind，&Huq，2000）。

这些发现说明，人们可以而且确实能学会不同的权威模式，但每一个人实际上都学会了许多权威模式。这种模式——无论它可能是什么样的——总是被建立在人们的经验基础之上，其关注权威如何对待人们，以及权威如何决策和尊重限度。

小结

对制度信任的流失之研究越来越吸引人们的注意力，特别是在法律领域内。这在很大程度上源于过去三十年的法律环境，此种环境植根于以强制为基础的政策，这种问题框架是以理性决策理论和工具主义动机为条件的。正如我们在本章中强调的，基于奖励与惩罚的管理能够并且确实在发挥作用，但是基于奖励与惩罚的管理不仅在犯罪控制方面所能发挥的作用有限，而且需要付出高昂的经济成本和社会成本来维持政策。实际上，针对这些政策的社会成本，我们可以很容易在白人和少数种族社区各自对警察的信任程度上看出很大的不同，后者更有可能成为强制模式的规制对象（Trinkner&Goff，2016）。

作为回应，我们认为需要一个更广泛的框架，此框架能够认识到法律价值观和支持态度的重要性，并可以在管理方与被管理方之间建立相互尊重的有效法律制度。合法性是这样一个框架的基本特征。简单来说，法律需要合法性。合法性反映了作为一项重要社会制度的法律制度的地位与功能之正当性（the justification）。当公民认为法律是合法的时候，他们就会认为义务是正式社会控制的来源，就会认可法律有权力规制社会中的人们，从而认识到自己作为公民有义务服从法律。因此，合法性激发人们自发服从法律和法律权威，而不是像立基于强制的方式那样，通过暴力和支配来促使人们服从法律。

随着人们不断认识到合法性对善治（good governance）及一项有效的法律制度之重要性，我们认为，理解如何强化合法性的策略正在成为 21 世纪的法律研究中的关键问题。我们在本章中的观点就是，必须将合法性考量纳入到法律社会化的过程中。法律社会化是理解公众与法律之间的动态关系之基础。正是通过这样一个过程，人们将价值观和能力内化，从而确立了法律是合法的这一认识，并认可法律有权得到服从。因此，学者、法律官员和政策制定者可以在发展与提升公民美德（civic virtue）的策略之选择上获得有价值的看法，这些策略能够通过人们习得这些价值观和态度的方式，以及这种习得过程如何影响人们同法律权威打交道的方式为人们所理解。

第二章 法律社会化的一般方式

在前一章中,我们提到强制模式的失败。作为一种策略,强制模式不能构建法律与公众之间的信任关系。而且,我们认为,将法律制度建立在信任关系之上是可取的,这样就明确了一个我们需要解决的问题,即如何在合法性和价值导向之上建立一套法律制度。

与强制模式相关的问题已经受到广泛的关注(Garland,2001;Whitman,2003;Tyler,2009),这些问题包括:创造和维持充分有效的监管系统,以阻止某些行为存在的困难;当人们认为他们同法律权威之间的关系是对立的时候,他们与法律权威之间的合作会减少;以及基于暴力的策略在人们对警察、法庭和法律的信任感与信心的提升方面产生了负面影响。最终,强制模式在保证公众持续服从与合作方面收效甚微(MacCoun,1993;Paternoster,2006;Pratt,Cullen,Blevins,Daigle,&Madensen,2006),特别是当相关主体(one)要为这样一个制度支付不断以指数方式增长的成本时(皮尤研究中心,2008)。*

我们认为,采用一种更广泛的方式是必要的。在这种方式下,公众

---

* 正如前文所述,强调强制模式的问题非常重要,这些问题体现了强制模式在资源方面的局限性。监管、拘捕和惩罚需要无限的资源,基于恐惧的制度才可以发挥作用。因此,当监管是无可避免的时候,这个制度可能会是有效的。

与法律之间的健康关系被建立在支持性法律价值观和公民态度之上，而不是被建立在工具主义化的对守法行为的奖励和对违法行为的惩罚之上。尤其是当法律能够树立一种合法性的形象时，其会变得更加有效，而且通过激发人们的支持性价值观的方式发挥作用能够激发人们去信任、合作和服从。作为价值观的一项功能，合法性生成于法律社会化的过程中。这些价值观不仅体现了人们期待法律权威如何行为，而且还勾勒了权威以恰当方式行为后产生（develop）了什么义务。

如果这个观点是内化价值观可以提升人们对法律的接受和服从，那么逻辑上的下一个问题就是，这些价值观是什么？早期的美国历史表明，美国存在着一个未曾言明的假设，即美国是一个基督教国家，而这导致了法律价值和道德价值的模糊化。近些年，更多的人认识到，美国的不同宗教和文化导致政府不愿意强加一套价值观。正如特文格（Twenge）所说（2006，p30）：

> 课程也反映了核心权威的缺乏。只教"经典"（classic）已经不够了；这些人现在被称作"死去的白种男人"（Dead White Males）。① 很少有课堂认为西方文学存在一个"标准"，以至于所有的学生都应该学习它。相反，学生在课堂上被教授一种多元视角，其中也涉及关于女性和少数种族的作品。无论你同意还是不同意这种"多元文化"（multicultural）的教育方式，我们不再对一个特定的权威负责，这很明显。现在有许多观点，其中的任何一种都被认为

---

① 此处为一语双关，《死去的白种男人》（*Dead White Males*）是澳大利亚剧作家戴维·威廉森最具影响力的戏剧之一。在《死去的白种男人》一剧中，威廉森揭示了真理的相对性，即世间没有绝对的真理。在多元化的社会与文化中，人性冲突、价值观多元等原因使得人们更不易达成共识。而且，《死去的白种男人》还讽刺了后结构主义、激进女性主义、多元文化等观点，这符合此处的援引之目的，即说明多元文化主义。——译者注

是有价值的。尽管这些观点有许多优点，但这意味着人们可能更少地服从社会规则——毕竟，他们需要遵从什么规则？什么样的文化或社会是"正确"的？我们被教育的观念是，任何一个都不是，或者所有的都是。

在应该教授何种价值观这一问题上的不确定性引发了人们对学校的关注，人们将学校定位为一个学习技能的专门机构。相对于引导孩子们就在道德价值上存在潜在争议的观点进行交流，我们对学校的目标达成了共识，即学校应该是教授数学和阅读能力的场所。

然而，我们认为，我们有一系列核心的价值观（core values），它们与有关特定政策和做法正确与否的道德观点不同。这些核心价值观关注人们和正式的控制手段（如具体的法律规范）之间的关系，以及这些控制手段怎么分配和使用权威与权力来管理社会。这些问题与法律如何被创造出来以及如何被用来管理多元主义的程序性规则相关。程序性规则对于有效且充分的管理来说是相当关键的。不管人们在具体行为上的道德立场如何，程序性规则能够推进社会和谐、社会协调与社会合作。传授这些"法律"价值观是法律社会化过程中的主要内容。

这些价值观和态度被建立在人们的认知基础之上，即如果人们不接受权威的作用，那么社会就不能发挥其功能。相同的是，如果权威不以人们期望的方式行使权力，那么其就得不到人们的服从，合法性就不能发挥作用。这是国家机构和人们之间的相互期待和责任，这对于民主管理来说是关键性的。权威认为，服从是公众的义务；公众认为，以恰当的方式行为和存在合理的限度是所有法律权威的义务。权威和公众都有可能使其他人失望，任何一种失望都可能损及法律在维持社会和谐方面的效用。

36

两种制度的叙事

为了在涉法行为问题内拓宽思考的框架，以容纳更多的对公民态度和价值观之关注，我们需要问几个重要的问题：在公民态度和价值观是支持性的情况下，我们如何更好地习得它们？当公民态度和价值观缺位时，我们如何更好地培育它们？我们怎么在儿童和青少年的法律社会化的整个时期促进可取态度的形成？通过何种方式激发公民认可的态度与支持性价值观，并促使社会、法律政策和行为支持法律制度及权威的合法性？

两套相对的制度是可能的，其中任何一个都被建立在特定的法律权威模式之上。一种非常基础的权威形式是强制性模式。在这类制度中，通过多样化的奖励与惩罚方式——特别是惩罚的方式——权威有权并且也能够运用它们的权力强迫人们服从。这些服从被建立在同物质获得与损失相关的自我利益之上，并且至少在强制的情形中，权威需要有监管行为的能力，因为这种类型的制度主要通过对正确行为进行奖励和对错误行为予以惩戒来维持。当权威缺位时，或者行为被隐藏时，人们就不能被奖励或者惩罚。因此，在这个制度中，立基于价值观的权威不具有影响力，人们也不会遵从它，除非人们觉得有被发现和惩罚的可能。这类制度的一个典型代表是独裁型权威，但独裁型权威往往很容易人走茶凉（Lewin, Lippitt, & White, 1939）。

由于（by）反映了被社会用来进行评价活动的价值观，当某些人被授权管理其他人以及被期待怎么行使这些权力时，另一种权威模式获得了被统治者的同意。一个人同法律权威的关系被建立在合法性之上，其反映了人们同权威以复杂方式打交道的能力，这促使社会形成了一种更可取的法律制度形式。这种理想形式会促使公众将权

37

威视为合法,并且认为其有权获得人们的遵从和服从。我们的核心观点是,民主社会立基于其创造的第二种更可取的法律权威与人们之间的关系,并且法律社会化是首要的方式。在这个过程中,价值观奠定了评价——被公民内化的——这种适当性(fit)的基础。

强制性制度: 暴力与手段

在强制性制度中,权威人物告诉其他人去做什么,并通过他们的命令,以工具主义方式激发人们的服从。这种制度被建立在使用暴力以强制人们服从之基础上。如果权威通过运用权力的方式运作,而不是释放出合法的信号,那么人们会为明示或暗示的强制所驱动,或者为借助奖励和惩罚手段之方式所驱动。实际上,在强制性制度中,权力的行使取决于支配和控制的表现(包括羞辱人或者其他降低人地位的方式),以此使人们屈从于权威。在这些情境下,人们对权威的权力进行评价,进而做出反应,而不是根据权威是否符合社会价值观——是否以合理的方式行使权力——做出反应。在这个问题的核心中,权威是被建立在强制的基础之上的。

尽管人们根据当局的强制权力对当局做出反应,但他们也进行合法性的判断。人们可能对他们受到的差劲待遇做出反应,并得出基于消极动机的信任判断。人们可能会产生这样一种感觉,即权威的行为方式并不是想引导他们建立一种信任的关系。人们也可能因为他们在权威决策时缺少发言权和没有得到权威的解释而做出相同的反应。最终,权威的独裁运作可能不仅破坏了那些心中持有合法性评价框架的人的合法性认知,而且导致人们在他们与权威关系中的行为仅仅或者很大程度上被建立在成本效益计算上。

权威的强制模式在大多数法律社会化的讨论中被认为是一种原初倾向,这些在幼儿身上可以经常被发现。幼儿希望得到引导,并且人们通过考量成本和效益的方式来塑造他们的行为（Freud，1930；Kohlberg，1963，1981；Tapp&Levine，1974）。对于孩子来说，发展与权威的这种关系——无论是与父母、老师、警察还是法庭——十分容易。如果是这样的，那么这些对待规则的取向同强制模式密切相关，即当他们害怕受到惩罚时，他们就遵守规则。尽管年龄有所增长，但许多孩子并没有走出这种原初的倾向，他们在成年后依然保持工具性的观点。这样一种对待法律与法律权威的观点同青少年和成年人高频度的犯罪行为相关，这样的法律制度不能一直维持对所有违法行为的监管。

很明显，借助强制力量进行统治，有时就像修昔底德（Thucydides）数世纪以前的名言所说的一样："强者可以为所欲为，弱者必须逆来顺受（The strong do what they will and weak endure what they must）。"但是，一种警示在持续告诫人们，即使在由权力支配的关系中，人们仍寻求在权力运作中嵌入合法性因素。在与支配和控制因素做斗争的过程中，那些受制于权力的人也会对合法性问题做出回应（Tyler，2006a）。

一个很好的例子就是"战争法则"（rules of war）的发展，这些伦理规则约束着士兵，并告知他们在与其他人战斗时应该如何行动。对于许多人来说，战争是通过暴力规管的极端情形，但即使在战争中，权威运作的合理性问题依然存在（MacMahan，2004）。比如，毫无理由地或者用一些特别和不必要的残忍方式（非法的人身对待以及对其他人人格的不尊重）杀死他人，人们可以将此种行为同战斗目标（非法的决策）合理地联系在一起；再如，出于某种不应由士兵关注的理由杀人，包括被杀死的人是那些不应被认为是敌方战斗人员的普通女性市民或者孩子（非法的边界），这被认为是令人发指的和应受到惩罚的行为。一旦有机会，即使战争法则仍然在规制行为，情况也往往会变得更加恶劣。然而，即使这些情况出现，法律价值观通常也能发挥作用，并对权威的运作进行评价，而且合法性因素在任何社会关系中都自始至终不会缺席(Brickman，1974)。

协商性制度：　互相尊重与合法性

为了使法律社会化能够奠定协商性法律制度的基础，年轻人既要发展一种用以界定合法权威观念的态度和价值观框架，而且在这种框架内，年轻人还要对法律权威持有支持性态度和价值观。正如我们在第一章中所论证的，这种框架从法律价值观的三个维度展开构建，包括待人的情况、公平决策和合理的限度问题。拥有与这些经验相反的维度也能够产生价值观，只是这种疏离和玩世不恭的价值观会损害合法性。如果人们未能内化这些价值观，那么他们便只能将他们同法律的关系建立在强制的基础之上。然而，如果人们同促进法律价值观习得的权威形式接触过，那么法律便可以依赖这些价值观，以促使人们服从法律。在这类情形中，人们赞同法律的权威，而不是为暴力的行使所强迫。

同意性承诺的观念反映了人们持有这样一种想法，即"一个社会被正确组织的方式"的观念(Flanagan，2013，p. 12)。举一个例子，法律社会化的一个关键要素是，人们从青少年早期的认为政府管理的权力应该是无限的认知转变到接受这样一种观念，即质疑权力和领导人的决策，并且认可人们相对独立于政府的行动自由的范围(Helwig，1998)。在法律的情形中，随着孩子年龄的增长，法律的规范性基础不断受到轻视(Fagan & Tyler，2005)。青少年感觉到"现实情况是，法律被写在书本上，这不意味着一项法律完全就是正确的或者正义的"(Flanagan，2013，p. 129)。认可法律和政府并不能必然推出青少年会服从，这意味着在日常生活中，青少年必须就他们是否同意支持法律和政府做出决策。

39

发展合法性权威的观念

协商性权威的旨趣在于促使人们聚焦于合法性，这对于服从权威来说是核心问题。合法性意味着人们相信，一些外部权威做出关于法律与法律政策的决策是合理且正确的，他们应该自觉服从这些决策，即使没有奖励与惩罚（Tyler，2006b）。可以发现，合法性是人们判断法律权威与支持法律的核心要点（Jackson，Bradford et al.，2013；Tyler，2006a）。

还有其他价值观（如道德价值、社会规范等），它们也可以给法律提供支持，但这些价值观都植根于法律权威以外的因素。伦理道德同非国家权威存在联系（如宗教），人们对正确和错误之判断就是借助这些价值观。社会规范是社区中（如家庭、朋友、邻居和其他群体）的看法。同时，合法性与国家权威相关。因此，一个对儿童、青少年和成年人构成挑战的问题是，决定何时服从外部权威。而且，作为一种随着个人的成长而发展的自我意识，人们自己的想法可以很容易地获得遵从。当然，这种想法通常更多地反映了社会化未触及之处。

合法性反映了人们与法律权威之间的协商性关系，人们更容易在这种关系中接受法律在社会中拥有权力之事实。若没有合法性，这种关系将更多地依赖于强制和暴力来驱动公众去服从法律。正如我们在第一章中讨论的，当制度是协商性的和被建立在合法性基础之上的时候，其会获得大量的服从。简而言之，通过发展一种信任关系，合法性使创造一种更优越的法律制度形式变得容易。人们相信他们的需求和关切会为慈爱与诚恳的权威所考量，而权威试图做一些对于它们权力之行使所指向的那些人来说最好的事情

大多数孩子从最初的工具主义阶段走出，并发展出建立在他们的价值观基础之上的合法性权威观念，这些价值观关乎人们与法律专门

机构之间的合理关系（Tapp，1991；Tapp&Levine，1974）。为了发展一种合法性的框架，孩子们必须持有什么使得权威与制度合法的观念。这种观念被建立在人们内化的法律价值观的基础之上，其关注作为一种正式的社会控制工具的法律在社会中的恰当作用。

我们认为，三个已经被提出的问题必须得到处理：权威能在什么范围内保持合法性？决策的哪些特征使规则和决定具有合法性？权威提供的何种类型的待遇与合法性相关？通过运用他们不断发展的合法性观念，孩子拥有了框架。借助这个框架，孩子能够认定与他们打交道的特定规则和权威是否合法，以及自己是否需要服从它们。

在协商性制度中，年轻人需要发展出一种有关什么是合法性权威的观念，如此他们就有方法判断其他人何时可以对自己的行为合理地行使权力。做出指导或制定规则的人或者机构是否有权指导其他人的行为？做出指导或制定规则的人或者机构有在它们有权行动的范围内活动吗？做出指导或制定规则的人或者机构指导别人参与的合理和恰当的行动是否在社区共享的价值框架内？如果这些问题被建立在工具主义条件上，那么它们就会出现不一致，因为在这类情形中，人们是对强制或激励做出反应。但是，在自愿服从之前，人们通过他们的框架来评价与他们打交道的权威，以理解什么是合法的，进而授权权威（someone）来规定他们能够做什么。

41

限度关切

人们会在权威行使其权力的权利（right）领域和时间范围上设定限制，并且追问权威是否尊重他们所处的位置等限度（Huq，Jackson，&Trinkner，2016；Smetana，2002；Trinkner，Jackson，&Tyler，2016）。没有权威会被允许在任何情况和任何时间实施任何行为。在一些情形下——特别是在个人领域归属意识（sense of personal jurisdiction)特别强的时候——人们甚至会拒绝权威有权制定或者强制执行规则。在这些情况中，当权威试图执行规则时，人们可能很少认为权威具有合法性，无论权威的决策或者其对待人们的方法是多么公平。权威侵入限度以外的部分，这不仅不会构建人们对它们的信任，反而会侵蚀人们对它们的信任。范围很重要。举例来说，那些认为自己有义务接受某人的指令去战死沙场的人，可能因为人们留宿这个人（make that person coffee）①的建议而反抗。重要的不是潜在承诺的重要性（magnitude），而是承诺是否落在接受权威决策的恰当范围内。

　　与合理范围概念相关的是权威冲突问题。随着孩子的成长，他们不断认识到谁被授权行使权力，以及什么时候被授予权力是重要的（Tapp&Levine，1974）。在成年人中，问题是要求他们在出现冲突的权威——教会与国家——之间做出决断。对于孩子而言，冲突可能发生在父母间，或者父母与老师之间。正如一个成年人必须在这些冲突中决定服从哪个权威，孩子们也必须学会如何在其中做出决策。更有甚者，这些冲突会发生在法律社会化的过程中（Tapp，1991）。我们在孩提时代为解决这些冲突而做出决策，这些决策对我们成年后如何理解我们自己与法律之间的关系有直接的影响。

公平决策

　　另一个影响我们对权威合法性之看法的重要问题是，权威是如何运用被内嵌于它们权威地位之中的权力的。在权威制定、实施和执行规则时，这些权力如何被权威用于决策（Fondacaro，Brank，

---

① 在俚语中，"make coffee"是指与心爱的人约会并留宿他/她。"第二天一起煮咖啡"，就是说前一晚留宿了某人。——译者注

Stuart, Villanueva-Abraham, Luecscher, et al., 2006; Thibaut&Walker, 1975; Tyler, 2006a)？权威制定和执行规则的方式有很大的差别,并且没有唯一的、共同的特征,其影响每一个人对权威合理行使权力之认识。

很多权威未经讨论和解释就做出决策,尽管另外一些权威会进行咨询、分享权力、深思熟虑和予以解释。再者,在决策的例子中,人们发展他们对合法性特征的认识。权威是否应该对它们制定的规则进行解释呢？权威是否需要吸纳别人,以形成合力来决定规则的内容？制定平等对待所有人的规则就是最好的吗？一个权威的决定应该在多大程度上受到它们自身的表现和偏见之影响?

有大量关于当局的独裁统治的例子,它们并不允许人们参与或者不向人们做出解释。然而,这些当局一般也不会被人们认为是合法的。而且,为获得人们对规则的服从,当局需要可靠的强制惩罚和奖励承诺(Beetham, 1991; Lewin, Lippitt, &White, 1939)。对于当局来说,通过这种方式进行秩序维持通常是可行的,尽管相对于以同意为基础的模式,这可能是一种成本极大但收效甚微的社会管理模式。这些情形也同一个民主的政府制度不相容。

公正的人际间对待

除此之外,当规则或决策被做出或被执行时,影响人们合法性判断的另一个重点涉及人们是否觉得权威将他们作为一个人和社区中的一员来予以合理对待(Lind&Tyler, 1992; Tyler, 1997)。任何一个人都具备能够作为人和作为一名社区成员的资格(status),这为他们提供了被合理对待的权利。在政治群体中,有许多关于合理对待的观念,这些观念通常被表达为"权利"(rights)。每一个公民都有权从他所在的社区获得尊严和尊重(Tyler, 2006)。

轻蔑或屈辱的待人情况与人们的期待相悖，特别是在不符合人们持有这样的期待时，即他们应该如何被权威当作一个人和一名团体、组织或者社区的成员来对待。举例来说，联合国的《世界人权宣言》(Universal Declaration of Human Rights)涵括了所有人类与生俱来(inherently entitled)的权利，包括被有尊严地对待的权利。当人们期待拥有此种或他种权利时（如作为某个群体的其中一员的权利），若他们没有获得这些权利，那么对权威或制度的合法性之质疑就会出现。

43　　关于法律权威问题的讨论经常将合理待人问题降格到一个次级地位上。法律规范经常通过决策程序被确定。然而，人们的研究不断发现，待人情况问题是他们对经历有所回应和对他们与社会之间的关系进行界定之核心(Jackson，Bradford，et al.，2013；Tyler，2006a，Tyler&Huo，2002)。人们关注待人情况问题的原因与他们同当局和机构的联系在性质上是相关的(Tyler&Lind，1992)。这意味着人们的身份、地位和自我价值的感受与他们在社会中的地位密切相关。

父母、老师、警察还有法官——作为权威角色来规制行为——都通过他们的行为传递了身份和地位信息。当权威不能尊重其他人的权利时，排他性的信号就被传递出来(Tyler，1997，2011；Tyler&Blader，2003)。权利平等是民主社会的试金石，并且社会地位平等关系到一个群体内的社会和谐。所以，一个人的权利未受到尊重，就意味着他没有被社会充分接纳。因此，这些人是社会的边缘成员，他们缺乏平等的社会地位。当权威不能尊重个体的地位时，其就向社会传递了一个社会边缘性的信号。人的地位体现在其他人——尤其是权威——对他的礼貌、客气和有尊严的对待上。当人们没有获得这些类型的对待时，他们在群体中就没有地位。这种不尊重破坏了人们对社会的认同感，这种认同感对于将权威视为合法的和服从权威来说是关键性的。

一项关于群体偏差的研究表明,尊重对于群体成员来说具有核心性重要地位。霍(Huo,音译)让大学环境中的人们对持有他们不赞同的观点的群体做出回应,于是他们通过三种方式予以回应:拒绝该群体的物质资源、拒绝他们的程序性权利以及以不尊重的方式对待他们。这项研究发现,人们认为不尊重的对待是可能发生的最严重的伤害,而拒绝物质资源是最弱的伤害(2002)。这项研究实际表明,警察和法官的不尊重行为在人们同这些当局的交往方面产生了很强烈的消极影响(Tyler&Huo,2002),这种消极影响在调查中反复出现。

体验冲突的方式

到目前为止,我们呈现了两种法律社会化的方式,一种强调通过强制和使用暴力来获得服从,另一种则强调通过同意和提升合法性来获得服从。尽管我们呈现的两种制度是不同且独立的,但两者在真实世界中并非是完全绝缘的。我们不想给人们这样一种印象,即人们不能既处于强制性制度中,又处于协商性制度中。实际上,人们会在他们的人生际遇中遇到不同类型的权威,其中任何一种权威都可能运用强制性策略或协商性策略,策略的选择基于权威的内部安排和实际的情况。事实上,没有什么时间段会比整个青少年时期更能体验这种感觉了。从他们清晨醒来到他们上床睡着,年轻人时刻被各种不同的权威环绕。

这些权威中的任何一种都可能用不同的方式来执行它们的规则。正如我们将在后面的章节中讨论的,权威的相互作用或者不同的权威是推进法律社会化过程的核心要素。然而,因为法律社会化独立于人们与权威打交道的经验,所以在与这些不同的权威打交道时,孩子既可能遇到连续的方式和方法,也可能遇到不连续的方式和

44

方法，这些方式和方法被用于规制孩子的行为与推行管理，其中包括父母之间、老师之间以及他们遇到的不同法律权威之间的不同。这些方式和方法在管理的领域上也可能是被割裂的，正如一个被体罚长大的孩子遇到一个试图通过讨论与推理之方式树立权威的老师，或者一个习惯了在父母那里进行推理和获得解释的孩子突然遇到一个采用暴力与支配性方式的老师或警察。如果强制性策略更有可能导致人们反抗法律权威，而协商性策略更有可能使人们产生合意和服从，那么问题就变成，如何使人们在这两种经验中达成协调，以理解他们同法律之间的关系？

不持续性问题的例证可以在人们——尤其是儿童和青少年——了解法律的方式中被发现。年轻人面对着两种不同的视角：一种是正式的公民教育（civics education），即人们在学校、政府宣传和领导人讲话中学习；另一种则是他们在日常生活中对法律权威的真实反应。在少数种族社区，有两种信息经常发生冲突（Justice&Meares，2014），特别是支配与控制的强制执行策略传达了不信任和社会边缘化的信息，这可能导致人们普遍不信任法律及法律权威（Carr，Napolitano，&Keating，2007）。这种待遇不同于充斥着权利承诺和有尊严的对待的正式公民教育。

45 　形成于这类正式的公民教育课堂中的理想化法律观点可能与实践中（on the street）的法律执行现状相冲突。例如，考虑一下近来一篇关于养育黑人孩子的文章，此文作者表示，"我们教育我们的孩子尊重权威"，但是我们也告诉他们"口口相传的经验（lessons passed down from our parents）：如果你被警察拦住盘查，把你的双手放在双眼可以清晰看到的方向盘上，充满敬意地回答，不要采取冒失的行动"，而且"我们教育［我们的孩子］害怕执行法律的机关工作人员"（Maltais，2014）。尽管合法的公民被授权质询警察，并且能够拒绝回答问题和对抗被允许的搜查者，但在现实面前，人们几乎从不这么

做（Kessler，2009）。*　人们在理想化情景下被授权可以做什么和通常他们能够做什么是不相同的。

整个法律社会化过程中的一个挑战是，这两种对法律的理解——理想化的和经验性的——交织在一起。我们将考量以上这个问题。通过将正式的、理想化的认识与非正式的、现实化的认识进行对比，我们发现两者往往是不同的，它们常以戏剧化的方式被呈现出来。年轻人必须认识到，他们在公民课堂中学习到的这些民主观念和法治观念与权威实际如何行为的现状不相符合，权威在行动时往往并不考量这些观念。举例来说，如果一个年轻人指出警察并未被合法授权对自己进行搜查，那么他/她很可能马上会面对激烈的冲突，即公民课本上的法律与实践中的法律会出现冲突。这并非仅局限于法律方面的经验。孩子们经常遇到一些专断性和指令性的法律权威或者非法律权威，这些权威很少给孩子提供理解的机会，而是表现出对孩子不尊重和充满敌意的行为（Carr et al.，2007；Humes，1997；Straus&Donnelly，2001）。另一方面，孩子们经常遇到满怀善意和充满关怀的其他权威，这些权威表现出相互尊重与理解。我们特别感兴趣的是，这种实然与应然的脱节（mismatches）如何影响——尤其是在法律环境中——人们的合法性判断和行为。

基本上，这种挑战贯穿法律社会化的过程，因为权威会交叉使用强制和协商的方式。在一个充满民主性的家庭中成长起来的孩子会被以"讨论和解释"这种协商的方式加以管教，或者在学校中，学校注重帮助孩子养成"公民领导模式"（models of civic leadership），但孩子会在他们第一次遇到警察时感到诧异。孩子对自己被当作一个可能是危险的、需要被管控和控制的嫌疑人感到困扰，这可能引发他们

---

* 凯斯勒（Kessler）表示，"人们在结束他们与警察的接触时不会感觉到自由"。实际上，"知道自己有法律权利结束与警察的接触并不能使人们觉得自己可以自由离开"。（p. 52）

的恐惧与怨恨。例如，孩子可能会对以下情况感到惊讶，即当他们并未违反任何法律时，警察持枪接近他们，或者要求他们趴在地上并举起双手。

46　　相反，对于一个被体罚和以专断型管教方式教育长大的孩子而言，他会在被拉进如下讨论时感到困惑，即为什么规则存在或者大家被要求不要对同学使用暴力攻击和以武力强制的方式解决纠纷（如欺凌他们）。在这两种情况中，这些争端将人们置于这样的境地，即对他们习惯的理解权威和规则之框架提出质疑。例如，被专断的父母养育长大的孩子重视暴力（power），并且他们通过欺凌的方式，以暴力的手段与同龄人打交道（Knafo，2003）。

行为结果

正如我们在本章中论证的，研究清楚地表明，儿童和青少年持有的公民态度与价值观影响着他们对权威和规则所采取的行为，无论是直接影响他们还是在成年之后产生的持续影响。现有可获得的研究主要关注不法行为，而且在儿童和青少年的自我报告与外在测验中，他们的价值观确实影响犯罪行为。当然，这些行为并不是凭空出现的。研究表明，从儿童时期的人际攻击到在学校里欺凌同龄人，从违背校规到与正式法律权威打交道，直至可能因青少年犯罪而被逮捕，一条轨迹由此浮现出来（Moffitt，2007）。然后，这种模式成为了成年人行为的框架。

相反的轨迹——也是我们社会中最常见的一条——是在人生的早期阶段培养孩子的支持性公民态度与价值观，这条轨迹支持学校中的规则遵从行为和社会中的守法行为，从而促使成年人成为一个信任并支持警察、法庭和法律的人，并且使他们感觉到有义务与责任服从法律及配合法律秩序。这些安排有助于人们产生安全感，其不仅促使人们服从法律，而且推动人们参与到社会和相应的制度之中，以此引导个人走向成功,并为其所在的社区中的福祉提供支持(Tyler&Jackson,2014)。

这是法律社会化成功的过程(story),并且这个过程发生在可行和繁荣的民主社会。当然,并非所有人都经历了这个成功的过程。不同的种族、社会地位、收入和邻里影响着每一个人的社会化经验之实际性质。撇开这些差异不谈,研究中的最重要发现之一是——也是我们将要强调的——除了这些差异之外,强制性制度通常会导致人们对权威的反抗和疏离感,但协商性制度则会促进人们的认可与社会和谐,这贯穿着我们对法律社会化的讨论。

47

小结

一个有效的民主社会需要两个要素:第一,它需要人们将支持性价值观内化,这会促使人们对法律和政府的理念产生一定的忠诚度;第二,它需要政府持有并尊重那些被社会认为重要的价值观与原则。满足上述两条标准的协商性法律权威方式要比强制性法律权威方式更好。正如曼斯布里奇(Mansbridge)所说,只有强制并不足以有效地进行管理,其还必须是具有合法性的强制(2014)。曼斯布里奇说:"不那么合法的强制好比将沙子投进齿轮中,系统会运转得更慢和更不流畅,结果就是成本更高昂——有时会成本高到失去了竞争力。"(p.11)我们认为,当人们持有支持性的态度和价值观时,社会能更有效地运转。这些价值观和态度是在整个法律社会化过程中产生和发展的,因此强制性模式的需求就会被降到最低。

法律社会化中的合法性或者其要素降低了社会对强制性模式的需求,这是因为它促使人们更多地支持法律制度,并同法律制度合作,但人们确实想要这么做,他们并非被逼着去支持或合作(Tyler,2006a;Tyler&Fagan,2008)。吉布森(Gibson)同样认为,在"一个政治制度中,很少有东西比政治合法性更令人觊觎。合法性就是民主政治肌体的内啡肽（endorphin）[1]；合法性的实质就是民主机器的润滑油。在人们无法从政治家那里得到所有东西时，合法性可以减少不可避免的摩擦。合法性是忠诚；合法性是善意的存储器，它允许政府机构在忤逆人们的需求时不用承担什么不利的后果"（2004，p. 289）。

人并非一出生就持有这些态度和价值观。相反，人们需要在成年之前培养这些态度和价值观，并以某种方式同政府系统打交道，这种方式会在他们成年之后扎根于他们心中。人们被社会化以接受权威和规则的要求，从而促使社会能够有效运转，他们还被社会化以期待同法律制度形成特定类型的关系。人们认识到，权威必须对公众的看法投以注意力。权威需要相信，具有合法性的权威会听取、考虑和认真考量人们的观点与需求。除非人们认为权威正在做这些事情，否则他们不大可能认为权威是合法的，也不会服从权威做出的决策和制定的规则。因此，人们对法律权威的接受取决于法律实施主体是否以合理的方式行使权力。这是协商型制度的基础，即以使人们同意和自愿服从权威的方式使用权力。

在本章中，我们一直着眼于展示采用协商性权威模式的优点。特别是，我们认为，协商性模式是更可取的模式，因为它促使人们自愿服从，并让人们愿意同法律合作和配合法律权威所采取的行动，从而确立了权威持有权力和使用权力的正当性。在第二编中，我们会对此进行讨论。为解释法律社会化的过程，我们回顾了已经提出的不同模式。在第三编中，我们会展示协商性权威模式在一系列不同权威情境（type）[2]中的优势。

---

[1] 内啡肽又被称为安多芬或脑内啡，是人体内部分泌的一种天然的类吗啡激素。内啡肽可以产生镇定作用，还可以引发一定的刺激。此处是指合法性可以提升政治活动的活力。——译者注

[2] 此处所指的是第三编的三种情境：家庭（第七章）、学校（第八章）和青少年司法系统（第九章）。因此，为前后呼应，译者在此将"type"译为"情境"。——译者注

在研究法律社会化时,我们采用了生命历程(life-course)的视角,以帮助我们组织自己对社会化过程的展开之理解。在这个视角下,法律社会化被视为与法律相关的价值观和态度的发展之关键。而且,人的能力在整个一生中都在发展和完善,以应对不断成熟的心智与不断扩张和日益复杂的社会环境之交互作用。这个框架从平衡持续性的力量与变化可能性的视角来认识不断产生的变化。

这个方法对相关研究领域相当有用(如政治社会化,Hess&Torney,1967;Sears&Brown,2013)。在另一种情形中,犯罪学已经用到生命历程的视角,以勾勒在不同年纪和不同生活事件中的犯罪行为的发生与结束情况(Laub&Sampson,2003;Sampson&Laub,1993)。尽管这些研究对我们此处的讨论很有用,但我们仍然会用我们自己的方法来检验法律世界内外的法律价值观、态度和行为是如何产生的。

很长一段时间以来,为了更好地理解法律社会化,生命历程的视角一直为人们所用(Hogan&Mills,1976;Tapp,1987;Tapp&Levine,1977)。法律社会化并不是一个静止的过程,其是一个持续变化的过程。对于一个个体来说,变化在不断发生,特别是在他的早期生活中。当人们遇到更多种类的规则制度与规制形式时，这个过程会变得更加复杂并持续加速。法律制度本身也不是一成不变的，而是随着时间的起起落落——正如问题的此起彼伏——而发生必要的变化。从上个世纪六十年代和七十年代的社会巨变，到上个世纪八十年代和九十年代的毒品战争与对社区治安的呼吁，再到前"9·11"时代的科技突破，法律制度持续改变其目标、措施和策略（Reiner，2010；Sklansky，2005，2006）。因此，人们怎么同作为社会制度一部分的法律相关联——法律社会化过程的本质——也将一直变化和调整，这是很自然的。

这个方法提出了几个相互关联的核心问题，即法律社会化在生命历程中怎么以及在何种程度上发挥作用。一个重要的问题是，无论孩子对规则与权威的最初倾向是什么，规则和倾向都一直存在着，并影响着孩子们与其他权威的关系。举例来说，孩子与他们的父母打交道的经验在多大程度上影响着人们在青少年时期对老师们的行为之期待，或者在多大程度上影响着他们在成年之后对法律权威的期待？当人们遇到采用相同或相异的方式行使权力的其他类型的权威时，他们的最初倾向进而会受到什么影响或改变？

在我们接受生命历程的视角后，紧接着出现的第二个问题是，根据人们理解和定义他们同权威之间的关系之方式的不同，生命的每个阶段都有不同的特征。例如，幼儿特别难形成抽象观念和对法律原则的认识。相对于将孩子同法律权威之间的关系视作权利和互惠的关系——他们希望权威能够尊重他们的权利并被期冀遵守规则——他们更倾向于用单向度与工具主义的方式来看待自身与权威之间的关系（Tapp&Levine，1974）。法律实施主体被视作可以独断而自由地制定法律和规则，并且强制执行法律与规则是必要的。因此，幼儿将法律权威放在惩戒者的位置上，这使他们遵守规则和服从权威。但是,这些特征一般——并非总是如此——会在接下来的一段时间里消弭,取而代之的是更加微妙和复杂的观点。

另一个重要的问题是,关注关键时期的作用和重要性。在特定发育阶段,人们是否或多或少地希望改变?这段时期在什么时候,以及这段时期会持续多久?心理学家认为,大多数社会化发生于儿童时期(Grusec&Hastings,2015)。更有甚者,青少年时期也被广泛地认为是法律社会化的一个重要阶段,因为在这段时间里,青少年试图理解他们在社会环境中的位置,同时也是在这段时间里,他们最有可能第一次同正式的法律制度打交道(Tapp&Levine,1974)。因此,我们在这本书中的绝大多数关注点将聚焦在青少年身上。尽管心理学家认为这段时间对倾向的形成是至关重要的,但心理学家也强调,因为存在认知性、神经性和生物性上的特征与限制,所以与成熟的成年人相比,儿童和青少年在任何一段时期内的能力都是有限的(Grusec&Hastings,2015)。

第四个重要的问题关注不同权威的支配领域。如果法律社会化是一个早在孩子阶段就开始的终生过程,那么这意味着经历非法律权威和规则制度也是法律社会化的来源。有鉴于此,大多数人直到生命的最后才遇到真正意义上的(tangible)法律问题(Levine&Tapp,1977;Trinkner&Cohn,2004)。实际上,正如我们将要在后述章节中阐明的,有相当数量的研究表明,在儿童和青少年时期遇到非法律权威将促使人们获得法律价值观信息以及与法律相关的态度,从而使他们的法律能力得到发展。我们选择关注法律社会化中的三个最有代表性的权威之领域:家庭中的父母、学校中的老师以及青少年司法系统中的法律当局。

最后一个问题关注孩子向成年人转变的过程。在这段时期,人们从法律社会化的对象(儿童、青少年)转变为社会化的实施者(父母、教师)(Luong, Rauers, &Fingerman, 2015)。法律价值观、态度和能力在这个转变的过程中是如何变化的？尽管我们将注意力放在儿童和青少年身上，但我们仍然认为，在某种程度上，法律社会化贯穿人的一生(Tapp, 1982)。如果法律社会化左右着人们理解他们与权威之间关系的方式，那么当人们成年和不再是权威所指向的对象后，这种理解很有可能会发生某种形式的改变，因为人们发现他们自己已经成为一个权威了(Tapp, 1991)。

代际之间的历史变迁

生命周期(life-cycle)的方法认为，发展是在特定历史事件的文化环境中发生的。这种方法考量了法律价值观、态度和推理，因为它们在生命历程中发展、成长和变化。尽管生命周期的方法认识到了这种发展发生在代际发展的框架中，但任何一代都受到文化和历史事件以及他们所身处的集体价值观之独特影响。

除了这些生命周期的影响，大多数代际研究认为，共同的一代人所经历的特定事件(如战争、自然灾害和经济危机)会导致他们对规则产生一种不同于其他世代的倾向，并且此种倾向将一直持续下去(Alwin&McCammon, 2003；Leisering, 2003)。不论我们是在谈论婴儿潮(baby boomer)那一代还是千禧一代(millennial generation)，总之我们认为任何时代出生的儿童、青少年和成年人都不一样。我们的观点是，这些事件必然影响人们对他们同法律之间的关系之思考。毕竟，许多最重要的历史事件都直接或间接同法律和法律制度产生关联。

不可避免的是，对于每一代人而言，流行文化中总会出现一个特定的法律形象或者表征。从洛克威尔(Rockwell)的《离家出走》

(*The Runaway*)①到伯明翰的布尔·康纳的狗(Bill Connor's dogs in Birmingham)②,到殴打罗德尼·金(Rodney King)③,再到拦路盘查(stop-and-frisk)、大规模监视和无人机的政策。毫无疑问,任何一代所经历的法律都影响着他们界定和理解自身同法律制度及警察之间的关系之方式。研究法律社会化中的变化与谋略不仅仅是确定这些历史演进,还包括寻找这些变化影响人们和整个社会之方式。作为研究者,研究的困难不仅在于确定这些历史事件使一些群体产

---

① 洛克威尔是二十世纪最重要的美国插画家之一,作者在此处援引他的画作《离家出走》(1958)是想借助流行文化中的事物来强调特定时代的法律形象。洛克威尔的这幅画表达了美国儿童的成长过程这一主题,离家出走既是孩子的一场"惊心动魄"的冒险,又是孩子自我表达的一种方式。成长为一个成年人的过程伴随着大量的经历与体验,对于洛克威尔画作中的特定美国历史背景下的儿童来说则更是如此。这正好切合了作者此处所说的任何一代人都有其特殊的经历,这些经历又影响着孩子所在时代背景下的那一代人的特殊认识。——译者注

② 首先,此处的"狗"并不是指一种动物,而是指美国的灰狗长途客运巴士(Greyhound);其次,此处所指的事件是上个世纪六十年代发生在美国的"自由乘车者运动"。为了反对"隔离但平等"的政策,许多民权运动人士与白人一起坐在汽车(灰狗巴士)的连座上,或者坐在留给白人的前排座位上,以示抗议。但是,当"自由乘车者运动"发展到阿拉巴马州伯明翰市时,伯明翰市警察局长布尔·康纳命令3K党人(美国的民间排外性组织,奉行白人至上主义和排斥有色族裔)和伯明翰市警长汤姆·库克对灰狗巴士上的自由乘车者进行袭击。布尔·康纳默许暴徒在袭击的15分钟内不受到逮捕,且袭击过程中还出现了大量暴徒对抗议人员实施私刑的情形。后来,袭击事件发展为灰狗巴士不敢搭载抗议者,其中一批示威者在伯明翰被布尔·康纳逮捕。所以,此处所说的布尔·康纳的狗是指"自由乘车者运动"所引发的事件。——译者注

③ 罗德尼·金事件是因黑人罗德尼·金在1991年3月3日(同日海湾战争结束)被四名警察殴打而引发的社会骚乱。事件发生后,法院对四名警察作出的无罪宣判引发了大规模的社会骚乱,并造成五十多人死亡、两千多人受伤的惨剧(堪比美军海外战争的损失)。罗德尼·金被殴打的视频被各大媒体播放,社会公众以及当时的美国总统老布什均表示愤慨。但是,媒体播放的视频是被删减过的视频,罗德尼·金拒捕袭警的片段被删除,这导致舆论一边倒式地支持罗德尼·金。陪审团亦基于未删减的视频作出无罪判决。后该案经地区法院、上诉法院和最高法院多次反转,以9:0的结果判四名白人警察最终无罪。该案反映了司法独立与媒体监督之间的关系,在汹汹民意中保持独立裁判一直是司法领域的难题。该案的陪审员被辱骂为纳粹分子,承受了巨大的压力。罗德尼·金事件反映了美国社会的深层次矛盾,如种族矛盾、贫富差距、警民关系紧张等。——译者注

生了相同的体验，而且在于将这些人同那些有不同经历的群体区分开来。

千禧一代的例证

历史事件可以影响一整代人同法律之间的关系，一个很好的例证就是现在的千禧一代（大致就是在上个世纪八十年代初至本世纪初这段时间内出生的人）。千禧一代成长在一个戒备森严的世界中，他们经历了暴力与惩罚手段被急剧主流化地应用于阻止犯罪和其他社会问题（Fagan，Geller，Davies，&West，2010；Goff，Epstein，&Reddy，2013；Krask，2001），而且法律权威侵入到传统上属于非法律领域的范围（如学校，Arum，2003，2003；Mukherjee，2007）。在很大程度上，情况是在"9·11"事件后才变糟糕的。自从恐怖袭击之后，法律（如通过《爱国者法案》[the Patriot Act]）和法律政策（反恐战争政策的出台）出现了明显变化，这些变化从根本上改变了刑事司法系统与公众之间的关系。当然，我们社会中的每一个人都在经历着这些变化，但是在经历这些变化的时候，千禧一代的有关自身与法律之间关系的态度与价值观正处于形成之初阶段。

53　　　在美国处于战争之中的看法下，人们持有的许多关于权威合理运作的抽象观念发生了变化。这并非一个新的现象，因为每一个战争年代都会产生这样一种观念，即领导人必须以不同于传统民主进程的方式行使权力。在南北战争时期，林肯（Lincoln）将持不同政见者投入监狱；第二次世界大战期间，罗斯福（Roosevelt）拘押日裔美国人，且政府开展了一项广泛的监视项目。然而，不同于林肯和罗斯福，后"9·11"时代的反恐战争并没有一个结束日期。因此，我们还不能就这些改变人们与法律之间关系的事件给出结论（也不太可能在一时半会给出结论）。相反，一旦对那些界定模糊的、被称为"恐怖分子"的敌人发动一场并未公开宣战的战争,美国似乎就会进入一个漫长的时代。这场战争证明了一些针对传统法律的修正是合理的(如允许空前水平的监视与控制),但大部分修正都是专制和不透明的。

研究表明,这种社会状况的改变——特别是其不稳定性和可怖性——影响了人们关于法律的认识。举例来说,运用 1992 年的全国大选研究数据(National Election Study data),费尔德曼(Feldman)和斯坦纳(Stenner)发现,社会强制强化了当局使用严厉惩罚手段的想法,以及支持秩序与安全的重要性超过自由的想法(1997)。通过运用 1972 年到 1994 年收集到的综合社会调查数据(General Social Survey data),斯坦纳说明了支持强制性权威使用惩罚手段之观点的影响力度(如对死刑的态度),而人们对公民自由的民主原则的支持率降低,这是由与社会强制相关的社会状况的不稳定性——尤其是规范性威胁——导致的。斯坦纳总结说,社会强制是由专断主义和领导人的支持造成的,这证明他们是"无情的社会边界卫道者、规则执行者和权威的鼓吹者"(p. 32)。对权力的欲求是重要的,因为这导致权威产生诸如支持广泛使用军事力量之态度(Herzon, Kincaid, &Dalton, 1978; Kam&Kinder, 2007; Barker, Hurwitz, &Nelson, 2008; Hetherington&Weiler, 2009)。这样的结果支持如下猜想,即这样的事件(如美国于 2001 年受到的恐怖袭击)很有可能激发人们在政策决策方面对强势权威的欲求。

当然,整体差异同单个事件的差异通常并不相关。相反,两者体现了一种权威与人们之间的关系变化之改变体验。从当前的千禧一代对过去二十年间的技术爆炸性发展的回应中,我们可以看出这种更一般意义上的变化过程。技术中的一系列改变已经给社会对法律与权威之认知,以及社会就自身同法律之间关系之理解造成了压力。从盗版软件与非法下载音乐和电影问题,到社会媒体和网络大规模

54

监控中的隐私权问题，似乎有源源不断的技术迫使社会重新评估法律权威的合理作用与范围。

这些困境与问题是早先几代人在年轻时并没有遇到过的。令人惊讶的是，这一代人将这些创新视作"第二天性"(second nature)，并认为这是他们生活中不可或缺的一个部分。对于那些尚未习惯于参与到网络世界中的权威人物来说，他们制定和执行的法律该如何获得这一代人的回应与服从呢？

再者，并非每一代人中的每一个人都面对着相同的挑战或者拥有着相同的经验。在第二次世界大战期间，德国移民者面临其他人的敌意和歧视；现在，穆斯林儿童经历着人们的不信任。在其他时候，亚洲移民、爱尔兰天主教徒或者其他群体受到特别的怀疑。正如一代又一代人中的群体效应一样，在一些群体中的每一代人都对社会与法律有着特别的体验。

并非所有的挑战都同特定的时代相关。纵观我们国家的非裔美国人之历史，与美国原住民一样，他们一直都是各种形式的监管与监禁之目标。对于这些有边缘法律社会化经历的人群来说，这种体验会是长期的，并将持续很久。

在千禧一代身上，我们还可以发现潜在的代际影响。随着这几年法院越来越多地被卷入进来，以及学校中的法律环境性质之变化，孩子们被赋予更多的权利(Arum，2003)。比如，当孩子们面对学校的监督时，他们有获得正当程序的权利，包括在违反规则之前知道学校的规则、获得有关指控的详细通知、对证据进行说明，以及对自己的立场和事件过程进行说明。与此同时，法律在学校的执行力度之大也是史无前例的，并且此种执行伴随着强制性的权威模式和零容忍政策(Arum，2003；Hirschfield，2008；Mukherjee，2007；Rios，2011)。从某些方面来看，这些转变是对学生权利不断增多之境况的回应，其中的假定含义就是学校中的违法行为和对违法行为之规制是符合法律原则的法律问题。曾经一度由学校管理者管理和处置的学生在学校中实施的违法行为，现在却被纳入刑事司法系统。通常由学校管理者处置的非正式纪律问题被替换为由正式的法律权威通过正式程序来规管。

对于所有将来都会进入教育体系的未来世代的孩子而言，不断变化的法律环境已经导致他们的法律意识发生改变。尤其是法律对学校侵犯学生的能力进行了严格的限制，从而削弱了学校的权威。因此，学生与学校权威之间的关系发生了改变。然而，这种改变并不是一蹴而就的——正如"9·11"事件中的情形——而更像是多年的持续变化所致。这种学校权威的代际变化发生在人们对大多数社会机构和联邦政府的支持减少之环境下（盖洛普［Gallup］，2015；Smith&Son，2013）。一般来说，当制度权威被这些后来经过社会化的孩子公开质疑时，以及当这些孩子更不自愿地接受和服从制度权威时，其实权威已经在之前的某个时间点上与孩子相遇过了。

对年轻世代的讨论反映了制度合法性流失的主题，人们越来越关注朋友间的关系，并倾向于短暂的和基于同龄人的关系（皮尤研究中心，2014b；Shore，2011）。人们更不信任制度权威，而且经常对传统的科层权威（hierarchical authority）缺乏尊重。这并不必然意味着人们对权威观念的不尊重，而仅仅是人们对只希望借助其地位获得简单服从的权威形式之不尊重。年轻世代似乎拒绝上述这种观念，而且他们认为服从是争取来的。为获得人们的服从，权威需要通过它们自己的行为来构建信任，而不是依赖于自身——作为权威象征——的年龄或地位。信任的建立依赖于特定方式的行为，即社会期待权威行为和决策的方式。

讨论中的一个关键问题被忽视了，即流失的制度合法性从何而来。一方面，制度合法性流失可能是因为年轻世代真的持有一套不同的价值观，他们关注权威的适当作用。因为年轻世代拥有一套不同的价值观，所以他们以不同的方式来界定他们同权威之间的关系。紧接着，权威不再被视为合理的，因为权威的行为和政策不再符合这些新的价值观。另一方面，在年轻世代中，有关权威如何恰当行使权力的价值观并未变化。但是，年轻人可能已经改变了他们的观念，他们认为现行当局并不符合这些价值观。在这种情况下，合法性的流失更是一个关于制度权威是否仍然可以坚持正确的价值观和以合理的方式运用权力的问题。

注意事项

无论一代人中的所有人是否都形成了一套共同的法律价值观，重点始终是群体社会化的大环境改变了他们通常的关注点，并影响了他们的态度和价值观。法律社会化不仅仅发生在家庭、学校或者青少年司法系统中。这些制度被大事件影响，并且人们总是以他们所属社会之一部分的身份经历这些大事件。比如，非阿拉伯裔的美国年轻人并不是反恐监控和青年团体渗透的对象，但他们受到大环境中的参与这些活动的警察之影响（Sunshine&Tyler，2003a；Tyler，Schulhofer，&Huq，2010）。

欧洲社会调查（the European Social Survey）* 的数据说明了年龄与群体分离的问题。在调查中，人们被问到"遵守规则"和"合理行为与遵循传统及习惯"的重要性。当以年龄为依据对这些样本进行分组时，我们可以发现，人们持有这些价值观的比例在年龄分组中发生了变化。例如，在遵循规则的情形中，31.1%的年龄为 14 岁至 16 岁的人说遵守规则重要；26.2%的年龄为 17 岁至 18 岁的人说这很

---

* 关于欧洲社会调查的信息和数据可以从 www.europeansocialsurvey.org 获得。这里使用的数据可以使用他们提供的在线分析工具重新重建：http://nesstar.ess.nsd.uib/no/webview/。

重要;28.2％的年龄为 19 岁至 29 岁的人这么认为;32.7％的年龄为 30 岁至 41 岁的人这么认为;35.4％的年龄为 42 岁至 53 岁的人这么认为;40.0％的年龄为 54 岁至 65 岁的人这么认为;以及 50％的年龄超过 65 岁的人这么认为。在其他问题上,研究者也获得了相同的结果。在这些问题上,结果存在十分明显的差异,年龄大的人比年轻人更倾向于相信遵守法律和社会规则的重要性。

这个发现说明了什么? 我们很容易推断出,随着人们年龄的增长,他们变得更容易认可遵守规则对他们自我意识的重要性,17 岁至 18 岁这一年龄段的情况反映了这个年龄段内的人最不可能认可这种价值观。这种情况支持了这样的观点,即青少年时期是法律社会化过程中的特别不稳定的一段时期。然而,我们必须认识到,在这个分析中,年龄和群体是被混在一起的。在被采访的人中,年纪大的人的观点则不同,可能是因为他们经历的事件不同,而不是因为他们年龄的不同。比如,许多老年的欧洲被采访者在年轻时经历了冷战,他们中的许多人居住在苏联或居住的地方靠近苏联,这些因素可能强化了他们对遵守规则是重要的这一信念之认同(Finckenauer, 1995; Gibson, Duch, & Tedin, 1992)。将一代人的特殊经历与人们的年龄区分开通常是困难的。

57

发展对法律的倾向

法律社会化过程中的一个核心问题是,在人们的生命历程中,他们对规则和权威的一般态度发生了多大程度的变化。一般来说,人生的早期阶段对于基本价值观、态度与能力之确立而言是很关键的,这些基本价值观、态度与能力被人们用以处理源于将来生活中的信息(Renshon, 1977; Sears, 1975)。人们可能不想或者不能在他们成年之后突然改变,这表明早期法律社会化的经验会在人的一生中持续产生影响。因此，无论人们在儿童时期对权威持有何种态度，该态度都将在他们成年后继续产生影响。另一方面，即使人们为应对新经历而做出改变，这些新经历在某种程度上仍然能为早年已经形成的法律能力框架所阐释。

在这一点上，早期的法律社会化经验将在成年后继续产生影响，并且随着人们年龄的增长，此种经验将被人们用作看待和回应世界的相关视角（a sort of lens）。尽管我们不认为这些经验会僵化到极点，以至于不能改变，但我们确实认为这些经验强烈地影响了人们后来的法律行为与成年后的态度，因为他们通过这种已经形成的态度与价值观框架来感知后来的事情。实际上，我们认为早期社会化的经验将内化为人们的一系列价值观，这些价值观涉及人们对权威如何行为的期待、对权威如何决策的认知以及对权威限度的理解。这些价值观随后将与态度和能力一同发挥作用，其犹如一个透镜（lens）①，人们在成年后用它来解释他们同法律权威直接或间接打交道之经历（Cohn&White，1990；Tapp&Levine，1974）。鉴于这一重点，在很大程度上，我们在本书中强调的是孩子的态度与价值观在早期阶段是如何出现和变化的，以及这些改变如何使人们适应日渐正式化和复杂化的规则体系。

孩子对规则理解的变化改变了他们生活的焦点，因为规则和权威的性质是他们生活变化中的最重要之部分。在整个生命周期中，从一个广义的权威观点来看，小孩子逐渐脱离——对于他们来说是人生中至关重要的——原初权威，也就是他们的父母，并逐渐脱离他

---

① 上一段将"lens"译为"视角"，后一段将"lens"译为"透镜"，如此处理是基于这样的考虑：第一，"lens"在前后文的含义都是视角，尽管"lens"本意为透镜，但上一段直接译为"透镜"在整体句子上略显冗余，所以译为"视角"更符合文本的流畅性与前后文的文义；第二，后一段也是意指视角，但直译为"透镜"能体现文本借助"lens"这个单词转喻的意味，为强化这种意味，故在后段采用直译。——译者注

们最早涉及的机构，也就是他们所在的家庭。随后，孩子们更深入地参与到学校活动和同老师与同龄人的互动之中。在这个转变为成年人的过程中——正如人们不断参与到他们的社区中——孩子会同法律权威（如警察和法官）打交道。

随着孩子的成长，他们面对的规则范围不断扩大，形式不断增多，他们必须面对一系列日益复杂的规则问题。首先，孩子必须调和权力分歧的问题。孩子同父母、老师、同龄人以及诸如警察这样的法律实施主体打交道，任何一个主体都宣称自身的权威，所以孩子必须决定何时服从何种权威。更有甚者，在与所有的权威打交道的过程中，孩子必须管控好自己不断增长的自我意识以及反对服从的权利观念。孩子必须决定他们何时有权不服从。

随着孩子的成长，他们越来越意识到自由裁量（discretion）问题的重要性。权威在执行规则时很灵活。父母可以原谅孩子多拿了一块小饼干，就像警察忽略了很多青少年的轻微犯罪。这些自由裁量既可以被看作是合理的，又可以被看作是不合理的。对于法律社会化而言，重要的是发展出一套概念框架，以评价法律实施主体的日常行为。

然而，随着个体的成长——特别是在青少年阶段——他们看待权威的观点越来越复杂和抽象（Adelson&O'Neil，1966；Adelson，Green，&O'Neil，1969；Tapp，1991；Tapp&Levine，1974）。在这个阶段，青少年开始与不同的权威人物打交道，他们开始理解在他们周边有一个很大的社会世界，而他们只是这个世界的一份子。这些经历改变了青少年界定他们自己与权威人物之间关系的方式。

青少年不再同意让权威控制他们的全部行为。相反，青少年开始发挥自己的自主性，并尝试去检验政府权威和国家力量的限度与限制（Casey，2015；Emler&Reicher，1995）。青少年特别有可能反对规则或者权威的指令，他们反对的对象既包括法律，又包括家庭和学校权威。这反映了青少年实施非常规行为和非法行为的一般态势，他们涉及的大多数行为是轻微违反规则和法律的行为，但也可能有一些主要类型的违法，包括吸食毒品、盗窃商店和故意损坏财物（Moffitt，1993）。

这对于青少年来说也是一段巩固他们价值观和态度——那些儿童时期初步形成的价值观与态度——的时期。由于青少年与不同权威人物产生冲突的可能性增大，所以他们可以接触不同类型和风格的权威。这提供了一个合适的时间，让我们可以对青少年认为权威应如何对待他们和权威实际如何对待他们进行对比。实际上，青少年试图掌握他们想要的和他们应该享有的权力（authority），并尝试发现外部权威掌握着什么和有什么权力。谁被允许在不同环境下决定什么是合适的？正是这些对比引导了人们随后对权威合法性的判断。

59 　　同儿童一样，成年人特别容易被嵌入家庭和工作的稳定框架中，这些环境通常是由那些共享先验价值观的人所组成的。因此，很显然，基于核心价值观的影响，关于法律制度作用的认识在这段时间很少会发生改变。另一方面，很明显，人们会有重要的同法律和法律权威打交道的经验，这可能在潜移默化中对他们的有关合法性的态度与看法产生了强烈影响。

此外，法律制度并非一成不变，其会随着时间变化而不断发生改变（Reiner，2010）。因此，人们会持续评价政策与法律，他们会根据法律制度是否依据他们的价值观被呈现来进行评价，并根据与公民之间的关系来评价法律制度的恰当作用。尽管价值观在孩提时代形成，在青少年时代得到强化，并在青少年成年后依然保持稳定，但人们认为法律、政策以及权威合法性的程度可能随着警察行为的改变而发生变化（Trinkner&Tyler，2016）。实际上，在这个国家的某一段时间内，一些公民看待法律制度的态度是相当消极的，如在民权运动时期和罗德尼·金事件之后。今天，我们可以看到，人们强烈反对盘查搜身的警察政策，或者人们关心当局对大多数守法公民采用大规模监视策略。

在这些历史时期，人们消极地认为这些法律制度是不合法的，这并不表明美国人对警察和法律制度的恰当行为突然有了不同的价值观。相反，被执行的这些策略与政策（换句话说，法律当局实际上"实地"[on the ground]在做的事情）同公民期冀的警察和法律应采取的行为方式之价值观相冲突。换句话说，这就是美国人的价值观经常涉及的情形，合法性是不变的，但是法律政策和程序却发生变化，并同现有的价值观发生冲突。权威并不根据反映一般合法性观念基础的原则采取行动。

因同样重要而需要指出的是，人们关注的是法律权威，而不是个体或群体。如果成年白种人群体认为少数种族被警察不公平地对待，那么他们的合法性观念就会变弱（Tyler&Fagan，2008）。如果非穆斯林群体认为警察区别对待穆斯林，那么他们认为警察具有合法性的观念就会被削弱。换句话说，人们通过警察对待社区中的每一个人的行为来判断警察，即使不公平的行为并没有对准他个人。

60

不断演变的法律社会化领域

随着年龄的增长，人们在一系列不同的范围或领域内处理权威问题。这些经验对于人们而言是至关重要的。在人们面对权威和规则体系时，这些经验有助于他们形成一种关于应如何做的观念，并且这些经验还涉及何种行为在这种关系中属于恰当行为的观念，包括他们的责任和权威的责任。儿童在早期阶段同很小一部分权威打交道，典型的就是同他们存在长期关系和强烈情感接触的那些人打交道。在后来同不同领域的不同权威打交道时，人们的这些早期的基础经验可以被强化，或者同不同领域的不同权威产生冲突。在任一情形中，重要的事情是在成长的任何一个阶段，孩子都必须学习面对这样的挑战，即在不同情境中同规则和权威打交道。

　　什么领域是最重要的？我们认为有三个领域：家庭、学校和法律系统。正如我们将在第三编中详细论述的，在这些语境中的任何一个阶段同权威打交道都将影响人们的法律价值观与能力之发展，以及影响人们的积极法律行为（如参与）和消极法律行为（如违法行为）。再者，这些语境是动态相关的。例如，家庭内的管教（parenting）影响了孩子在学校和法律情境下的行为（Hoeve et al.，2008，2009；Parker & Benson，2004）。另一方面，学校教育一直被视作公民社会化的一种方式，所以其体现了一个健康民主的社会为保持有效运转而需要的价值观，如遵从法律和法律权威（Cambell，2006；Dewey，1916）。随着年龄的增长，孩子经过青少年阶段而成长为成年人。在不同的人生阶段中，孩子首先同父母相处，随后是老师，再然后是法律制度。与此同时，在这些阶段中，即使孩子们遇到学校权威等其他权威，他们依然同他们的父母相处。

　　在儿童和青少年学习权威的过程中，任何一个阶段都带有权威系统所处语境的独有特征。第一个阶段是家庭，孩子们第一次同权威打交道的经验来自于他们的父母和兄弟姐妹。家庭权威包括那些同孩子存在长期联系的权威人物，孩子同这些人有情感上的联系，并且对这些人有强烈的依赖性。

　　这些不同类型的经验来自于人们同权威打交道的过程，但最初来自于他们所处家庭的经验，而这可能是最重要的，其创造了认识权威的框架。在这一框架中，后来的所有权威被组合成一个整体（也可能相冲突）。父母是陪伴我们最久的权威，他们是与儿童时期的我们情感最紧密的人，并且他们是我们经历的第一个权威。家庭情况对于人们后来同规则之间的关系以及权威情况来说是至关重要的。

61

当孩子开始学校生活时,他们必须学会适应和管理自己同权威之间的关系,这些权威与他们并没有长期的私人或情感联系,也没有某种亲近的家庭联结。尽管孩子在一个学年中可能接触同一个老师,但他们在下一个学年可能就换了一个老师。在大多数情形中,孩子很少同前一位老师保持联系。随着孩子在教育体系中成长,他们开始参加更多的特殊课程,并在任何一天都与不同老师打交道,更不用提与学校中的其他行政管理人员的交往了。这些联系促使孩子理解非个人权威和制度的概念。在这里,权威的权力来自于它们在机构中的角色,而不是它们同个人之间的关系。

对于首次踏入校园的孩子来说,他们同权威打交道,权威的角色同特定环境与位置相关。在此之前,父母可能运用自身的权威对孩子施加影响,在某种程度上,此种影响涉及孩子所处的任何情形和时间。然而,在读书期间,孩子们开始明白,尽管老师在学校中有能力影响他们的行为,但老师们对不在学校中的学生就力不从心了(Laupa&Turier, 1986, 1993; Tisak, Crane-Ross, &Maynard, 2000; Yariv, 2009)。学生开始明白,遵从权威的责任范围在特殊领域和情形中是有限度的。一旦超越这些范围,孩子就可以自行做决定。这将对孩子的价值观产生重大影响,即权威的哪些行为是被允许的,以及何时这些行为是可以被接受的。

通常情况下,人们第一次同法律制度和当局直接打交道是在青少年时期。同这些类型的权威之交往与先前的经验不同。在大多数情况下,人们将在制度能力范围内进行活动。青少年很可能同这些权威并没有事前接触,他们不知道这些权威是谁,也没有任何一次长期的交往,更别提同它们建立什么联系了。相反,人们可能在某些问题或冲突上有一些简单的际遇,他们通过正式程序的操作来解决这些问题或冲突。随后,人们与权威将回到各自的运行轨道上。在许多情形中,这些联系可能会激活青少年同其他制度权威之间的其他

联系（如社会工作者），他们将遵循类似的方式路径。在任一情形中，

62 人们都对权威应如何同他们打交道有所期待。这些期待的性质为那些内化于人们心中——通过与父母和老师进行接触而形成——的价值观、态度和能力所影响。

这个权威领域的变化过程表明，从儿童时期到青少年时期，再到成年人时期，权威与规则管理的方式发生了一系列变化。随着年龄的增加，人们必须同距离他们更遥远的权威人物打交道。与发展长期联系不同，人们同陌生人以及那些他们几乎不知道的人的接触不断增多。随着时间的推移，权威变得越来越具有非私人性，这在教育背景下体现得尤为明显。规则和制度慢慢地开始替代私人。结果便是，人们必须处理规则与权威关系的观念，这要求人们平衡自主性和权利与对权威的义务相冲突的问题，以及做出有关权威的特点、动机及意图之判断。

重温协商模式与强制模式

在本编的第二章中，我们勾勒了两种法律社会化的一般方式：强制性模式与协商性模式。我们尤其强调了协商性制度在发展态度与价值观上更有效，而这对于公民同法律权威之间的积极关系之构造而言是相当关键的，因为这种积极关系被建立在合法性和相互信任之上。通过本编的论述，我们在前述三个重点领域比较了两种制度。我们认为，在任一领域，年轻人都可能经历两种相互竞争的权威模式：一种可以创造框架，以帮助人们理解合法性和支持有关权威与规则发展的积极态度；另一种可以通过控制和强力的方式运用权力，但其却可能损及态度与价值观的发展。

我们随后将要论证，协商性方式在我们将要说明的三种权威领域中更有效。以这种方式运用权力有助于一系列价值观的内化，人们可

以通过协商性模式来理解和评价权威的规则与决策，而且这么做可以激发人们自愿遵从和配合以合法、合理方式制定的规则与决策。无论这个问题是家庭管教的做法问题（Trinkner&Cohn，2014）、学校环境问题（Resh&Tyler，2005）、与警察互动的方式问题（Fagan&Tyler，2005），还是法庭或监禁项目问题（Buss，2011），研究均明确表明，支持性公民态度与价值观是由儿童和青少年时期的经验所塑造的，协商性制度权威促使孩子们将这些态度与价值观内化为自己的框架或品质。

　　不幸的是，美国有强烈的文化传统，且偏好权威的命令模式，尽管具有说服力的证据支持协商性价值观与立基于合法性的权威。使用严格和严厉的纪律来引导守法行为的观念深深扎根于美国文化之中，并支配着人们在管理捣乱的孩子方面的想法。这种想法贯穿家庭教育、学校教育和法律环境。我们可以发现，很大一部分家庭有强烈的指令主义，它们习惯采用惩罚的策略，如被广泛使用的打屁股的方法（Straus，1991）。学校经常实行严格的规则与严厉的惩罚，以此保证管理秩序之实现（Arum，2003）。而且，在面对青少年时的态度倾向方面，刑事司法系统变得更多地采用惩戒手段（Slobogin&Fondacaro，2011），诸如"恐吓从善"（scared straight）①和监禁训练营（incarceration boot campus）这样的项目变得越来越盛行（Petrosino，Turpin-Petrosino，&Buehler，2004；Vignati，2011）。

　　然而，研究一直强调，严格和惩罚性的纪律实际上在实现规则遵从目标上发挥着反作用（Hoeve et al.，2008；Straus&Donnelly，

---

① "scared straight"就是让孩子体验监狱生活，以防止其犯罪，这是一种"监狱辅导教育"的方式。美国有一档节目叫*Beyond Scared Straight*!，类似于国内的《变形记》，即通过异类环境体验，促使体验人深入了解他向往但并不真正了解的生活。通过让孩子体验监狱生活，以使其明白监狱或违法犯罪之后的生活并不是他们脑海中的样子。——译者注

2001）。严厉的家庭管教导致了孩子们的不信任、对他人的排斥和反社会行为，学校中的零容忍政策实际上并不能有效或有效率地维持管理秩序（Arum，2003；Kupchik，2010）。而且，我们可以发现，惩罚性刑事司法项目的增多使人们走向了对立面，因为它们使得人们与法律之间的关系变得充满敌意和冲突（Aizer&Doyle，2015；Stoudt，Fine&Fox，2011—2012）。这些方法并没有促使人们尊重和信任权威人物，它们实际上使得这些机构变得不合法，并导致这些年轻人游离于正式和非正式的社会控制机制之外（Petrosino，Turpin-Petrosino，&Guckenburg，2010）。无论权威是父母、教师还是警察，惩罚性的和轻视人际关系的模式总是同前后不一致、严苛和体罚联系在一起，其并不会激发人们对规则和权威采取支持性态度与价值观。而且，惩罚性的和轻视人际关系的模式总是同一系列不可取的行为联系在一起，如人际攻击、欺凌他人、违反学校规则和非法行为。

小结

只有在生命历程的视角下，充分理解法律社会化的过程才是可能的。我们的基本观点是，随着孩子们经历认知、神经和生物意义上的共同发育过程，他们在一系列不同但相互联系的权威系统（家庭、学校和法律权威）中成长。另一方面，这些系统并不采用完全相同的运作方式。在这三个权威系统中，任何一个孩子都可能有非常不同的社会化经历。值得一提的是，这些经历因孩子体验到的强制性或协商性程度的不同而不同。每一个孩子都既有共同的社会化经历，又有独特的社会化经历。

更进一步讲，在法律社会化过程的微观视角下，法律社会化并不是静止的。试图理解社会化过程是件复杂的事，实际情况是，孩子们

64

成长在特定的时代，他们的社会化受到整个社会中的社会与文化变动之影响。每一代人都有一系列共同的类似经验，他们由此不同于其他世代的人，但是对于某一特定群体来说，这些经验却是共通的。

尽管我们认识到了法律社会化情况的本质及其内在的复杂性，但是我们仍在本章呈现了其一致性。在人们内化了支持性法律价值观与态度之后，并且当法律制度根据这些价值观运作之时，健康与有效的关系最有可能在法律与公众之间被培育出来。这些法律价值观构造着人们同法律之间的关系，并关注着待人的情况、公平决策和合理的限度。随着人们的成熟，这些观念被内化。

法律社会化模式

　　我们在本编中的讨论目标是检验不同的理论观点,即那些被用于解释法律社会化过程的理论观点。在很大程度上,这个领域已经为先前的两类研究所主导。第一种观点关注驱动价值观内化和态度形成的机制。这种观点很大程度上植根于社会心理学的知识(learning),它强调将年轻人与制度和权威的互动作为获得什么是合理/不合理法律行为的方式。第二种观点关注可以进行抽象思考的推理和认知能力之发展,这种观点植根于心理上的认知发展,它强调人们天然地具有更高的认知能力,而这在根本上改变了人们看待他们与法律之间关系的方式。

　　再者,我们将涉及神经学发展方面的研究,以及在儿童与青少年时期,一般生物意义上和认知上的成长如何对他们有关法律、法律程序和合理法律行为的理解施加限制。尽管这一领域尚未被纳入先前我们关于法律社会化的讨论,但我们此处基于两个原因对该问题予以考量:第一,法律社会化总是在某些方面同生物意义上的发育与成熟相关(Tapp&Levine,1970),然而这种联系只是在不被详加考察的前提下才成立;第二,在过去十五年里,神经学研究对法律制度产生了巨大影响,这挑战了青少年司法系统赖以确立的许多理念(Scott&Steinberg,2010)。我们在此引入了一项关于神经科学和年轻人成长的讨论,希望这可以激发其他人将其纳入法律社会化的研究。

在接下来的章节中,我们将仔细讨论态度与价值观社会化机制的研究,并同时讨论那些检验人们所具有的能够抽象思考的推理与认知能力之发展的研究。这些文献中的第一篇是关于价值观传承的,有些价值观最初并不是孩子的价值观系统的一部分,它们是在法律社会化过程中才成为孩子的一部分。价值内化的相关作品受到弗洛伊德(1930)和涂尔干(1973)的启发。这项研究首先关注的是年轻人传承下来的价值观是否有助于社会运转。

这些文献中的另一条线索处理了政治与社会态度社会化中的支持性态度发展之问题(Sears,1975;Sears&Brown,2013)。这项研究检验了法律社会化过程中被年轻人接受的态度之不同。例如,研究发现,少数种族的孩子更不可能对警察、法庭和法律发展出支持性态度。这些研究中的焦点是影响年轻人发展支持性态度的要素。

法律社会化研究的第二项传统关注认知推理能力的发展,并反映了法律权威以及法律与公民之间恰当关系的观念模式之变化。这些文献的核心观念是人们理解权威和规则概念的能力取决于他们在特定层次上的抽象思考能力。这项传统同科尔伯格(Kohlberg,1963,1981)与塔普(Tapp,1966,1911)密切相关。关键的底层模式是不断成长的思考者在积极构建、批判和重构日益复杂的法律与法律权威观念(Cohn&White,1990;White,2001)。这个作用并非专属于法律。儿童与青少年被视为理解他们生活的所有方面的探索者,从物质世界到社会世界。但是,儿童与青少年被驱动去完善模式,他们认为这些模式体现了真理和巧合(truth and coincide),并与他们的生活经验相结合。儿童与青少年是追求精确的天真科学家,他们通过同外界互动来发展更细致和复杂的模式,以解释他们所处的世界(Kelly,1973)。

正如讨论所指出的,区分法律和政府当局的理想情形以及法律和政府当局如何实际上管理社会秩序是重要的。这种区别使得人们积极和带有批判性地思考法律问题的程度成为法律社会化中的一个根本问题。人们需要一个合理的权威模式,以评价他们所面对的权威。

正如科尔伯格(1963)、塔普(1991)等作者所强调的,儿童与青少年试图搞清楚法律世界的意义、规则存在的原因以及他们何时与为什么应该遵循规则。寻找和发展合理权威与规则的概念是社会发展的内在部分(natural part),这种观点有助于后述的理解。如果人们遭际的现行权威偏离了他们心中的理想类型,那么他们可能不再愿意信任权威,或者不再自愿服从权威(Jackson,Bradford,et al.,2013)。

相反,其他社会化的模式(如弗洛伊德的模式)较少关注积极的推理能力,它们认为至少许多孩子是不经思考和不加批判地接受社会价值观的。这些模式呈现了一种观点,即孩子是更被动的。例如,认可(identification)模式强调接受规则是为了维持关系纽带,而不是因为承认规则的内容。

一份新的和重要的法律社会化文献关注生物学与神经科学,这一文献强调培育孩子存在局限性(Scott&Steinberg,2010)。儿童与青少年在控制自己的情绪和做出独立的判断上的能力有限,他们并不是微缩版的成年人。因此,尽管儿童与青少年是知识的积极探索者,并且他们可能在努力构造更复杂的认识世界的模式,但儿童与青少年在他们成为具有完全行为能力的成年人之前仍然能力有限。现在,神经意义上的发育在多大程度上影响了法律社会化的过程仍然是一个开放性问题。我们的讨论在很大程度上只是一个开场白,我们希望能借此进一步推动大家对这一重要领域的探索。

69 ## 第四章 法律态度与价值观的发展 ————

在早期研究中，一种法律社会化的观念被认为是法律探讨和法律文化发展的关键。这种观念假定，法律在社会中的作用被建立在青少年与成年人对法律文化的支持之上（Easton&Dennis，1969；Hess&Torney，1967；Hyman，1959；Tapp&Levine，1977）。在价值观社会化与政治态度社会化的研究中，关于人们如何发展影响他们对法律的倾向的公民价值观与支持性态度的研究在其中得到了明确的讨论。

价值观社会化

人们接受和内化社会价值的程度是传统社会化研究中的一个重要领域。在现代社会科学的形成年代，古典社会理论学者（Durkheim，1973；Freud，1930；Parsons，1937；Weber，1968）认为，无论是成功还是失败，现代社会的核心要素就是它们鼓励人们广泛地接受规范与价值的能力，并促使人们把对社会的忠诚置于个人自我利益的追逐之上。努力激励人们自主遵从社会目标是重要的，因为"只有产生于爱而非恐惧的服从才是值得追求和维持的。［最可*70* 欲的服从动机］并不是钱、立法或者征兵……，人们将自己同政府联系在一起,这是源于人们同这样一个光荣的制度有深深的利害关系"(Samet,2004,p.7)。这种类型的服从是"自由赋予的和为国家的仁爱所激发的"(p.7)。

涂尔干(1973)、韦伯(1968)等学者在日常法律生活这一更平凡的背景下关注这个问题。在一个大民族国家的时代,权威全身心地投入到管理社会秩序的问题上,权威不再受人们一致认可的(shared)风俗与个人关系之约束。例如,韦伯(1968)对比了传统权威与更适合民族国家的新型权威——理性的官僚权威(rational bureaucratic authority)。官僚权威要求人们将距离自己很遥远的领导人视为是合法的,并且其认为这种合法性来自于那些以公正方式或合法方式行使权力的当局。这些判断反映了人们关于合理本质的观念,而且区分了具体当局的权力。国家领导人为合法性符号所包围并非是偶然的。另外,还要强调的是,国家领导人之所以有权得到服从,是因为他们以合理的方式决策和立法——这些方式体现了权威合理运作的社会价值观。同样,法官身穿长袍,端坐于正义的象征之下,而警察则佩戴徽章并身着制服。所有这些古典社会学家都认为,一个社会将忠诚内化到公民心中的能力就是其生存能力(viability)。

价值观内化

相比于韦伯较关注权威的合理运作,涂尔干(1973)与弗洛伊德(1930)都认为,对于社会的生存能力来说,社会成员广泛接受道德价值才是关键。涂尔干论及道德团结(moral solidarity)的观点,并认为社区需要分享关于对与错的共同价值观。尽管弗洛伊德关注个体而不是社区,但他也强调道德价值内化。与涂尔干和弗洛伊德相比,韦伯(1968)更直接地关注规则与权威的合法性,因此他更注重法律问题。韦伯关心的是发展必要的政府与法律制度，以促进资本主义经济和民主政治的繁荣发展。

我们的观点更接近于韦伯。正如我们已经指出的，道德价值观是价值观。与合法性一样，道德价值观也对人们的行为存在影响（Beerthuizen，2013；Blasi，1980；Hoffman，2000；Stams et al.，2006），但两者都并不必然支持法律与国家。实际上，在许多情形中，道德信念可以引导人们抗拒国家的法律（Kohlberg，1963）。韦伯的观点与法律社会化的研究尤为相关，因为他关注在公民与法律制度及权威之间构造互利共赢的关系。在不同社会中的人们并不必然分享同一套道德价值观，尽管他们能够分享同一套共通的观念，即在强烈的法治氛围和人们共同承诺服从权威及制度时，社会运转得最好。

这些理论家预设了一个前提，即价值观社会化是将社会价值内化为人们自身的动机框架。如果社会化是成功的，那么年轻人将承担起遵守法律和法律权威的个人责任，因为他们认为这是在做正确的事情。大多数的一般社会化研究是关于道德价值观社会化的，这个过程伴随着儿童接受正确与错误的社会标准。法律社会化的研究区分法律社会化与其对儿童内化社会价值的关注点，聚焦于权威如何通过法律制度约束和规制人们的行为。然而，因为大多数非法行为也被看作是不道德的，所以这两个动机经常结合在一起，以支持法律与法律权威。

早期的心理学研究关注道德价值的习得与内化。我们可以在弗洛伊德的作品中发现这种价值观的习得方法（1930）。尽管弗洛伊德并没有特意处理法律价值观问题，但他的观点仍然可以被适用到法律社会化的理论之中。弗洛伊德式的方法以道德价值观为基础，其将价值习得问题界定为一般社会化的核心问题，并且确定了社会化发生的心理机制。

弗洛伊德认为，人们与社会之间存在根本上的紧张关系。人们想要自由,而社会需要人们对社会标准的服从,这表明自利的孩子与社会之间存在根本冲突。坚持弗洛伊德式传统的早期理论家认为,孩子以工具性的利己主义开始他们的生活(Hoffman,1977,2000)。然而,后来的心理学家认为,孩子在出生时至少对道德价值观有一些先天的倾向,并且他们在早期生活中就表现出道德关怀的迹象(Bloom,2013)。

无论孩子出生时是否将利己主义作为自己行事的核心理由,无论孩子随后是否因被社会化而面对更广泛的社会动机,也无论孩子是否出生时就有亲社会倾向(pro-socialized tendencies)的同情心与道德感——亲社会倾向可以建基于同情心与道德感之上——所有的心理学家都一致认为,孩子在早期社会化的经历中习得了基本道德价值(Killen&Smetana,2015)。研究表明,与社会化相关的环境因素可以强化和巩固这种先天倾向。一个关键的环境因素是实施社会化儿童(childhood socialization)的行为的人①(Chang,1994;Hoffman,2000),他们的行为补强或削弱了与同情和美德相关的社会动机的影响(Krevans&Gibbs,1996)。

从道德价值观到法律价值观

尽管我们区分道德价值观与法律价值观,但我们仍能够借助弗洛伊德式的道德价值观社会化模式(1930)来检验法律价值观的发展。弗洛伊德模式中的社会化可以通过两种方式实现:一种方式是通过道德价值内化,社会价值观由此成为个人的价值观,而且人们遵从它,因为人们认为这是对的;另一种方式是通过认可,在认可的情

---

① 实施社会化儿童的行为的人是指那些促使儿童社会化的人,如父母、老师、青少年司法系统中的工作人员等。作者在此提及这些人的行为是要强调影响儿童社会化的一个外在(环境)因素。——译者注

形中，人们通过价值观维持他们与父母以及其他监护者之间的社会联系。在这段时期，人们不知道他们为什么遵从这些价值观，他们自发行动起来，这意味着孩子遵从这些价值观，因为他们相信这些价值观在本质上是合理的并且应该得到服从。在获得这些价值观之后，孩子就不再将这些价值观同他们的父母与老师联系在一起。这些价值观根据孩子自己的判断而成为他们自己的价值观。这些价值观成为一个人的品质，当孩子不能够遵守这些规则之后，他们自己会产生内疚或羞愧的消极情感。

这些研究所呈现的一个重要观点是，价值观并不是被预设好的或者不可避免的，任何一个人都会成长为一个动机同价值观相关联的成年人。对于孩子的经历来说，强化或削弱价值观的影响行为之作用都是可能的（Colvin, Cullen, &Vander Ven, 2002；Unnever, Colvin, &Cullen, 2004）。除此之外，基于行为与价值观的关联程度之不同，孩子可能因社会化而发展出反社会和反对现行当局的倾向，抑或支持现行当局的倾向。

无论孩子的先天倾向是什么，他们都可以成长为持有积极支持性社会价值观的成年人；相反，他们也可能变成行为主要受消极负面价值观影响的人。社会互动与人和法律之间的关系都是如此。当然，孩子可能变成不持价值观的人——支持抑或不支持——他们对权威和规则表现出工具主义倾向：当惩罚的风险增高时，他们服从；当惩罚的风险降低时，他们则不服从（Kroneberg, Heintze, &Mehlkop, 2010）。

一般人口研究表明，很少一部分成年人缺乏推理的能力和形成某种亲密关系的能力，这些能力促使人们倾听其他人的观点或对其他人的福祉抱有同情心（Coid, Yang, Ullrich, Roberts, &Hare, 2009；Neumann& Hare, 2008）。这样的群体没有形成能够用以发展价值观的机制，因而缺乏一系列内在价值观，这些价值观引导人们对不服从社会规则的——无论是正式的法律还是非正式规范——行为感到内疚或自责（Blair，1995，2005）。

道德发展不同于法律发展，但当行为既不道德又不合法时，它们能够单独地或者共同地促进人们服从与合作。例如，人们不实施谋杀行为，因为这个行为违反法律，而且人们认为这个行为在道德上是错误的。在许多情形中，社会价值观和私人道德价值观汇聚在一起，以支持共同的行动，但两者也很容易发生冲突。例如，在美国，堕胎是合法的，但许多人认为堕胎是不道德的。

在另外一些情形中，社会规则使得行为不合法，但是公众中的一些群体并不认为这不符合道德，如吸食毒品。在这些情形中，人们是否遵守法律很大程度上取决于法律是否被认为是合法的。在最简单的情形中，道德被人们看作是无关紧要的。在更复杂的情形中，人们可能认为法律规定的行为方式不符合他们的道德价值观。例如，在凯尔曼（Kelman）与汉密尔顿（Hamilton）的研究中（1989），士兵被合法性权威命令从事一些人们眼中的不道德行动（如杀害市民的情形）。

社会规范

其他习得价值观的方式强调了社会规范的作用，以及社会规范如何在社会中表现与维持才能够促使人们内化公民价值（参见Tyler，2011，在这本书中有所讨论）。同样，这些观点并不特别关注法律与法律制度。尽管如此，这些观点仍可能对理解法律社会化具有重大作用。

此处的价值观反映了群体和社会中的调整行为之习惯规则（社会规范）。与法律规则和道德规则一样，社会规范在社会情境中界定合理的行为。然而，社会规范更多地是以非正式的方式和在社区中

74

发展起来，而不是通过正式形式被创制，如法律制定。此处讨论的这类规范是那些人们感到对他人或群体有责任的内在感受，而不是因害怕惩罚而被强加的规则。

愿意遵从规则的一项关键机制是渴望得到其他人——特别是一个人的父母或者其他特别重要的权威（老师、邻居、同事等）——的尊重和认可。然而，羞耻感——想想一个人是如何消极评价其他人的——常被认为是规范影响动机的情绪因素。而且，同道德价值观一样，社会规范一般是支持法律的。然而，特定环境下的社区规范可能与法律规则相背离，甚至同正式的法律规则相对立。

举一个例子，在美国北部的城市，停车位经常在冬季被大雪覆盖，因此人们会挖出一个停车位，然后在上面放上一个椅子作为标记，以供自己使用。这个地方社会规范就是，努力清理出一个停车位就能使行为人有权使用它。尽管这种授权一般仅被认为是在这个社区内有效的，但其在法律上是没有依据的。在法律上，停车位对于任何想使用它的人来说都是可获得的。因此，当人们认可放置椅子的意义时，他们接受了这种授权的观念，他们就是在服从一种社会规范（Silbey，2010）。当然，人们有时通过破坏他人的车等违法行为（extralegal actions）来保护"他们的"停车位，这使得人们的权利观念同法律规则与权威相冲突。如果人们遵从这些规则是因为他们担心别人不同意，那么规范的作用就得到了体现；如果人们害怕报复，那么强制的作用就得到了体现。

与道德价值观一样，社会规范是人们遵从或不遵从法律的动机来源，这一点不同于合法性。当法律禁止某项行为，且一个人的家庭和朋友也不赞成这项行为时，一个人决定遵守法律的内在动机就得到强化。另一方面，一个人所处的社交关系网络的观点可能是支持违法行为的一项因素，正像身处帮派中的人为获得其他人的尊重而采取行动一样。因此，合法性再次成为法律的核心问题。

支持性法律态度

人们如何发展支持性公民态度这一问题——影响人们对法律的倾向——在政治社会化的研究中得到了讨论（Hess&Torney，1967；Hyman，1959；Tapp&Levine，1977）。这些研究认为，孩子被社会化，并且对管理和政府机构持有相关态度，而法律是其中的一部分。这些研究还探究了这些意见在多大程度上是支持性或非支持性的。

心理学家认为态度是对人或者团体的一般倾向，它是认知性与情感性的（Eagly&Chaiken，1998）。例如，对罪犯的一般消极态度融合了负面的情感与信念。在这种信念中，罪犯被认为是不诚实的。心理学家期待态度可以塑造行为，那些对罪犯持消极态度的人会避免同违法行为产生联系，或者他们在同罪犯打交道时会持有敌意。

我们首先关注的是对法律与法律权威的态度。然而，我们认为态度本身是发展的产物。儿童最初同非正式规则打交道；在成长为青少年以后，他们同更为正式的法律打交道。同样，儿童与青少年通过父母首次接触到权威，然后是通过老师，再然后是通过警察与法官。带着这些经历，孩子从同非正式规则与决策打交道成长为同更为正式的法律与程序打交道，并从经历第一个非正式权威的决定发展到经历随后的正式权威。

研究的结果表明，人们对法律与法律权威态度的发展不仅取决于他们同正式法律制度打交道的经历，而且受到他们早期生活中的同其他更多的非正式规则制度打交道的经验之影响（Levine&Tapp，1977；Rios，2011；Trinkner&Cohn，2014）。法律社会化是无处不在的，因为家庭、学校、社区等不同环境之间存在着连续性。因此，同来自不同早期环境（家庭和学校）的权威与规则打交道，能够影响孩子对法律与法律制度的态度（Tapp，1991；Trinkner&Cohn，2014）。

换句话说，当孩子们同父母打交道时，他们就学习了同权威与规则打交道的方式，而这奠定了他们之后对待学校与社会的态度。

早期的态度也侧重于个人，主要是父母。后来，人们对这些正式法律权威的信任与信心反映了人们对这些权威人物的态度，他们对这些权威人物背后的制度投以更多的信任与信心。这说起来很奇怪，孩子对待家庭的态度和对待制度一样，但在面对待诸如警察这样的机构时，青少年与成年人会采取明显不同的态度。当一个身穿制服、身着警徽的警察从一辆警车上走下来时，尽管他是一个陌生人，但他却代表着机构。相对的是，一个社区警察①或驻校的安全人员一直在与人们打交道，他们致力于改善人际间的关系。这项服务使社区警察在他所处的社区中具有一种特殊的被信赖感，这不同于公民对社区警察所代表的机构的一般认识。

对权威的态度

第二个同法律相关的理论框架是人们对接受权威所作指令的一般态度的发展研究。一个说明专断主义（authoritarianism）的重要心理学模型认为，专断主义界定了人们对待权威的态度（Adorno，Frenkel-Brunswik，Levinson，& Sanford，1950）。对于那些专断性人格的人来说，对权威的服从被视为反映了一般性价值观——这种服从是重要的。服从的重要性可以被用来同其他价值观的重要性进行对比，如独立思考的重要性。专断态度的模式会追问人们如下问

---

① 此处的社区警察（community police officer）有别于传统的警察。传统的警察以打击违法犯罪为要务，主要职责是对突发事件进行快速反应；而社区警察是要提供一个安全、稳定的社会秩序，尽管逮捕违法犯罪的行为人也是其任务之一，但不是主要任务。社区警察还需要联结警察与社区之间的关系，从事投票、调查等其他各类事务。因此，在此处的语境中，作者区分了传统警察与社区警察。——译者注

题：服从权威有多重要？作为教育孩子的价值观，服从有多重要？这些问题可以自问，或者被与其他价值观的重要性进行对比，它们通常被反映在自主与自我表现的重要性判断上。核心观点是人们习得对权威的一般倾向，这种倾向影响了他们对法律与非法律权威所实施的行为。具有专断性人格的那些人被认为更有可能认为服从是重要的，并实际上服从所有类型的权威。

第二种同专断主义相关的态度是惩罚主义（punitiveness），惩罚主义就是惩罚那些规则违反者的想法（Adorno et al.，1950）。这种态度表达了一种观点，即是否以及多大程度上惩罚一个犯罪的人。不同的人对违反规则的反应存在明显的不同，从强调惩罚规则违反者到强调通过一些恢复与和解程序恢复规则违反者与社会之间的联系。恢复方式被建立在这样一种假设之上，即规则违反者的态度和价值观是可以被改变的（Braithwaite，1989；"好人，恶行"[good person, bad behavior]）。惩罚主义模式并不预设上述那样的前提，与此相反，惩罚模式常常同这种观念相关联，即规则违反者并不持有共同的价值观，或者极端的情况是，他们并不持有任何价值观（Tyler&Boeckmann，1997）。结果就是，惩罚被认为是唯一能够产生社会影响的有效机制。

人们对如何处理和惩罚规则违反者也持有不同的看法（Cohn, Bucolo, Rebellon, &Van Gundy，2010；Cohn&White，1990）。在法律情形中，惩罚通常在一些正当法律程序之后被实施（如审判）。法庭不仅执行法律规则，它还保护人们的权利和允许他们采取补救措施，甚至还认可人们同政府抗争。这意味着，一次审判不仅包括努力确定事实，而且还涉及考虑价值。被告拥有发言和进行论辩与拒绝的机会，他们为他们违反规则的行为寻求开脱或辩解。这样的程序需要时间，从而限制了人们对错误迅速做出反应的能力。

对于一些人来说，法治带来的拖延是令人沮丧的，他们可能因为

77

法律程序中的复杂性而感到不安。例如，在审判中，讨论的内容和能够获悉的内容有哪些（what is and can be known）？或者对于犯罪而言，什么是恰当的惩罚？人们对以上这些问题感到不安。专断主义更有可能赞成缩短程序的看法，并相信强势领导人的判断，以此决定有罪与否以及实施严厉的惩罚。

对民主的态度

对民主的态度涉及共同的民主承诺，这影响了人们在社会中与其他人合作以达成共同的方案之意愿。在日常生活中，社会有效运转的关键是针对问题或难题的合理应对之共享观点。例如，如果有人觉得自己被邻居欺骗了，那么大家的共同观点不会是他们拿起枪去找邻居。同样，如果一个人是犯罪的受害者，那么他们并不会寻求自己对施害人进行复仇。美国社会（和大多数民主社会一样）建立在人们从他们认可的权威处寻求帮助的原则之上，人们遵守经由立法确定的法律与程序，并依靠法律与程序来解决司法与罪责问题。人们遵守法律的意愿同他们是否分享对法治的共同承诺相关。

同样，人们持有与社区和法律权威相一致的价值观。如果公众相信，与法庭和警察一样，人们对社区持有相同的合理规范认识，那么这一共同的愿景就会促使他们与法律制度合作（Tyler&Jackson，2014）。近年来，共享价值观的观点在有关警察的著作中不断出现，其成为公民与法律制度关系的一个核心组成部分。在一项以英国为基础的研究中，杰克逊（Jackson）、布拉德福德（Bradford）等人（2013）阐述了"道德一致性"（moral alignment）的观点。这种观点认为，公众与警察共享关于社区目标与价值的核心价值观。更晚近的时候，泰勒和杰克逊（2014）在美国用这种观点论及"规范一致性"（normative alignment）。这两类情形的核心观点是，人们是敏感的，

78

他们能觉察出法律权威行使权力和规范公民行为的方式是否符合相应的规范与价值观。

对法律程序的态度

共同的态度还反映了人们对程序而不是结果的承诺。法治背后的观念要求人们通过一系列被普遍接受的程序来解决争议与冲突。陪审团审判（Trail by jury）是美国法律制度中的符号性理念，其反映了法律决策应被合理做出的观念。陪审团审判深深植根于美国的价值观之中，并为法律合法性的一般观念提供支持。如果法律符合法治要求，那么其就可以被判定为是合法的（Tyler，2006a）。

公民教育的一项重要内容是在同法律权威打交道时发展诸如权利、无罪推定、有权得到律师辩护、有权获得正当程序等观念（公民教育中心［Center for Civic Education］，2010）。这些观念为公众的判断奠定了基础，即制度是否公平地采用了反映这些观念的方式对待人们。而且，重要的是，这些程序性观念影响了人们在决策应如何被做出这一问题上的态度。在大多数情形中，我们永远无法知道一个人是否有罪，但我们知道他们是否经历了正当程序和受到了公正的审判。作为一种审慎的方式，陪审团审判要求人们能够听取和考虑其他人的看法。

与公民有关的民主态度

在一个民主社会中，另一种态度以"好公民"（good citizenship）观念为中心，其不直接关注法律和服从法律权威问题。对政府的一种广泛分析表明，人们对待法治与民主的态度对于民主社区的有效运作而言是相当重要的（Almond&Derba，1963；Hess&Torney，

1967；Lipset，1959；Sears，1975）。这种支持超越了简单的法律服从问题，尽管它也涉及这个问题。特别重要的是，这种支持接受法律与法律权威的作用，并且不支持个人或群体的违法行为，特别是暴力行为。例如，当一个人心仪的候选人没有当选时，暴乱不是合理的回应方式。同样，人们被期待以传统的方式参与到政治进程中（如去集会或去捐款），而不是以非传统的方式参与到政治进程中（如通过烧毁竞争对手的办公室或滋扰和贬低竞争对手的支持者）。对于民主而言，这些都是肯定性（affirmative）的行为规范。暴力行为可能是错误的，因为它们是非法的，但在更一般的意义上，暴力行为可能违背了一个民主社会的共同认识，即通过说服取胜和寻求自愿服从。

政治学研究指出了对法治与民主的几种关键态度：（1）支持多元和竞争性选举；（2）权利意识；（3）支持公民权利与异议；（4）支持人民统治；（5）给公民同样的承诺（Almond&Verba，1963；Dalton，1994；Gibson，1996）。存在于这些态度的重要性背后的一般观点认为，人们普遍认为民主统治取决于民主规范。如果确实如此，那么人们将参与到法律活动中，如在竞选活动后的投票中进行竞争。在这些活动中，所有的安排都体现和尊重少数群体持有的表达自己的观点，即使在人们不同意这些观点的时候。若没有这样的公民态度，民主就不能很好地运行。

有许多态度同法律和政府当局相关。从狭义上理解，人们形成与警察和法庭有关的态度，这种态度影响人们对法律权威的接受；从广义上理解，人们发展自己对权威与公民的一般认识。权威是否应获得不容质疑的服从，或者权威能否被讨论与质疑？在与法律权威打交道时，人们是否有权做出解释，或者是否必须证立自己的决定？人们可以质疑或者申诉吗？意见存在分歧的人是否需要一同在审判或社区会议上达成共识？持有歧见的人是否可以通过游行集会表达和发表自己的意见？通过选举的方式选出管理我们的人是合适的吗？而且，如果是的话，人们应该服从选举获胜者吗？所有这些态度都源自于早期的法律与政治态度(Flanagan，2013)，它们直接或间接地影响人们成年之后的态度与行为。

法律社会化对民主运作能力的决定性作用

经典的价值观社会化文献研究年轻人如何内化社会价值，并且假定内化过程的内容将支持现行当局和制度(Durkheim，1973；Freud，1930)。后来的有关政治态度研究的文献认为，人们通过社会化过程获得的对制度的态度可能在倾向性上有所不同，并且这种因素促使人们形成支持或反对的态度(Almond&Verba，1963；Lipset，1959)。人们的态度与价值观如何影响他们同社会制度之间的关系？人们如何同权威打交道？这些问题都是研究的另一个重要领域。

许多二十世纪的社会理论学家认为，规范、价值观与态度的社会化对于民主社会来说是必要的。在社会心理学中，持有这种观点的一个核心人物是库尔特·勒温(Kurt Lewin)，他对比了权威的民主模式与专制模式。勒温认为，合法性的社会价值观促使人们自愿接受权威，由此带来的结果就是人们自愿接受指令和遵从指令，而无论他们的工作是否在领导人的监视之下(Lewin，Lippitt&White，1939)。

该模式的基本假设是，支持性态度与价值观是重要的，因为支持性态度与价值观引导人们自愿服从权威。在一个健康和正常运作的社会里，绝大多数成年人必然持有这些价值观。除此之外，社会制度必须体现(embody)这些价值观。* 个人价值观与制度价值观之契合

80

---

* 当然，在勒温的研究中，当局是仁慈的，所以服从当局的指令有利于群体成员。

能够激发人们自愿遵从与合作的意愿。因此，人们已经开始直接关注这些价值观与态度是在何种情况下习得与激发的。

关注支持性法律态度与价值观社会化和社会演进模式是一致的，如同唐纳德·坎贝尔（Donald Campbell）所述。这些模式表明，社会化可以发展出一系列不同类型的社会运作模式，其中一些比另一些更灵活和更可取。换句话说，其他类型的社会安排与激发社会协调和管理的成功形式有不同的作用。

这个观点进一步沿着勒温的理论推理思路向前发展，其认为社会组织的最优形式依赖于人们的自愿行为。换句话说，这个观点特别关注人们为什么遵守法律这个问题。正如我们已经指出的，关注人们为什么合作并不是什么新问题。在孟德斯鸠（Montesquieu）的开拓性著作《论法的精神》（*The Spirit of the Law*）中，他区分了社会成员被恐惧驱动的社会和社会成员被市民精神驱动的社会（Shackleton，1961）。

自愿行为反过来又要求团体、组织或社会中的人们持有支持性态度与价值观。人们需要相信他们应该——在更一般意义上是想要——与权威和制度合作（Tyler，2011）。如果社会被建立在共享的态度与价值观之上，那么其将会变得更能够有效运行和更具有效性，而社会有效社会化其成员的能力是一个社会强大的重要组成部分。在法律社会化方面，另一项同样重要的特点是一项社会制度的创制，即坚持和遵从关于行使权力以实现社会控制的共享价值观。只有当一个社会能够创造为公民和与他们打交道的社会制度所共享、所支持的价值观时，自我约束利益的价值观与态度才能够被理解（Tyler，2011）。*

---

* 这一现实在价值多元性的社会或者存在支配或从属阶层的社会造成了很多困难。不同的群体有不同的价值观，因此谁的价值观定义了社会成为了一个重要的关注点。

法律社会化与规范一致性

当然，我们并不认为民主社会应该仅寻求服从价值观的社会化，这也不是勒温这样的社会学家的观点。相反，成功的民主社会应被建立在一套共享的价值观基础之上，其界定了构成合法行使权利之基础的要素（权威何时被授权得到服从），并明确了权威与制度在同公众打交道时必须遵从这些价值观的观念（权威的行为何时是合理的）。

接受规则被建立在社会成员的价值观与社会制度的价值观一致之基础上。仅在符合社会对权威合理运作的期待之前提下，一项制度及其权威才有权得到服从。这种观念被称为"道德一致性"或"规范一致性"，其反映了这样一种观点，即人们受到他们是否相信权威的想法之强烈影响。例如，警察和法庭受自身的或者社区的价值观之驱动（Jackson, Bradford, et al., 2013）。所以，人们持有一系列关于法律与法律权威的共享态度与价值观。通过在街头与法院内部颁布和执行这些法律，法律制度展现了这些价值观的重要性。可被观察到的规范一致性是合法性的一个要素，其伴随着人们服从权威的义务感，以及对权威的信任与信心。

对价值观的诉求不仅是现行当局的职责（province）。批判者通常呼吁这些共同的价值观，并认为现行当局和制度并没有践行这些价值观。例如，在《美国的两难》（*An American Dilemma*）一书中，纲纳·缪达尔（Gunter Myrdal）[①]将非裔美国人的待遇与美国的法律

[①] 纲纳·缪达尔（Gunter Myrdal）的译名还有冈纳·缪尔达尔。因与哈耶克在货币和经济波动关系上做出的理论贡献，以及对经济、社会与制度现象之间的关系之深度分析，缪达尔获得了 1974 年的诺贝尔经济学奖。此处提及的《美国的两难：黑人问题与现代民主》结合了经济分析方法与广泛的社会学视野分析方法，反映了政治、制度、人口等因素对经济发展的影响。——译者注

理想情形进行了对比。法律与社会运动发展了"差别研究"（gap studies），强调了法律制度的实际运作同法律文件和传统中指明的理想情形的差别。尽管现行当局可能同公众合作，但仍然有一个问题，即它们所代表的制度是否与其得以被视为合法的理念相一致？或者说对这些理想型的忠实是否导致了人们对社会变革的需要和欲求？

在不同的环境中，法律社会化的挑战尤其在于人们没有共同的文化、宗教与地理渊源，如现在的美国。结果就是，社会制度需要更努力地夯实国家团结之基，并为法律制度与权威创造共同的承诺。夯实这种团结需要多种形式：孩子在学校里上公民课；人们在体育赛事上唱国歌；佩戴国旗胸牌；使包括总统山（Mt. Rushmore）、自由女神像（the Statue of Liberty）等在内的国家符号在政治活动中被媒体广泛报道。所有这些都包括或象征着我们的社会与法律制度得以存在于世的共享价值观，如公平的待遇、正当程序、机会平等、代表立法等。

在法律情形中，我们的法院大楼采用的传统建筑样式，展现了天平一般公平的公认形象，甚至包括法官身着的黑色法袍也是唤起和强化美国法律价值观的符号象征（Gibson，2015）。这些统一符号与仪式的使用反映了这样一种认识，即我们社会的健康活力同夯实社会团结密切相关，并且这些符号与仪式能确保公众同现行当局及其制度保持一致，从而使公众提供相应支持。

通过共享价值观，保持一致与支持的优势可以借助法律权威之外的一个例证而得到说明。民主的军队之所以被认为更有战斗力，是因为他们的士兵更坚定地秉持他们的理念，从而在战斗时更有可能主动自愿地加入其中（Reiter&Stam，2002）。独裁统治下的军队以一种更严苛和更严厉的纪律来促使士兵去战斗，士兵遵从规则与服从长官（authorities）。因内心信念被激发而参与战斗的士兵更想要取得胜利，他们会发挥他们的创造力和主动性，以全力做好为打败他们的竞争对手而必须要做的事情。从军事效率的视角来看,后一种方法是更好的办法。同样,当公民的自发行为被组织到最大程度时,社会受益最大。

正如我们在第二章中指出的,尽管强制可以被用作一种社会控制策略,但它需要大量的社会资源,因此它对社会所起的作用可能是适得其反的。在危机时期,社会制造强制的能力最不可能激发人们的自发行为,合作的可能性此时也是最小的。嘲讽的是,在这种时期,政府是最需要人们的合作与支持的,如当前的社会环境。美国现在的国家债务水平非常高(Fisher,2010),如果许多州和城市还没准备好,那么它们会很快耗尽资金(例如,Borney,Snavely,&Priddle,2013;Tillman,2010)。而且,前所未有的数量的人被监禁(Travis et al.,2014)。从财政方面考量——不考虑强制与威胁是否有效——如果不大幅度减少其他方面的项目与服务投入,那么美国很难维持当前以强制为核心的策略。

这个观点表明,法律制度既有高品质的权威,又有低品质的权威。一种基于服从的文化(如当前制度主导的类型)是可以运作的,但它显然不能很好地运作,它需要对人们进行持续监控,并对不服从的行为施以持续不断的惩戒,以保证其他人能够服从(Garland,2001)。因此,基于服从的文化之效果取决于持续不断的总支出水平与超额支出的监控机制。然而,实际上的问题是,这些极高水平的资源输出只能维持着较低水平的服从,并为社会需求提供相当低水平的供给。而且,讽刺的是,这种制度实际上会加剧不服从的情况,因为其并不是促进,而是削弱了影响和推动人们实施守法行为的价值观与态度(Colvin et al.,2002;Kroneberg et al.,2010;Unnever.,2004)。

阿克塞尔罗德(Axelrod)提供了这类观点的一个例证,他认为,人们在谈判中可以借助原初合作方式来实现自我利益最大化

（1984）。为什么呢？因为人们可以在人群中找出那些能够与他们达成合作的人，并同时与这些人进行互利合作，以管理他们与那些想合作的人之间的活动。相反，有竞争力的人能与其他人竞争，并将他们所有的互动都置于竞争活动中。在同那些同样有合作动机的人的合作（working）中获益也是一种能力，这能够给个体带来更好的结果——我们认为，对于社会而言亦是如此。

当然，在任何社会中，并非所有人都能够借助社会性驱动来进行合作。我们随后将提到，在不接受支持性法律态度与价值观的情形下，孩子同样可以成长。针对这样的孩子，我们最好通过强制或者使用惩戒来对其进行管理，尽管这些孩子是少数。我们认为，大多数孩子在成长过程中学会了尊重和服从法律，一如法律尊重他们和明确自身的限度。因此，一种可取的社会组织形式重用那些按照价值观行事的人，但对其他人则采用暴力的形式。从这个方面考虑，社会以植根于价值观的方式对待人们尤为重要（pertinent），如果人们未能回应社会控制的这些方式，那么社会随后只能采用惩戒的手段（Axelrod，1984；Ayres&Braithwaite，1992）。

在传统意义上，法律的目标在于获得服从。这种约束取向同价值观直接相关，它是约束自我利益活动的内在因素。然而，由于预先被设定的行动范围转向了合作与参与（Skogan&Frydl，2004；总统的21世纪警务特别工作小组，2015），因此法律中的激励模式不断转变为在管理中商谈。管理模式关注如何激发员工实施工作行为的意愿和热情。尽管员工需要被激发遵守规则，但这只是一个优秀员工被寄予厚望的一个方面。一个员工需要被激励去做那些有助于其所属组织获得成功的事情。惩戒——甚至是激励——被认为仅是激发员工自愿和合作实施"超出职责范围"（extra-role）行为的次优机制（Tyler&Blader，2000；Tyler，2011）。

小结

　　在本章中,我们关注法律社会化的内容。为了能够与法律及法律权威达成共识,人们需要具备什么? 首先,人们必须有义务感和服从外部权威的责任感。无论是年轻人还是年长的人,他们的一个核心行为是对其他人进行如下追问:为何自己需要服从于他们? 服从外部权威限制了人们自身的自由和个人完全根据自己的利益实施行为的能力。所以,为什么一些人这么干? 这个问题是一些社会理论学家多年来的研究重点。此外,如我们所指出的,价值内化的机制被证明并显示出它们是有效的。

　　当然,正如我们所强调的,要想获得服从,权威必须符合人们习得的用以判断合法性的框架。权威必须是合法的才能获得服从。例如,在有关警察的情形中,一位身着警服、身戴警徽的警察走出巡逻车,但这意味着警察能获得为与他们打交道的那些人所认可的权威吗? 当然,警察往往佩带着枪,但关键问题在于,他们要获得基于同意的服从。

　　最后,尽管人们可能具有合法性权威的观念,但他们仍然需要评价现实世界中存在着的政治与法律权威,而这导致了人们对权威、制度和程序的支持或不支持态度。如果人们持有支持态度,且权威以合理的方式行为,那么人们的价值观会使他们感到自己有义务服从这些权威。

85

　　最终,此处涉及两个不同的问题。第一,人们是否有价值观,而不仅仅是对法律权威的胁迫进行反应。人们可以仅基于风险采取行动,他们这么做是因为他们并未持有与法律相关的价值观,或者他们认为这些价值观是不相关的。在此情况下,人们通过得失判断采取行动。第二,如果人们持有价值观,那么紧接着的问题就是权威是否能够持有这些价值观。正如我们已经指出的，价值观是一把双刃剑。立法权可以持有价值观，但非法权威可能因它们没能以合适的方式采取行动而受损。最终，从这个框架的角度来看，可取的组合形式被认为是将合法框架与获得人们支持的权威相结合。

第五章　法律推理的发展 ————————————————

　　法律社会化的另一个重要因素是思考与推理法律问题及法律规范的能力。许多关于法律推理(和法律社会化)的早期著作都受科尔伯格精细研究(1963,1981)的启发。科尔伯格研究了道德和社会化的认知发展路径(如 Piaget,1932),因此任何熟悉科尔伯格的读者在随后的讨论中都会看到似曾相识之处。我们在本章中的目标不是为了更广泛地分析大量关于道德推理或道德发展的研究*,而是主要关注法律推理在法律社会化中的作用。可以确定的是,两者之间的关系是错综复杂的(Tapp&Kohlberg,1971),并且本书将在适当的地方援引道德推理的研究。然而,在内容和侧重点上,法律社会化——特别是推理领域的研究——与道德发展的研究不同(Tapp,1991;Tapp&Levine,1974)。因此,我们在此处的目标是评估侧重于该领域内与法律推理相关的研究。

　　这种方法的核心是人们的"认知图式"(cognitive schemas),其中包括人们关于法律、权利、行使权力与公民和法律制度之间关系的观念信息(Cohn&White,1990;Finckenauer,1990;Tapp&Levine,

---

* 对该问题感兴趣的读者可以直接去阅读吉布斯(Gibbs,2013)、基伦和斯梅塔纳(Killen&Smetana,2006)以及图里尔(Turiel,2002)的著作。

1974)。这些认知图式并不是静态的，而是在自然成熟的过程中随着时间推移不断变化，以及在日常生活中与社会制度中的不同规则制度打交道。这种推理能力提供了概念化和解释的方式，以及人们与正式法律制度和其他基于规则的制度打交道的方式。尤其是人们形成了一种关于他们作为公民的身份和法律作为社会控制手段的地位之观念，这有助于人们理解他们与法律制度之间的关系，其中既包括他们自己的责任，又包括作为监管者的法律实施主体的责任。关于何时和为什么人们应该同法律合作或者不遵守法律这类问题，认知图式提供了一种决策的方式。

传统上，法律社会化的推理方式侧重于确保人们理解法律在社会中的不同作用之间的差异，以及法律如何随着时间而改变（Tapp&Levine，1974）。大多数著作关注这种观念如何影响人们关于法律目的之法律判断，人们如何运用法律权威，以及人们是否会认为自己有义务服从法律机构。在这个意义上，法律推理的发展对于法律社会化来说是关键性的，因为道德推理提供了一个人们理解其所处社会环境的方式，并且促使人们形成了法律态度与信念（Cohn&White，1990）。

令人惊讶的是，尽管理论上有依据（Tapp&Kohlberg，1971；Tapp&Levine，1974），但一直以来，很少有作品检验法律推理能力能在多大程度上预测涉法行为。然而，从更广泛的意义上来说，认知推理能力的发展同违法以及其他破坏行为存在关联（Paternoster&Pogarsky，2009；Morgan&Lilienfeld，2000；Scott&Steinberg，2010）。再者，道德推理的研究是大量法律推理研究的基础。道德推理研究已经证明，更高的认知能力同所有年龄段的人的守法行为密切相关（Bear，1989；Eron，1987；Galen&Underwood，1997；Guerra，Nucci，&Huesmann，1994；Jurkovic，1980；Kowalski&Wilke，2001；Laible，Eye，&Carlo，2008；Raaijmakers，Engels，&van hoof，

2005；Tisak，Tisak，&Goldstein，2006)，尽管这种联系并不像人们曾经设想的那么紧密（Haidt，2001）。例如，斯塔姆斯（Stams）和同事们（2006）对五十五项研究进行了元理论分析（meta-analysis），他们发现青少年违法者通常比守法者的道德推理水平更低。斯塔姆斯和同事们认为，"即使在控制了青少年的社会经济地位、性别、年龄、智力等要素之后，我们仍可以发现发展滞后的道德判断同青少年违法存在强关联"（p. 697）。

法律推理

　　从本质上来看，法律社会化并不是被动化的过程，人们心中并不是空无一物地等待着被价值观与态度填塞。相反，人们嵌入到他们周围的社会世界中，包括参与到法律制度中。人们是积极的思考者，因此人们不断试图弄清他们的周边世界。人们面对他们所处的法律环境时亦是如此。在儿童与青少年时期，人们同具体语境下的一些基于规则的制度打交道。这些经验有助于人们进一步细致地了解他们与权威之间的权利义务关系（Helwig，2006）。人们理解他们在法律中的作用以及法律在社会中的作用之方式，不仅对发展和解释法律权威合理行为的期待有重要影响，还对他们——作为社会成员——的义务感和责任感有重要影响。

　　这些推理能力尤为重要，因为其代表了一种理解一个人所处的社会与法律环境之方式，并能使一个人的生活经验变得有意义（Cohn&White，1990；White，2001）。"法律推理使一个人的自我意识同群体规范、一个人的道德/法律身份与社会环境产生联系。"（Cohn&White，1992，p. 109）正如我们在前文中所说的，在影响人们面对法律以及同法律制度打交道的方式上，价值观内化与态度的形成发挥了根本作用。这就是人们的推理能力，然而推理能力促使人们使用价值观和态度去理解他们所处的法律环境。在这种情况下，这些推理能力在判断合法性和法律权威是否以合理方式行为时发挥着重要作用（Cohn，Trinkner，Rebellon，Van Gundy，&Cole，2012）。法律蕴含着规则推理，如果缺乏这种推理认识，那么从严格意义上来说，人们就不能将自己同规则与权威联系在一起。

尽管接受法治理念对于法律制度的有效性来说至关重要，但就法律社会化而言，同样重要的还有严重不服从的发展（Hogan&Mills，1976）。重点在于，不要假定不经思考地接受任何规则和决定是可取的。举例来说，有关成年人的研究通常表明，成年人认为在某些情形下，他们不该遵守规则或者权威的决策（Bocchiaro&Zimbardo，2010；Kelman&Hamilton，1989）。这种认识可以通过运用批判性与通盘思考来达成。在这些情形中，人们不仅需要持有一系列内化的法律价值观和态度，而且这些价值观在社会环境中的表现方式也是重要的。这一框架使人们知道法律权威是否以合理的形式行为，并进而判断法律权威是否是"正当的"。因此，法律推理是人们认识法律制度何时应得到或者不应得到人们服从的重要部分。

在人们认为法律制度、法律规范或者权威并没有体现立基于人们理解的价值观以及他们与制度之间的关系时，人们选择拒绝法律权威，并不再服从法律权威（Jackson，Bradford，et al.，2013）。例如，规则和决策可能被认为是非法的，因为行使权力制定规则或做出决策的人没有这个权力或者不公正地行使权力（Huq，Jackson，&Trinkner，2016）。当决策违背分配公平原则或者违背判断是非的道德价值观时，情况亦是如此（Sunshine&Tyler，2003b）。

在任一情形中，促使人们采取不服从行为的核心要素是一种批判性反思，即对制度或者权威不遵守——权威被期冀应遵循的——价值观的批判性反思。因此，不服从不仅源于对自我利益之简单追逐,而且涉及对制度背后的价值观或制度方式背后的社会价值观之批判反思,抑或两者兼而有之。实际上,即使是孩子,他们也明白在某些情况下违反规则是正确的(Tapp&Levine,1974)。例如,当一个人因饥饿难耐而去偷了一片面包,或者假设你去偷药品是为了拯救患病的家人。同样,四岁的稚童也会区分"个人问题"的看法,这个看法涉及孩子在父母权威的合理运用之外有自行决策的自由(Nucci&Weber,1995)。

大多数成年人认为,有时不遵守法律或者法律权威的指令是正确的,而法律社会化的一个重要部分就是确定一种框架,以确定环境何时支持这种观点。正如凯尔曼与汉密尔顿在他们的研究中举过的一个例子(1989),即在越南战争期间(the Vietnam War),士兵被命令杀害平民。凯尔曼与汉密尔顿发现,针对拒绝——后来被人们认为是非法行为——行动的合理性问题,公众有很大的分歧。一些人认为士兵并没有责任,因为一个人有义务服从合法性权威。但是,其他人使用了"正义命令"(justice orders)的框架,以区分何种情况下的服从是合适的。

即使不考虑战争时期的极端情形,人们通常也认为自己有义务拒绝服从不正义的规则和决定(如 Bocchiaro&Zimbardo,2010)。例如,考察一下上个世纪六十年代的民权运动。在这段时期内,法律制度被用以强行推行那些被很多人认为不公平的法律规范。这些不公平流露出法律制度的歧视本质。许多人认为,这些情形中的法律制度并不能体现其得以建立的社会规范,如人人平等与自由。作为回应,人们感到有义务不遵守法律或不服从法律权威。 *90*

尽管人们不服从权威,但大多数人还是会说他们的行为与协商性法律权威模式相一致,他们那么做主要是因为法律制度并没有体现其得以确立的价值观。这些对权威回应的决策也可以根据日常生活情况被做出。例如,若青少年认为家长禁止他们出门的要求是不正义的,那么他们可能会溜出家门,或者若经理被员工认为是专制的和不理性的,那么员工就会总是躲着经理。在其他情形中,这可能涉及其他更重要的事情,如拒绝服从军队首长的命令,或者拒绝不正义战争的征召。

再者,我们不能径行认为人们纯粹是为了自利而拒绝服从权威,正如许多白人群体涌入民权运动的大潮之中,尽管不正义仅影响到少数种族。因此,法律推理不仅提供一种理解人们为什么服从法律和法律权威的方式,而且解释了人们为什么决定拒绝和抵制法律及法 律 权 威（ Cohn&White， 1990； Hogan&Mills， 1976；Tapp&Levine，1974）。但是,这一情形并不表明合法性失败了。人们的行为不是出于自利。人们对合法性与协商性法律权威进行回应,但这种回应被建立在由理性驱动的合法性模式的基础之上。

应该指出的是,尽管抵制的情况很重要,但其并不代表着人们对法律的一般经验。更高的推理水平与更少的违法犯罪行为相关（Cohn&White， 1990； Morgan&Lilienfeld， 2000； Stams et al.，2006）。正如我们在前文中指出的,更高层次的推理形式超越了简单的工具主义问题,并引发了这样一种理解,即作为维持社会秩序的一种方式,若人们服从法律规范和接受法律制度,则社会能更有效地运转,这些都表现出更高层次的推理形式促使人们自愿遵从与支持法律制度（Jackson，Bradford，et al.，2013；Tyler，2006a；Tyler&Huo，2002）。

法律社会化的认知发展路径

前文已经指出,早期法律社会化理论受到认知发展方式的强烈影响,其以让·皮亚杰（Jean Piaget，1932）和劳伦斯·科尔伯格（Lawrence Kohlberg，1963,1981）的作品为基础。这种方式假定,人们的思维过程被纳入认知图式,而认知图式能够产生有特点的思维模式。这些思维模式反过来创造了一种视角，人们用此视角说明和解释他们周边的世界。这些思维过程是人的一般属性，而且作为结果，其对各种情景一直施加着稳定的影响。

推理能力随着孩子的成长而发展。在与所处环境之互动中，人们从简单的基本思维模式中发展出更复杂的模式。这个过程在很大程度上是由自然成熟驱动的。随着人们年龄的增长，人们的思维模式成长为理解世界的和创造可以被人们用以指导他们行为的认知表征（cognitive representations）。随着人们年龄的增长，孩子会发展出更加复杂的思维过程，这意味着他们通过提高认知能力来解决问题。孩子会整合不同的观点，并将更多的逻辑性、理性和抽象概念融入到他们的推理能力当中。

尽管更复杂的认知能力的发展很大程度上为生物学意义上的情事发生所驱动，但这一过程也为环境以强有力的方式所影响和塑造，尤其是环境不断给人们带来关于他们所处的社会与世界的新信息。通常，这种新信息被人们吸纳进他们已有的认知结构中，这一过程被称为"同化"（assimilation）。然而，在信息不一致的情形下，人们不得不修正现有的思维模式，以解释不一致的信息，这一过程被称为"适应"（accommodation）。从这个角度来看，一个人发展出比以前更复杂的新思考方式之过程是通过同化和适应新信息实现的。

科尔伯格与道德发展

皮亚杰的作品大多关心人们发展其"纯粹"（pure）认知能力的一般过程。科尔伯格采纳了皮亚杰的观点，并将皮亚杰的观点运用到道德发展的特殊论题上。科尔伯格的兴趣点（1963，1981）在于孩子如何发展其对道德问题的推理能力，以及孩子如何对道德行为做判断。对于科尔伯格而言，孩子的这种能力发展对于孩子被社会化到社会中及其内化价值之形成来说都是至关重要的，这种价值观指示人们应该还是不应该在社会中如何行为。

科尔伯格模式假设人们都将基于他们的信念行事，信念的内容包括什么是恰当的或不恰当的。因此，核心问题是孩子如何做道德判断，以及随着他们逐渐成长为成年人，这个过程是如何变化的。在这个交互推理过程中，目光流连于合理规则影响孩子思考道德问题的进化能力。

科尔伯格模式的核心要素是对越来越复杂的道德推理方式的一系列阐述。这些阐述通常可以被归纳为三个阶段：前惯习水平（preconventional）、惯习水平（conventional）以及后惯习水平（postconventional）。[①] 我们在下文中将详细讨论这些阶段，塔普将这些观点拓展运用到法律社会化的背景下（Tapp，1991；Tapp&Kohlberg，1971；Tapp&Levine，1974）。然而，一种简化的表述是，前惯习推理（preconventional reasoning）是由自利行为驱动

---

① 国内关于科尔伯格道德发展阶段的理论多将"convention"翻译为"习俗"（参见庞维国、陆烨：《道德发展理论的演进及其教育启示》，载《当代教育研究》，2015 年第 6 期，第 41 页；常硕峰：《科尔伯格道德发展理论的特征及其本土化》，载《学术交流》，2012 年第 9 期，第 52 页；姚海静、管亚军：《科尔伯格道德认知发展论及对主体性道德人格的思考》，载《理论月刊》，2005 年第 12 期，第 49 页；张治忠、马纯红：《皮亚杰与科尔伯格道德发展理论比较》，载《扬州大学学报（高教研究版）》，2005 年第 1 期，第 74—75 页，等等）。但是，"习俗"的核心含义主要是指风俗，通常是"习惯风俗"的简称，具有很强的文化意味，而科尔伯格所指的"convention"更具有社会规范的规范性倾向，在习惯与风俗中更偏向于"习惯"。同时，"习惯"又具有一定的私人色彩，主要指向个人的行为方式。相反，"惯习"具有一定的约定化、建构性色彩（参见［美］大卫·刘易斯：《约定论：一份哲学上的考量》，吕捷译，北京：生活·读书·新知三联书店，2009 年版，第 42—50 页）。因此，译者采用"惯习"的译法（参见［美］安德瑞·马默：《法律惯习：从语言到法律》，程朝阳译，北京：中国政法大学出版社，2013 年版，第 1 页；［英］H. L. A. 哈特：《法律的概念》（第三版），许家馨、李冠宜译，北京：法律出版社，2018 年版，第 311 页；［美］罗纳德·德沃金：《法律帝国》，许杨勇译，上海：上海三联书店，2016 年版，第 78 页；［美］布赖恩·H·比克斯：《牛津法律理论词典》，邱昭继等译，北京：法律出版社，2007 年版，第 46 页），以强调其社会规范性。——译者注

的,道德判断很大程度上取决于惩罚与奖励的内容。惯习推理(Conventional reasoning)转为将道德行为视为符合社会惯习和规范的行为。因此,遵从规则就是终点,因为规则被认为有利于维持社会秩序。最后,后惯习阶段的判断更多受人们内化的正义原则、伦理原则和公平原则之影响。人们都有动机实施亲社会行为(prosocial behavior),只要亲社会行为符合道德原则即可。

尽管科尔伯格的理论适用于道德推理,但他强调该理论的几个要点与法律和法律社会化相关。首先,随着孩子们的认知能力不断成长和变得更加复杂,他们更能够采用多元视角来看待任何问题,这促进了道德推理的发展,因为它促使人们从他们从来没有注意到的视角看待问题,或者这种视角与他们以前的视角不相一致。这种社会发展对于人们理解和支持民主价值观的能力而言是至关重要的,如容忍不受欢迎的意见和需要向别人妥协(Miklikowska,2012;Morell,2010)。

其次,科尔伯格强调,孩子们周边的社会制度能够促进他们的道德推理能力之发展。对于科尔伯格来说,复杂道德推理被平等、正义和交互观念支配。在高水平上进行推理意味着从一个公平观察者的角度思考问题。在这个意义上,同儿童打交道的社会制度反映了这些复杂的道德思想原则,而这些复杂的道德思想原则可以促进孩子们的道德推理能力之发展。

法律发展

从上个世纪六十年代早期开始,琼·塔普采纳了科尔伯格和皮亚杰的核心观点,并将他们的观点运用于法律社会化(Tapp,1976,1991;Tapp&Levine,1970,1972,1974)。相比于其他任何人,塔普奠定了该领域的认知发展视角之基础,此举有助于区分出法律社会化领域和其他有关态度与价值观社会化的领域（如政治社会化与道德社会化）。塔普的观点是，法律社会化与"政治社会化、道德社会化范畴存在重叠，但在背景（如法庭）、表征（如法官）和主题（如权利）上不同"（1991，p. 334）。

然而，在借鉴科尔伯格的观点时，塔普明确承认，法律与道德从根本上来说是交织在一起的，因为法律与法律制度是认识社会的正式化道德原则（Tapp&Levine，1974）。法律的任务是维持和执行合理与正义行为的社会观念（Tapp，1987）。在这个方面，作为一种框架，法律指导人们——特别是在解决纠纷时——如何与其他人打交道。法律制度的首要目的是维护社会的道德价值观与社会规范，而且法律制度在教育人方面——受社会重视的行为道德规范（ethical code of conduct）——发挥着至关重要的社会化功能。如果人们想通过社会化来融入法律制度，那么他们就要理解法律制度中所蕴含的道德规范，以及法律制度在社会中的规范社会行为之目的。

法律社会化研究的一个重要目标是，理解人们如何发展出他们对法律和法律制度所持有的倾向，并且理解这种倾向在法律制度中发挥的作用。这项工作的核心是，检验人们关于基本法律原则的观念（如正义、权利和法治）是如何随着人们年龄的增长而形成和发展的。然而，塔普和科尔伯格（1971）认为，道德发展与法律发展的联系是错综复杂的。法律被建立在社会中的基本道德原则之上。理解一个人对法治的倾向是如何随着时间发展而变化的，这必然同他们对道德规范的倾向之变化相关。

法律发展的范围

尽管有"法律"社会化的标签，但从严格意义上来说，个人法律发展与正式法律制度并不相关，而且也不与正式法律制度权威打交道

（Tapp，1991；Trinkner&Cohn，2014）。法律发展是无所不在并始终进行着的。首先,尽管人们与法律、法律制度以及对于法律社会化而言至关重要的权威打交道,但这种法律社会化的先期工作是学习规则和权威概念本身,概念对于所有社会制度来说都是至关重要的。在这个方面,法律社会化早在人们同正式法律制度打交道之前就已经开始。人们同其他基于规则的社会制度(如家庭和学校)打交道的经验都反映了规则及行为规制的一般观念,所以了解社会中的法律之地位与宗旨是至关重要的。

94

　　法律制度是广义社会环境的一个基本组成部分,这个社会环境是由错综复杂的制度构建出来的。这些制度共同在功能上筑造了"在实践中具有'法律'性质的规则体系网络"(Tapp&Levine，1974，p.35)。在这一方面,人们在不同社会环境中同规则、法律、正义以及权威打交道,并发展对它们的理解,但此过程有连续性。孩子们在某个领域学习如何运用权力和行为规范,而他们在另一个领域中的想法必然受到这个领域中的想法之影响。例如,当孩子因不好的行为而被父母训斥时,或者因遵守规则而被老师奖励时,从本质上讲,他们正在社会化并融入法律制度,因为这些遭遇释放出这样一些信息,即外部实体(external entities)试图管理孩子们的行为。外部实体是会解释、讨论、推理呢,还是运用手中的权力强迫人们和控制资源呢?

　　尽管法律社会化贯穿人的整个一生,但认知发展方法的许多重点已经得到了特别强调(Tapp，1987，1991)。首先,当一个孩子开始上学,他就必须同两套不同的规则制度打交道,并第一次对两者进行区分。尤其是在这段时期内,孩子们可能遇到新的或者不同的权威,以及面对这些权威创造与执行规则的方式。其次,在青少年时期,当青少年开始发挥自身的自主性时,他们很有可能与正式法律制度进行初次交往。最后,在随后的生活中,人们会从被社会化的人转变为社会化别人的人(如父母、老师或者警察)。

环境与法律发展

从一个严格的认知发展视角来看，法律社会化很大程度上是自我驱动的过程（Tapp&Levine，1974）。人们倾向（predisposed）于发展他们对法律制度的概念与倾向（orientation）。人们持续努力，以解释他们的经验，并借助经验来发展出日益复杂的关于世界的认知模式。这种观点反映了认知发展模式的关键假设，即人们自然而然地被激发，从而发展出一种他们对自己所处的世界之复杂理解（Thomas，2005）。

尽管有这种假设，但环境还是对法律发展施加了强有力的影响（Tapp，1991；Tapp&Levine，1974）。与其他大多数规则制度一样，法律制度借助人们在同其他人打交道时应该或不应该如何行为的观念，帮助人们协调和促进他们的交往活动。当其他人在与身边的权威打交道时——特别是当他们进入到不为其父母所控制的环境中时——孩子更有可能学会合理的行为，并认识到不合理的行为将被如何处理。这些交互活动（interactions）是加快还是延缓人们的法律发展过程？这取决于交互活动的稳妥性与活动情况。

两种环境尤其能够影响法律社会化的过程。第一种是法律贫乏（legal poverty）的情形（Tapp&Levine，1974）。在这个意义上，严格来说，"贫乏"（being poor）的含义不是在金钱意义上被界定，而是指剥夺权利或者缺乏法律参与的情形，而这些情形通常出现在劣势集中的地方。当其他学者提及这种情况时，他们将之称为"法律意识"（legal consciousness），它反映了底层与社会边缘人士的意识（Ewick&Silbey，1998）。这个定义将贫乏拓展到那些尽管没有经历过经济困难，但缺乏权利和法律地位的人（如孩子、犯人或者士兵）。如果人们在这个意义上被认为是法律贫乏的，那么他们与法律打交道的能力就会受到限制,从而导致法律发展活动受到阻碍。从另一个意义上来说,那些没有经历权利被剥夺的人有更多的机会同他们所处的法律世界打交道,以此加快他们的法律意识之发展过程。

权威人物是第二种影响法律发展的环境因素。因为权威人物带有创造和执行法律与规则的任务,所以他们在整个法律社会化过程中扮演着关键角色。权威人物促进法律价值观与态度的正式化,并通过为人们提供一个习得、使用、质疑和完善他们对正义、权利及法治理解之场所,以推动人们法律能力的提高(Fagan&Tyler,2005;Tapp&Levine,1974;Trinkner&Cohn,2014)。规则创制和执行的方式赋予了社会行为规范以内涵(Cohn&White,1990),并析清了人们与法律制度之间的关系(Trinkner&Tyler,2016)。

当权威以公平且符合道德和民主之方式与人们打交道时,法律推理的发展就会加快;反之,法律推理的发展就会受到阻碍(Levine&Tapp,1977;Tapp&Levine,1972)。从这个意义上来说,法律发展的认知发展方式与基于价值观和态度的方式是一致的,这些我们在前面的章节中已经探讨过。讨论、解释、参与,所有这些民主规则的适用特征都被认为可以在更一般的意义上加快法律发展,尤其是加快法律推理的发展(Tapp,1991)。然而,受益于这种方式的认知本质上——此处很少涉及教养、仁爱、有尊严地对待等问题——是第四章探讨的重心。但是,将权威置于法律社会化的进程中之做法,完全符合本书所阐述的总体观点。

法律发展的水平理论

如前文所述,法律推理的发展以人们有一系列法律图式或认知框架为前提,这些法律图式或认知框架包含他们对规则、法律、法律制度与责任进行抽象化处理的方式信息(Cohn&White,1990;

Tapp&Kohlberg，1971；Tapp&Levine，1974）。这些框架被人们用以组织他们脑中与法律相关的想法和信息。通过此种做法，人们拥有了认知框架，并利用此框架应对和解释他们所处的法律社会世界。借助这些法律图式，人们经验中的任何事情都可以被解释和赋予内涵。这种用一个人的认知能力组织和解释法律世界的能力是法律推理的首要功能。

法律推理决定了人们抽象法律问题和做出法律决定之方式，因此法律推理为人们理解法律制度背后的基本原则与价值提供了相应的工具(Tapp&Levine，1974)。人们由此具备了发展基于规则的行为规范的能力，法律推理帮助人们收集信息和做出决策，并指导人们的交互活动，以及析清法律与法律世界中的权利和义务（Tapp，1987)。最终，"对于人们自身与社会而言"，法律推理能力的完全发展会形成"一种伦理法认识(an ethical jurisprudence)、道德遵从观念，以及公平或正义的法律意识"(Tapp，1991，p.332)。[①]

法律推理有三个水平。对于大多数人来说，发展遵循一定的轨迹，他们的推理从第一水平开始，在第二水平开始融合特征，以此类推。然而，一个顺序不变的过程并不是必然的(Tapp，1991)。实际上，这是科尔伯格关于道德推理发展的观点(1963)中的一种重要方式，其有别于法律推理的发展。再者，这些阶段并不是互相排斥的，这是对科尔伯格的另一处修正。人们并不会卡在特定水平，而是可以使用多种思维方式同时推进。随着不断成长，人们获得了更复杂和更抽象的思考水准，但他们依然会用更基本的推理方式去思考法律问题。实际上，更高水平推理能力的标准是能够思考和运用多种

---

① 将此处的"an ethical jurisprudence"译为"一种伦理法认识"是为了同后文的"道德遵从观念"和"公平或正义的法律意识"相对应，三者为并列关系，都是讲遵守规则以及服从法律的正确认识。因此，若译者将其译为"一种伦理法理学"或者"伦理法学"，则不符合前后文与整体思想。——译者注

不同的视角去解决特定问题。

从这个意义上来说，根据法律的地位与责任，以及公民的义务与责任，法律推理的任一水平都体现了对社会中的人们与法律之间的关系进行思考的不同方式。第一阶水平是前惯习水平，在这一水平中，推理的结构充斥着对权威的服从；第二阶水平是惯习水平，这一水平被建立在社会的整合问题之上；第三阶水平——推理的最高层次水平——是后惯习水平，这一水平充斥着被人们内化的关于个人权利和正义的抽象原则。

通常来说，每一个人在成年阶段都可以自由运用任一水平的法律推理。然而，使用更高层次推理的能力并没有体现在每一种水平的推理之使用频率中（Tapp&Levine，1970，1972，1974；Tapp&Melton，1983）。例如，在美国，大多数成年人通常在进行法律决策时使用惯习性推理，因此该水平的推理被称为"惯习性的"。很少有成年人经常使用后惯习性推理。但是，那些可以使用后惯习性推理的人仍然能够运用前惯习性推理与惯习性推理来思考问题。另外，惯习主义思考者会根据实际情况和手头的问题来决定是否使用后惯习性的思考方式。

一阶水平：　前惯习性推理

就前惯习性推理的核心来说，其动机是工具性享乐主义（hedonism），即关注行为的外在结果。这个关注点主要表现在个人与物质方面。采用这种观念的人关注那些能够直接影响他们的实际奖励与惩罚，而这导致了人们的不安和恐惧，从而促使他们规避惩罚。在这个水平上，人们与法律权威的关系是惩戒导向的，因为法律和法律制度有权力制定或执行法律规则，所以人们从极端意义上总结法律与法律制度。从这个意义上来说，公民的义务是遵守法律，但他们遵守法律不是因为他们相信法律或者认为法律对于社会来说是好的，而是因为不这么做会受到惩罚。

在这个意义上，当法律权威因持有绝对的权力而可以惩罚行为时，前惯习性推理通常会使法律权威获得服从。不出意外的是，前惯习性推理同强烈的服从动机相联系，其不考虑法律制度的命令内容是什么，也不管具体情况或人们的感受如何。但是，这种服从取决于人们的认识，即他们认为他们遵守或违反法律实际上会得到什么奖励或惩罚。

二阶水平： 惯习性推理

这种类型的推理被建立在这种理解之上，即个体是被嵌在一个大社会或社区当中的。社会有指明合理和不合理行为的规范，而社会角色体现了这些期待。这些规范和社会角色奠定了社会和谐之基础，其必须被用以维持社会秩序。结果便是，人们对社区有强烈的承诺感，他们被激发去践行角色期待，并实施好人"应该"（ought to）实施的行为。这个水平倾向于规则与法律，即认可法律与法律制度，且接受社会规范的指引。从这个意义上来说，一个人与法律的关系更多地受到他们同社会联系之驱动，而不是取决于任何法律制度所具有的实施社会控制之权力。法律体现了社会惯习，因此人们应基于社会善（good of society）而遵从法律。

服从与遵守是因为个人有义务通过遵守法律的方式趋向于社会，而不是因为——像前惯习性推理水平那样——人们担心受到惩罚。最重要的是，为了让所有人更好，社会角色期待必须被维持，即使是以牺牲个人利益为代价。正义在很大程度上是一个多数票问题，平等只不过是对规则的不偏不倚的解释与适用。个人的权利被认为对群体是有帮助的。个人权利经常被关联到一个人的社会角色上,而且经常同因社会地位而获得的特权(privileges)相混淆。

三阶水平：后惯习性推理

后惯习性推理具有通过原则来思考和行动之特点。人们使用这个水平的推理来理解社会规范和价值观的作用,以及把握社会秩序的需要。与此同时,这种推理更倾向于通过多视角来看待世界,以提升人们对社会与法律之间关系的理解。特定社会命令的价值可能不同于个人持有的价值观与道德权利。借助这种推理方式,人们可以认识到,大多数人的要求和需要可能与个人的要求和需要并不一致,而大多数人的要求和需要并不必然优于个人的要求和需要。这种水平的推理更高级,其运用基本的和抽象的法律原则(如社会契约、公民权利、民主和多元化)去指引判断、行为以及社会交互活动。

后惯习性思维通过法律与伦理原则来概念化法律。像惯习性推理一样,法律并不被认为是单方权威向人们发号施令的产物,而是在社会成员间通过民主参与创造一系列共享期待的社会产物。通过执行法律,法律制度被视为实施社会规范任务的社会制度。作为维持法律和秩序之手段,遵守法律的重要性是能够被理解的。

然而,不同于惯习性推理,后惯习性推理还认为个人必须做出与上述原则相一致的道德与法律决策。适用后惯习性推理的人们不能盲目服从于群体压力或法律权威。相反,人们可以区分法律原则和表达法律原则的具体法律规范、规则及法律制度的执行策略。相应地,正如法律制度所表达的那样,服从、遵从和参与在很大程度上受指导性原则之驱动,即使这些人同当今社会中的大多数人相悖反。

这种区别还反映了一个人如何理解他与法律制度之间的关系。

99

不同于前惯习性推理和惯习性推理——这两种惯习概念将人与法律之间的关系归结为暴力或者社会整合——后惯习性思维的基础是协商。因为后惯习性思维强调法律与伦理原则，所以后惯习性思考者对法律制度在行为规范方面如何行使其权力存有期待。当法律制度符合这些期待时，人们承认它们的权威和它们所处的权力位置。后惯习性思维激发服从，但此种服从仅局限于法律制度所秉持的终极社会契约之意义。

最终，充分成形的法律推理能力之发展促使人们形成法律的原则性伦理，其中的人们关于法律以及与法律互动的观点受到道德和正义的伦理原则之指引（Tapp，1991；Tapp&Levine，1974）。这种原则的合法性对于法律社会化过程而言特别重要，因为其允许法律制度的持续进步和维持。如果法律制度是社会控制与维持秩序行使权力的社会道德规范的正式体现，那么充分形成和行使法律推理能力就允许人们根据法律制度是否依然合理地体现这些规范来持续评价法律制度。从本质上说，法律推理能力使人们能够区分社会价值观的实际体现（如法律制度）和价值本身，并判断两者是否一致。

推理视角的含义

在我们理解法律社会化的过程中，认知推理视角有许多重要作用。贯穿于这些研究之中的一个重要主题是，评价作为积极参与者的个人努力掌握法律和发展法律图式，以理解他们与制度之间的关系。因为人们努力寻求知识之获取，所以全部的这些经验都是重要的。例如，孩子们在操场上一起玩，他们通过给予与获取来学习分配的基本原则（Damon&Killen，1982；Rosen，2014）。这一积极互动

的 领 域 是 对 诸 如 父 母 和 老 师 这 样 的 纵 向 权 威 (hierarchical authorities)①之说明,这预示了青少年时期的同龄群体之重要性。*
即使是孩子,他们也可以从他们的亲身经历中汲取教训,并从诸如家庭、学校等正式的纵向权威以外的社会世界与政府处汲取经验。

法律推理与合法性

评价制度的能力是法律社会化的一个组成部分。正如我们在前面章节中指出的,法律制度只有在它们被人们视为合法的时候才是最有效的(Tyle,2006a),并且合法性的认识是出自公民与法律权威之间共享的价值观认知(Beetham,1991;Jackson et al.,2013;Tyler,2006b)。再者,合法性既是人们评价法律与法律实施主体是否以合理的方式行使权力和利用地位以及是否需要被服从的依据,又是人们对权威行动的信任和信心之表达。为了能够做出合法性判断,人们必须为评价法律权威及其权力之行使而构建一套框架,而推理能力则为人们思考法律在社会中的地位与功能提供了这样一套框架。

101

由于法律推理的水平及其为抽象人们与法律之间的关系而采取的方法不同,合法性判断应该由取决于一个人的法律推理水平的不同要素驱动。例如,从前惯习性推理角度来看,法律制度之所以被认

---

① 此处将"hierarchical authorities"译为"纵向权威",这与第三章的"千禧一代的例证"一节
中的译法不同,因为第三章中的"hierarchical authority"强调的是正式制度的层叠式科
层权威和主要是指官僚机构、行政机关意义上的权威,而此处的权威不仅是指官僚机构
中的权威,而且还包括父母与老师的权威,因此将其译为"科层权威"不准确,但两处都
意欲指出主体之间的不平等性、管理性和纵向性,类似于法律制度的公法纵向性关系,
以区别于私法横向性关系,因此译者此处将其译为"纵向权威",特作说明。——译者注
* 尽管有所征兆,但法律推理领域对有关同龄人投入之研究——除了对黑帮的研究——
的关注甚少,这是法律社会化研究中的一块短板。

为是合法的,是因为其在社会中规制人们行为的绝对地位。在必要时,法律制度将采取暴力手段。在这个水平上,合法性来自于法律通过赋予警察和法庭以权力来控制人们的行为。另一方面,惯习性推理强调社会角色与社会和谐。在某种程度上,当法律制度创造的社会秩序符合大多数人对合理行为的期待时,法律制度被认为是合法的。在后惯习性推理视角下,法律制度在特定程度上是合法的,因为其符合作为法律制度存在之基础的和法律制度被期待蕴含着的伦理与法律原则,如有尊严地受到对待、民主参与以及认可公民的自由与权利。

从这个意义上来说,后惯习性推理勾勒了一幅相似的合法性画卷,其与前面章节中的价值内化一致:当人们认为法律是公平与正义的时候,他们支持法律;相反,他们拒绝支持法律(Jackson, Bradford, et al., 2013; Tyler, 2006a; Tyler & Huo, 2002)。换句话说,自身不断发展的推理使得人们得出结论认为,他们应该接受法律和法律权威背后的价值观。通过讨论与思考,人们认为,接受这些价值是有意义的,而且是合理的。这些价值并不是由外部强加的。我们在后面会讨论推理与服从行为的结合。在此之前,我们想处理另一个法律推理研究的贡献,即当人们认为法律制度不符合这些原则和义务时,他们对法律制度的应对之法。

积极参与和批判性不服从

102　　法律社会化的最重要结果之一是,后惯习性推理能够促使人们通过社会行动之方式积极参与到法律制度中(Cohn & White, 1990; Finckenauer, 1995; Tapp & Levine, 1974)。如果法律制度并不符合社会的基本道德规范,那么我们就需要改变法律制度,以使之符合社会道德规范的要求。通过这种方式,后惯习性推理促使人们尝试改

变法律制度,以改善所有人。传统的价值观与态度模式通常将服从作为它们的首要标准,甚至是唯一标准。人们服从法律吗? 作为一个社会整体,我们也希望人们在采取相关行为时秉持法律原则。

一项关于成年人的研究为这种行动方式提供了一个例证。哈恩(Haan)、史密斯(Smith)和布洛克(Block)研究了参加"伯克利自由言论运动"(Berkeley free speech movement)的人(1968)[1],其中涉及违法行为。哈恩、史密斯和布洛克发现,人们参与这些非法集会活动是出于后惯习性推理的动机。采用后惯习性推理的人比采用惯习性推理的人更有可能为违法行为辩护。在后惯习性推理的情形中,人们的动机是反对被视为不正义的法律。相反,采用前惯习性推理的参与者比例很高,因为他们认为自己不太可能因为违反法律而被抓到和被惩罚,他们反而觉得自己可能获得其他物质利益。

这项研究说明,采用一种法律推理模式可以提供一种问题的理解方式,这些问题很难由其他推理模式予以解释。如果我们关注支持性态度与价值观,那么我们就很难说清楚人们应该服从谁或者何时不服从。有关权威的讨论认为,人们并未将所有规则或指令视为同等合理。但是,人们是如何做出这个决定的? 人们能这么做,意味着他们对法律这一人类创造的社会产物和其潜在的缺陷存在深层次的理解。

我们可以将这种态度与价值观的观点同凯尔曼和汉密尔顿(1989)提出的另一种观点进行对比。凯尔曼和汉密尔顿认为,服从

---

① "伯克利自由言论运动"(Berkeley free speech movement)是发生在上个世纪六十年代的美国的一场民权运动。因加州大学伯克利分校校方禁止学生在校门口一条路上公开募集校外政治经费,学生爆发了抗议活动。学生占领了行政大楼,抗议校方压制言论自由,并对种族歧视等社会不公表达不满。伯克利事件导致了伯克利分校和总校校长辞职。伯克利事件契合了当时美国人对美国入侵越南与柬埔寨的不满,进一步扩大了抗议活动。之后,在1970年的肯特州立大学抗议中,四名学生被国民警卫队打死,此事件引发了全美高校的抗议,并对美国的高等教育和社会产生了巨大影响。——译者注

行为涉及存在竞争性关系的权威之间的冲突解决方案问题。例如，历史上，在一个权威（如国王）与另一个权威（如教皇）存在不一致时，人们会感到纠结（conflict）。在这种情形中，两套价值观（法律的正当性与伦理价值的正当性）存在冲突。凯尔曼和汉密尔顿认为，人们的不同行为反映了他们对不同权威的认可度。这种观点与塔普的观点相反，因为这种观点并未将推理问题看作以个人价值观为基础，而是将其看成是一个人对两个外部权威或他们所推崇的两种价值观的认可度问题。①

103　　评价法律制度的能力与后惯习性推理有可能忽视或拒绝了建立于其上之规则。在很大程度上，人们不认为法律社会化的目标是创造个人对法律权威或社会的盲目服从。相反，法律社会化的目标是培育能够理解法律背后原则的人，所以当原则既呼吁服从，又呼吁不服从时，人们能够辨别。在某些特定情况下，不遵守法律是正确的做法。任何完整的法律社会化模式都必须处理这些类型的行为之出现（Hogan&Mills，1976）。

　　一般来说，许多抗议活动包括违背被视为不正义的法律。例如，二十世纪六十年代的美国社会迎来了重大变化，这主要是因为人们认识到，现行法律并没有倡导正义和人人平等的基本法律原则，因此其不应该得到人们的服从。同性恋与变性者在就业、住房和婚姻法律方面遭到了歧视，但这些人的权利现如今也发生了同样的变化，因为越来越多的人视这样的法律为不正义的。有争议的法律内容随着时间的推移而发生变化，但在所有这类情形中，违反法律的意愿同这样一种观点相关，即法律是不正义的，而不仅仅取决于人们对因违背法律而受到惩罚的风险之评估。实际上，惩罚的风险通常是很高的，

---

① 此处强调的是，人们所关注的是自身的主观价值判断，还是自身之外的权威和客观价值观。换句话说，一个强调个人主观的价值观，另一个强调客观外在的价值观和权威。——译者注

但人们仍然有动机违背法律。

这样严重的不服从对于任何一个民主社会的法律制度的良好运作而言都是至关重要的。发展适用后惯习性推理的能力在法律社会化的成功实现方面发挥着直观的重大作用。再者,我们很难说清楚,在没有基本原则支持的情况下,人们何时决定不服从才是合理的。当然,人们可能不同意对上述争议问题进行处理之方式。无论是规制同性婚姻问题,还是堕胎权问题,理性的人都可能表示不同意。这导致了另一种观念,即社会应如何回应分歧,以就该问题达成作为正式社会控制最佳方式之共识。人们需要持有价值观,以及理解价值观背后的原则。人们还需要可行的民主管理原则,如此一来,他们就可以处理好不同观点。

这些建议的背后蕴涵着这样的观点,即后惯习性推理为人们奠定了理解和独立评价外在法律与权威制度的原则性基础。然而,重要的是,认识到前惯习性推理也奠定了这样一个基础,因为人们通过利己的视角来评价制度。哈恩、史密斯和布洛克在研究"伯克利自由言论运动"中的人们的参与情况时还发现(1968),在非法集会运动中,采用前惯习性推理的参与者的比例也很高。这两类群体更有可能正当化他们的法律违反行为,尽管他们采取行动的原因并不相同。前惯习性推理可能导致这样一种动机,即促使人们在违法活动中评估工具化收益(交朋友、玩的开心)或代价(被抓住);后惯习性推理促使人们抗议,以坚持法律背后的原则。

法律推理与行为

借助推理的方式推进法律社会化的最大局限性是其很少关注法律推理所导致的行为结果(Cohn&White, 1992; Finckenauer, 1990; Hogan&Mills, 1976)。早期的大多数理论作品都预设了这样一个前提，即法律心理判断导致了行为。这些理论作品的关注点在于确认人们如何做出这些具体的判断，并主要依赖认知访谈技术（cognitive interviewing techniques）来询问人们如何看待法律、法律在社会中的目的，以及什么时候违背法律是可以的。对于这些研究而言，法律推理是重要性的结果，而不是行为的结果。

因为重点被放在法律推理的发展上，所以很少有研究会具体检验法律推理在导致或阻碍涉法行为中起到的作用。由于科尔伯格的关于道德发展的论述与塔普的法律发展观点具有很大的相似性，所以许多支持者指出，有文献将较高水平的道德推理同较少的违法行为联系在一起（如 White，2001）。实际上，大量的研究指出了这样一种联系（如 Stams et al.，2006），即尽管人们现在持有一种普遍认知，但道德推理能力并不是唯一的道德行为预测方式，更不是最好的道德行为预测方式（Haidt，2001）。然而，塔普坚持认为，尽管两者有相似之处，但法律推理——从更一般意义上来说是法律社会化——与道德推理及其发展不同，一种实证研究的观点明显地将法律推理与行为联系在一起。

研究检验了法律推理与法律行为之间的直接联系，并得到了不同程度的验证结果。莫拉什（Morash，1978，1981，1982）的早期研究表明——并不像塔普和莱文（Tapp&Levine，1974）所说的那样——违法者并不是没有发展出高水平的法律推理能力。再者，莫拉什还发现，严重或长期违法者（serious or chronic offender）与初犯者（first-time offender）的法律推理能力并没有区别。莫拉什指出，违法人群与法律推理能力弱无关。然而，在一项以 10 周岁至 17 周岁的俄罗斯男孩与女孩为样本的研究中，芬克瑙尔（Finckenauer，1995）发现，违法者的法律推理水平比非违法者更弱。此外，在不考虑违法者的性别或违法情况的条件下，违法的自我报告与法律推理水平呈现负相关关系。最近，格兰特（Grant，2006）在以大量墨西哥中学生(相当于美国九年级的学生)为样本的研究中发现,法律推理与违法的自我报告之间存在很大的负相关性。

其他研究通过讨论法律推理对违法行为和守法行为有间接的影响,而不是直接的影响,以试图解决这个问题(Cohn&White,1992;Grant,2006)。这些研究强调,法律推理是内在的法律行为和社会控制的社会规范机制。不同水平的法律推理为分析一个人所处的社会环境提供了另一个视角,这些社会环境有助于人们形成对法律、法律权威和义务的态度。这种态度将推理的抽象和一般本质与一个人所处的可见且直观的环境联系在了一起,进而对行为产生了强烈的影响。

这种观点有实证支撑。在科恩的针对大学生(Cohn&White,1990)、初中生和高中生(Cohn et al.,2010,2012)的研究中,高水平的法律推理很少对非法行为提供规范性支持,具有高水平法律推理能力的学生更相信这种行为应受到惩罚,他们更有可能将法律与非法律的权威人物视为是合法的。更有甚者,这些要素中的任何一个都很少同当前和未来的非法行为有关系。在芬克瑙尔(1995)的针对俄罗斯年轻人的研究中,一旦虑及遵守法律的重要性、颁布的法律的正义性以及法律符合道德的程度,他曾宣称的法律推理与违法行为自我报告之间的明显联系就消失了。尽管没有检验调解(meditation),但法律推理与任何一种态度之间的联系都主张一种调解的方式(Baron&Kenny,1986)。同样,格兰特(2006)发现,法律推理与违法行为自我报告之间的联系因人为感到有义务服从法律和履行公民承诺而形成(meditated)。格兰特认为,促进法律推理的发展是创造法律秩序合法性文化的重要组成部分。

法律推理的其他局限性

除与行为之间的关系模棱两可外,法律社会化的推理方式还有

106 其他局限性。因为法律推理以科尔伯格的道德发展理论（1963，1981）为基础，所以它存在许多——尽管不是所有——同样的问题。*不幸的是，对科尔伯格理论的批评尽管促使道德发展理论发展出一个具有大量观点与背景的更宽泛领域（参见 Killen&Smetana，2006），但在关于法律推理的文献中，相似的发展变化却并没有出现。此领域的大多数——而非全部——研究被建立在认知发展方法的基础之上。

一方面，法律推理的发展从来都不是连续（例如，一个人必然从前惯习性推理发展到惯习性推理，以此类推）且不变的（例如，当处于惯习性推理阶段时，一个人不能使用前惯习性推理或者后惯习性推理），对道德推理的认知发展方式的两种要求通常并未得到强有力的支持（Killen&Smetana，2015）。研究已经表明，即使是幼儿，他们也能够思考和实际上在思考复杂的道德问题，包括心理伤害与身体伤害（Smetana，Campione-Barr，&Yell，2003）、权利的概念（Helwig，2006）、公平与正义（Bloom，2013）以及社会不平等问题（Brown&Bigler，2004），他们至少对这些概念所立基的原则有基本的理解。这驳斥了以下这种观点，即孩子至少在稍晚的时候才能进行复杂或原则性的推理。

然而，与科尔伯格的观点一致，法律推理的发展——至少在隐含的意义上——很大程度上是作为一个整体性理论（global theory）在被探讨。换句话说，人们被认为是停留在一个特定阶段或水平的法律推理上，这影响了人们看待和理解法律问题的方式。这种方式的一个问题是，并没有证据证明人们在检验法律问题时只使用一种思维模式。实际上，塔普和莱文的最初调查表明，"年轻人认识到，他们

---

* 尽管我们在此处无法全面阐释科尔伯格的理论之缺点，但有兴趣的读者可以阅读吉布斯（Gibbs，2013）、吉利根（Gilligan，1982）和拉普斯利（Lapsley，2006）的作品。

的日常行为主要受到法律与命令维持的框架之指导［前惯性的］，尽管他们认识到目的和原则应该得到服从［后惯习性的］"（Tapp&Levine，1972，p. 241）。此外，在大量的问题中，群体内部和群体之间的那些使用不同水平的推理方式的人存在很大差异。这表明，很大程度上，法律推理能力的发展是一个比通常被提出的问题更加具体的问题。

法律推理研究也只对法律发展方面的情境和环境给予了粗略的关注。法律推理首先是通过自然过程发展起来的，这个过程伴随着人们的成熟（Tapp&Levine，1974）。情境和环境因素（如当局、贫穷等）只在阻碍或促使发展的程度方面是重要的。因此，大量的注意力被放在不同思维模式的确定和基于年龄而使用不同类型模式的频率上（Tapp&Levine，1970，1972，1974）。这种观点过于简单和狭隘，其聚焦于个人层面。道德发展的研究已经表明，随着孩子的成长，他们不断收集情境信息，并将之纳入到自己的推理之中（Killen&Smetana，2015）。同时，数十年的社会学和犯罪学研究已经强调了微观层面要素在涉法行为结果中的作用，从而使人们在日常生活中产生了对他们与法律权威之间关系的看法（Justice&Meares，2014；Sampson&Bartusch，1998；Sampson，Raudenbush，&Earls，1997）。

除此之外，这种方法过于强调发展一种日益抽象和难以被理解的观点，即法律的目的和功能对于正义以及行使控制社会行为的权力而言是关键的（参见 Gilligan，1982，与科尔伯格的观点类似）。虽然这些主题可以被认为是法律发展的前景——因为它们是当前法律制度的核心功能——但是法律制度的功能也超越了行为规制与伸张正义的情形。实际上，法律社会化被建立在这样一种观念之上，即法律是社会环境的组成部分之一，因为它对人际互动产生了大量影响。例如，社区警务措施强调人们一起解决邻里纠纷和处理社区问题

107

（Cordner，2014）。这些举措被建立在权威对公众的同情与仁爱之上，而不是以那些抽象的法律原则或社会契约为基础。与此相关的是，就目前的概念而言，我们很难将法律哲学与法律现实剥离开来。尽管法律的许多方面（如法庭程序、法律政策、纠纷解决措施等）立基于深奥的法律原则，但大多数人在日常生活中不能积极思考或者不能以这种方式同法律制度打交道（Ewick&Silbey，1998）。然而，尽管法律推理抓住了人们如何思考法律的重要要素，但一个人无法摆脱这样一种感觉，即他们似乎失去的东西更多。

小结

在本章中，我们检验了一种法律社会化的推理方法，这种方法立基于这样的观念，即人们是社会化过程中的积极行动者，他们不断试图理解他们所处的法律社会世界。促使人们付出努力的原因是日益复杂的法律认知图式的发展，法律认知图式关注法律制度在社会中的功能与目的。这些图式共同影响了人们对他们公民身份下的义务之理解，即遵从法律和服从法律权威，以及法律制度在运用权力和规制权威方面的职责。最终，法律推理促使人们有能力思考和理解人们与法律制度之间的关系，并赋予一个人所处法律世界和社会位置以意义，从而促使法律态度与合法性视角之产生。法律推理具有促进规则遵守和规则违反的双重作用。尽管立基于惯习性规范和原则性伦理的推理同一般服从相关，但当人们认为法律违背了他们所信奉的法律原则时（principles of jurisprudence），他们也可能实施严重的不服从行为。

法律推理视角勾勒了一幅与第四章讨论的价值观视角一样的画卷。法律推理视角强调，许多人认为法律是相当工具化和绝对化的。然而，法律推理视角主张，这种思维是典型的幼儿思维，大多数人都已超越这种观点。当人们获得更复杂的推理能力时,他们发展出关注自己行为的内在责任感。重要的是,这些义务感不是因担心惩罚或逃避权威而产生的,而是基于一种规范性和原则性认识而产生的,即对于人们来说,什么行为是合理的,以及对于法律制度来说,什么行为是合理的。在某种程度上,只要法律制度遵从社会规范和体现民主法律原则,人们就有动机赞同与支持法律。

正如我们在本书的开头之处指出的,我们的最终目标是超越基于强制与惩罚的工具主义方法,转而采用有尊严地对待、公平决策、确认个人领域等方法来探讨法律社会化。社会在后一种方法下能更好地运转,因为它们促使法律制度成为权威的合法性来源,并激发人们自愿地服从法律。

从这个角度来看,有关法律推理的研究正好符合这个目标。法律推理的自然发展促使了社会惯习和法律原则的内化,从而引导人们实施亲社会行为。根据法律权威和制度的权力行使方式之不同,这个发展趋势可能实现加速或受到阻碍。正如塔普和莱文指出的,"强调权威人物的信任感特点,增加与人们打交道的权威制度的协商性或参与性,并创造一种维持秩序的公民责任认识,这比依赖惩戒强制或法律惩罚风险更能有效地促使人们遵守规则。说到底,说服社会参与者的模式要比强制性模式更可能取得成功"(1970,p. 581)。

109

第六章 神经发育与法律能力 ———————

在过去的二十年里,技术领域取得了爆炸性发展,这有助于研究者理解我们的大脑、环境与行为之间的错综复杂之关系。这些技术允许研究者收集大脑活动的持续记录,就像生物性和神经性过程所揭示的那样。得益于这些新技术,我们有关大脑如何管理行为——尤其是社会行为——方面的知识呈指数方式增长。尽管在法律世界中,这一领域的适用蓬勃发展(例如,Grisso et al.,2003;Scott&Steinberg,2010;Steinberg,2009),但从更一般的生物学意义上来看,人们很少关注大脑在法律社会化过程中的作用,这是该领域的一个重大局限性,因为对任何类型的社会化过程之理解要求我们"考量生物学和社会文化因素如何以复杂和错综交织的方式相互作用"(Grusec&Hastings,2015,p. xii)。在法律社会化语境下,上述局限性尤为突出,因为生物性要素——以成熟的形式——一直都是大多数法律社会化模式的核心组成部分(Tapp,1991;Tapp&Levine,1974)。我们此处的目标是通过回顾近期有关年轻人神经性发育以及其对法律社会化影响之作品,以处理这些局限性。*

---

* 我们并未试图对庞大而复杂的研究进行全面且深入的探讨。有兴趣的读者可以直接移步去阅读斯科特(Scott)和斯坦伯格(Steinberg)的《青少年司法的再思考》(*Rethinking Juvenile Justice*,2010),或者斯坦伯格的《机会时代:青少年新科学的启迪》(*Age of Opportunity:Lessons from New Science of Adolescence*,2014)。

认识到生物性要素对发育能力的影响与限制并不是什么新观点。* 社会化的认知发展方法包含这样一种观点，即生物性——呈现出认知能力的自然成熟之形式——是社会化过程的一个重要方面（Grusec&Hastings，2015），而法律社会化只是一般成熟的一个具体方面（Tapp&Levine，1974）。然而，在写这篇早期的文章时①，研究者对生物过程实际上如何影响行为的能力之研究受到了严重限制。相反，研究者检验了人们如何思考法律，以及这些认知表现如何影响人们与法律世界打交道的方式。尽管认知能力被认为立基于生物性并受到生物性驱动（如大脑），但人们还没有认识到神经系统是如何控制行为的工具的。

神经网络的发展

大量的神经学研究提出了驱动青少年的推理能力发展的神经网络图谱（neurological map）。第一个完全成熟的神经网络依赖于逻辑、抽象和理性的"纯粹"推理能力。回忆一下前面章节，法律推理在传统中为这些条件所界定（Tapp&Levine，1974）。在青少年早期的正式推理中，年轻人展现出成年人水平的认知能力（Spear，2000）。尽管成年人水平的推理对于青少年早期来说是可能的，但这并不意味着青少年在思考法律问题或者做出法律决策时能够熟稔地使用这种能力（Steinberg，2008，2009）。有效运用复杂推理来弄清楚一个

---

* 我们不打算回顾先天特征和后天特征的问题。我们赞同发展心理学的观点，即两种因素都有重要作用（Spencer et al.，2009）。但是，我们认为，近来的神经科学研究提出了有关发育的神经性因素和生物性因素是如何随着时间发展而出现的重要新观点。

① 此处是指援引塔普和莱文的这篇文章（Tapp，J. L.．&Levine，F. J[1974]．*Legal socialization：Strategies for an ethical legality. Stanford Law Review*，27，pp. 1 - 72）中的观点。——译者注

人所处的法律世界,这不是单单借助逻辑和抽象的能力就可以实现的。然而,主要负责处理这些信息的神经网络不同于获得纯粹认知能力的神经网络;而且,这些系统遵从不同的发展轨迹。

社会情感系统

第二个重要的神经网络是社会控制系统(Steinberg,2008,2009),其处于大脑的边缘区域。社会控制系统被认为是情感生活的核心,因为它是大脑用于情感表达、激发情感和做出情感反应的主要部分(Bonnie&Scott,2013)。社会控制系统在获取社会信息和实施社会行为方面发挥着重要功能,而且其在处理情绪方面也发挥着重要作用。作为社会性动物,人类对理解他们所处的社会环境(包括法律制度)有着基本的需求(Baumeister&Leary,1995),这是社会规则规制人际行为的正式表征。我们理解这个社会及世界(由此也包括法律制度)的能力同我们在上述所处的环境中理解和处理情感线索的能力存在着错综复杂的关系。基于这个原因,上述神经系统在获得情感信息和获得社会信息方面同等重要。

社会控制系统还包括大脑的奖励机制(Steinberg,2009)。在大脑的这一部分,与快乐和开心的心情体验相关的神经化学物质高度集中。* 当人们在因实施一个行为而被给予一项奖励时,这些快乐所依赖的神经物质就会随之增多。这种神经活动奠定了人们理解他们行为后果之基础,它是人们法律能力的关键部分。

随着青春期的到来,社会情绪系统中的神经活动会出现突然的和急剧的增长(Steinberg,2014)。这些活动的爆发式增长将促使情感激发与情感反应增强。年轻人的情绪状态开始对行为和认知产生

---

* 主要包括血清素(Hensler,2006)和多巴胺(Morgane et al.,2005)。

很大的影响。与此同时,年轻人对他们所处的社会环境变得更加敏感(Bonne&Scott,2013)。情境线索和其他形式的社会信息在信息处理方式以及世界如何在他们头脑中被呈现方面发挥着更重要的作用。当年轻人试图做出决策时,他们更易受到社会影响和感觉到同龄人的压力(Chein,Albert,O'Brien,Uckert,&Steinberg,2011)。针对青春期中的许多情境——从默许到形成同龄人压力再到加入帮派——当人们认识到青少年更易受到社会影响时,这些问题就很容易被理解了。在奖励机制中,神经化学物质也呈爆发性增长,因为人们对有趣的事情更敏感。这种增长同那些受到追求短期目标和奖励之指引的想法与行为有关系(Steinberg,2014)。

总的来说,青少年在获取情感和社会信息方面的这些变化从根本上改变了他们所代表的世界,以及他们对所处的世界之思考方式。因此,在青少年阶段早期,社会情绪系统中的活动之增多对于发展超越性地使用复杂抽象思维的法律能力而言是重要的,其奠定了认知发展方式之基础。推理不仅受到逻辑的驱动,而且大量的情感、社会和耸人听闻的信息都能够在推理过程中发挥作用。通过多种方式,这些因素在推理过程中的重要性不断提高,而这会削弱纯粹的认知能力(如逻辑和理性思维),从而促使人们以他们之前没有想到过的方式实施行为和思考这个世界。

113

认知控制系统

最后一个重要的神经网络是认知控制系统(Steinberg,2009)。认知控制系统在社会信息和情绪信息之获得方面也很重要,但其并非以与社会情绪系统相同之方式运行。认知控制系统并不激发情绪反应和情境冲动,而是采用更高级的认知过程,以发挥保障机制的作用(as a parachute of sorts),如前瞻、计划和情绪控制(Bonnie&Scott,2013)。

认知控制系统还负责形成策略，以解决复杂的问题和处理多个同时出现的信息（Stuss&Knight，2002）。结果就是，认知控制系统被认为是大脑中的执行功能之中枢，并且在思考和决策中发挥着关键作用（Casey，2015）。

认知控制系统发挥两项重要功能。第一，在检测情境、行动以及结果之间的各种复杂关系中发挥着重要作用，其将各种复杂关系存入到记忆中，以做出决策（Miller，Freedman，&Wallis，2002）。认知控制系统将来自于环境的特定互动经验组织成共同的主题，并将此主题发展成一个人们在社会环境中应如何行为的规则，进而影响我们对自身所处的世界之认知。第二，因为认知控制系统有能力为合理行为发展出行为要求（behavioral scripts），所以该系统的首要责任就是抑制行为，特别是抑制那类违反正式或非正式规则的行为（Bonnie&Scott，2013）。第二项功能很大程度上是源于认知控制系统控制了风险与收益的评估，以确定未来行为结果的权重（weight）。这么做的话，目标驱动性行为将成为可能。当人们重视一个目标，并实施为实现这个目标而必须实施的行为时，人们依赖于他们的控制系统。

认知控制系统所处的神经区域会从孩子的水平发展到早期成年人的水平（Blakemore&Mills，2014），而这也是大脑完全成熟的最后一段过程（Gogtay et al.，2004）。上述发展的关键部分是在认知控制系统区域与社会情绪系统区域形成神经联系（Steinberg，2008）。社会情绪系统的出现将削弱青少年的使用理性与深思熟虑之能力，但与此同时，他们采取性行为与高冲动的方式思考问题的倾向得到强化。认知控制系统的发展专门对抗这种影响，因此其才被命名为认知控制系统。在发展过程中，人们变得能更好地获取他们所处世界的社会信息和情绪信息，并将这些信息纳入到他们的推理过程中。若没有认知控制系统，则人们将无法发挥大脑的执行功能或者无法

114

实施审慎的行为。

然而,随着青春期的开始,不同于社会情绪系统中的活动之爆发性和指数性增长,认知控制系统的发展更偏向于线性的和渐进的(Steinberg,2009)。结果就是,在青少年阶段的早期,年轻人的行为更可能受到情绪激发和社会反应之影响。随着认知控制系统的成熟,人们限制这种反应的能力不断提高。尽管社会和情绪处理依然影响人们的行为与思考,但社会情绪活动更难以凌驾于决策能力之上(Chein et al.,2011)。

据说,青少年的这种情况就像已经启动的发动机,但把握方向盘的司机却没什么经验(Dahl,2001)。差不多的是,青少年拥有纯粹认知能力,他们以复杂和抽象的方式来思考他们所处的法律世界。然而,并不是直到最后的神经系统成熟,青少年才能合理且有效地使用这些更高水平的认知能力(Steinberg,2009)。发展法律推理能力比掌握思考法律的能力更重要。这种能够处理和控制其他因素(比如情绪)的能力也是必要的。

法律推理发展的神经学基础

正如我们在前面章节中探讨的,法律社会化的认知发展方法(Tapp&Kohlberg,1971;Tapp&Levine,1974)强调,随着年轻人的成熟,他们思考法律以及他们与法律之间关系的能力变得越来越复杂。年幼的孩子最有可能从工具性和具体性视角来看待法律,他们在青少年阶段早期就开始认识到法律的社会功能,并使自己的行为同社会惯习相一致。在青少年阶段后期以及成年人阶段,人们变得能够借助多元视角来理解法律制度的作用,以将自己的有关合理行为之观念同社会规范与期待区分开来。这种做法提高了人们控制自己行为的能力,从而使人们的行为能够与他们的内在法律价值观和原则相一致。

我们早先回顾的神经科学研究，为我们对可能促使法律推理发展的神经发育之理解提供了线索（sheds light）。例如，正如塔普和同事们表明的（1970，1971，1972，1974），思考的惯习模式在青少年阶段的早期和中期左右着年轻人对法律制度之认知。惯习性推理对自身与前惯习性推理进行了区分，因为其吸收了个体是大社会社区一员之观念。区分观念出现于青少年阶段早期——与社会情感系统活动的增加相吻合——其功能在于吸收来自社会世界的信息，并将此信息纳入到决策和思考中。

在认知发展视角下，法律能力的核心原则是理解和整合关于法律目的和功能的多种观点。当人们被激发去区分和平衡社会需求与个人需求时，这个原则在后惯习性推理中被体现得最为明显。换位思考（Perspective-taking）是这种思维模式的核心部分。然而，后惯习性推理是最后才完整出现的阶段，其经常在青少年后期阶段出现（Tapp&Levine，1974）。尽管年轻人能够使用后惯习性推理（Tapp&Levine，1972），但直到成年阶段早期，后惯习性推理才成为概念化一个人与法律及法律制度之间关系的主导模式。

同样，这种法律推理的发展轨迹与神经发育方面的类似轨迹是一致的。执行功能是认知控制系统的责任，如推断其他人的心理状态、理解意向性和整合多种观点（Blakemore&Mills，2014）。尽管这些功能在孩提时代的早期阶段出现，但它们将会在青少年阶段的中后期获得巨大的进步（Dumontheil，Apperly，&Blakemore，2010；Güroğlu，van den Bos，&Crone，2009），并会在成年阶段早期发育成熟（Mills，Lalonde，Clasen，Giedd，&Blakermore，2014）。

尽管神经学发展研究还没有被具体应用到法律社会化问题上，但从内容角度来看，法律推理的发展与青少年时期的神经网络发育存在许多相似之处。考虑到法律推理能力随着人们年龄的增长而变得越来越不重要,我们认为,法律推理的发展可能存在生物性限制。我们因此可以解释为什么即使是年轻人也能够使用后惯习性推理,而这种趋势直到生命的晚期才会逐渐变得迟缓。

可能存在阻碍法律推理的生物性限制,这种观点同认知发展方法所支持的观点形成鲜明对比。这一观点的支持者认为,法律推理发展可以被人为加快,从而将(年轻的)人们置于更复杂的法律推理形式下,并让他们有机会体验不同的角色,以使他们努力参与到解决人际纠纷,以及处理复杂社会问题并做出决策的活动中来(Tapp&Kohlberg,1971)。据推测,这种安排强调了不那么复杂的法律思想之缺点,以促使人们根据不同的条件思考法律。最后,此种做法有助于更复杂的法律图式之发展,以促进更复杂的法律思想之形成。

尽管神经科学的观点并不必然反驳上述理论,但干预措施的有效性取决于一个人的年龄。如果幼儿缺乏有用和有效率的方式来处理这些信息的神经基础,那么将他们置于复杂推理之下的做法,对他们的法律推理能力之影响很小。行为研究似乎证明了上述观点。例如,人们过去通过让青少年接触形式更复杂的推理之方式来干预青少年,目的在于提高他们的推理能力,但在很大程度上,人们的法律推理能力或法律行为并没有受到多大影响(Morash,1978,1981,1982)。

自我约束的能力

整个法律社会化过程的最重要结果之一,就是发展规制一个人行为的能力。整个框架是由弗洛伊德(1930)、涂尔干(1973)、韦伯(1968)等学者构建的,这些我们在第四章就讨论过,这立基于这样一种假定,即一般社会化的关键要素是发展自我控制机制的能力,特别

116

是那些被建立在内在价值基础之上的能力。尽管认知发展学者（如塔普，1991）认为，我们不要将这么多的注意力放在人们做了什么上，而是要将注意力放在他们这么做的理由上。一个充斥于认知发展学者的观点之中的中心主题是人们理解法律在社会中的目的和功能之方式，这种方式可能促进或阻碍法律范畴内的人们自我约束的能力。

　　神经科学研究将自我约束的发展同儿童时期与青少年时期的神经网络变化联系在一起。在青少年时期，社会情感系统的活动突增，孩子对社会中的奖励行为变得更加敏感（Chein et al.，2011）。神经系统的不成熟限制了人们控制冲动的能力，尤其是在神经系统与社会奖励结果或情绪奖励结果存在联系时。不出意外，参与冒险或寻求刺激的行为（包括反社会行为）在发展时期尤为普遍（Boonie & Scott，2013），这导致一些人将青少年时期的犯罪行为之激增归咎于发育中的大脑（Scott & Steinberg，2010；Steinberg，2014）。然而，重要的是，我们要理解，对于大多数人而言，不断增多的违法行为是成长和成熟的一个正常部分而已（Moffitt，1993）。通过对法律的努力思考，青少年检验着行为的限度，并从他们的错误与成功中汲取经验，以学习什么是或者什么不是合理行为。这种检验是成长的一个必要组成部分，也是理解规则价值的一个必要组成部分，同时也是在令人兴奋和感到诱惑的事实中自我规制策略的一个必要组成部分。

　　与此同时，社会情绪系统的活动明显增多，而大脑中的负责执行功能和认知控制发展的部分则发展得更缓慢（Miller et al.，2002）。根据社区的社会规范，神经网络负责抑制行为。在很大程度上，神经网络并未强大到能够控制社会情绪系统中的不断增多的活动，尤其是与是否实施了一系列反社会行为相关的认知。我们有一段发展时期，在这一段时期内，当青少年控制这类行为的能力受到限制时，他们会倾向于实施这类冲动行为。基于此种理由，冲动控制之缺乏会被认为是诱发违法和犯罪行为的核心要素也就一点都不令人感到奇怪了(Gottfredson&Hirshi，1990)。近来的著作将这种控制缺乏同前额叶皮质(prefrontal cortex)发育不足或前额叶皮质受损联系在一起，大脑的这个部分负责认知控制(Brower&Price，2001)。

上述情况为以下问题提供了一个解释，即为什么这么多犯罪的青少年会以一个守法公民的身份度过他们的成年生活。犯罪-年龄曲线是犯罪科学中最接近"法律"问题的事物(Steffensmeier&Ulmer，2002)。相当有趣的是，当关注按年龄分布的违法频率时，人们会发现，犯罪的频率在青少年阶段早期有一个飞跃式增长，这伴随着社会情绪系统中的活动之飞跃式增长。随着年龄的增长，青少年的犯罪频率会随之逐渐地慢慢降低。在人们进入成年阶段早期之后，犯罪的频率就会稳定下来。这个轨迹同认知控制系统的发展趋势相一致。从这个意义上来说，年龄为 14 岁至 25 岁的人是犯罪的主要群体，而这一点也不令人惊讶，因为这些人在神经学和生物学意义上还处于发育阶段(still maturing)。

118

参与法律制度的能力

研究表明，除了自我约束的影响外，神经发育还对一个人的参与法律制度之能力有重要影响。之前，我们已从剥夺权利和法律意识两个方面探讨了法律贫乏的问题(Ewick&Silbey，1998；Silbey，2005；Tapp&Levine，1974)。这种社会贫乏(social impoverishment)限制了一个人与法律世界打交道的能力。然而，神经发育呈现出一种完全不同的法律贫乏。在此，人们不会因为缺乏法律权利或法律地位而受到限制，但他们的参与受到了限制，因为他们缺乏一颗发育成熟的大脑，以处理相关的必要信息，并合理参与到制度之中。

这一点在青少年司法系统中被呈现得最为明显。例如，与成年人法庭一样，青少年法庭也要求青少年有能力参与审判。一般来说，这种能力取决于青少年是否能够合理参与法律程序，并确保他们的正当程序权利不受到侵犯（Scott&Grisso，2005）。这种参与被建立在青少年能实际地和理性地理解程序，并且便于实现自我抗辩（defense）的基础之上。青少年为参与审判而需具有的能力包括理解指控、理解法律诉求的后果或可能的惩罚、理解审判的复杂性和结果等，而后者又包括接收信息和同律师进行交流以准备抗辩的能力，以及就诉求和放弃宪法权利做出决策的能力。

研究表明，许多青少年并没有这样的能力（Grisso，1997；Scott，1992；Scott&Grisso，2005；Scott&Steinberg，2010；Woolard，Fried，&Reppucci，2001）。在大量针对青少年和年轻人的研究中，格里索（Grisso）和同事们发现（2003），16 岁以下的青少年比 16 岁或 16 岁以上的青少年更有可能存在认知能力障碍，以至于他们不能正常参与审判。低年龄的青少年不仅缺乏参与审判的理解力和推理能力，而且他们还表现出明显的生物社会意义上的不成熟。例如，低年龄的青少年不太能够评估他们自己的决策可能带来的风险，也很难理解与短期收益相对的长远收益。许多这种短板都能直接追溯到低年龄的青少年那依然处于发育阶段的大脑，尤其是社会情绪系统和认知控制系统所处的区域（Steinberg，2009）。

神经发育与强制

很久之前，塔普（1966）认为，法律推理的发展轨迹指出了法律策略存在的问题，即其依赖于强制和惩罚政策。基于此观点，大多数人借助自己的惯习性推理与后惯习性推理来理解法律制度。在此状况下，法律制度依赖奖励与惩罚之手段来鼓励人们服从法律权威之做法将面临失败,因为此种做法是基于一种思维原则(前惯习性的),而大多数人通常并不持有这样的想法。实际上,塔普认为,基于强制的策略就像对待幼儿那样对待成年人(和青少年)违法者,它只能将非法行为理解成是不好的,因为非法行为带来不利的后果。

法律社会化的神经科学方法采用了相同的方式,它也呼吁采用强制的方式对待问题,尽管此呼吁是基于不同的原因。直到成年之后,人们才能像强制模式所设想的那样,表现得像一个完全的行为能力人和理性决策者。一个仍在发育的大脑阻碍了青少年思考未来行为结果——尤其是与行为相关的惩罚——的能力。与此同时,青少年对情感满足和社会奖励行为高度敏感,而威慑被设计出来以阻止这些情绪。正如斯洛博根(Slobogin)和丰达卡罗(Fondacaro)所总结的,“青少年不成熟的最显著特征不是有限的认知能力(compromised cognitive abilities),而是倾向于冲动行为和屈从于同龄人的压力”(2011,p.14)。这些要素是解释违法行为的重要组分,而青少年的特点(冲动、被风险吸引和同龄人驱动行为)使通过正式的惩戒与惩罚之手段来管理青少年行为之做法变得更为复杂。

通常,对于青少年来说,许多限度测试的形式是规则学习这一更普遍过程的一个部分,如借助测试限度和犯错误之形式(Casey,2015)。正是基于这个原因,绝大多数犯轻罪(minor crime)的青少年在成熟以后会成为正常守法的成年人(Moffitt,2007)。正常成长过程的一部分是测试限度、构造评估风险的内在模式以及理解价值观同社会环境之互动。如果青少年在不过分、不违法、承担后果和变得成熟的情况下能够学习限度问题,那就太好了,但考虑到他们的社会、情感和认知能力成长,这是不现实的。

这种青少年做出决策的方式促使他们将来同正式法律制度打交道的可能性和频率增加。在过去三十年里,鉴于青少年司法系统采用了植根于强制的犯罪控制模式,因此惩戒明显增多,而这是一个根本性问题(Slobogin&Fondacaro，2011)。惩戒性法律政策对于仍处于神经发育阶段的个人而言有着潜在而持续的破坏性影响(Petrosino，Turpin-Petrosino，&Guckenburg，2010)。

因此，试图以维持正常发展轨迹的方式——而不是改变轨迹的方式——来管理规则违反行为是很重要的。大量青少年的轻罪行为使人们同刑事司法系统的不同组成部分打交道。那些没有进入这一系统的人一般都在犯罪中成熟了[①](Steffensmeier&Ulmer，2002)，尽管与刑事司法系统的联系更密切之事实同法律合法性之降低(Fagan&Tyler，2005)和未来犯罪行为可能性之增高(Petrosino et al.，2010)存在联系。因此，神经科学发展的研究为偏离正式法律程序提供了强有力的例证(Scott&Steinberg，2010)。

小结

神经学研究代表了法律社会化研究的新前沿。我们在本章中的目标是回顾这些研究，并强调该领域中的这些研究与传统视角下的方式之融合与分歧。这些著作指出了发展轨迹。通过理解与管理同法律、权威和自我规制行为有关的问题，孩子们持续获得大量的内在资源。从这个意义上来说，神经学研究同许多认知发展视角的观点相一致。然而，不同于认知发展方式，神经学研究并不是一条全面改

---

① 此处的意思是，随着年龄的增长，人们的认知控制能力不断提高，人们会逐渐成熟。实施犯罪行为的青少年——无论是被发现还是没被发现——会随着认知控制能力的提高从犯罪行为中成熟起来，从而变成守法的成年人。因此，本书强调采用恢复性措施，以使青少年在既定的自然/正常成长轨迹上发育为正常的成年人。相反，将青少年卷入刑事司法系统或青少年司法系统之做法可能并不会制止他们犯罪，而是将加剧青少年犯罪，青少年也就不能成长为守法的成年人。因此，此处所指"未进入这一（青少年司法）系统的青少年"就是犯罪未被发现或未被卷入青少年司法系统之中的青少年。本章小结部分的第三段中所说的犯罪中成熟，其实就是指对青少年进行必要的"容错"处理。——译者注

变青少年心理能力的轨迹。相反,神经网络的发展程度因其发展速度的不同而不同。重要的是,这种对青少年的限制之关键部分在前面章节中受到没有为我们所探讨的其他两种视角之关注。受限于他们的年龄,青少年试图抑制短期收益行为,并且很难理解他们的行为结果。渐渐地,青少年与法律制度的消极接触不断增多。

神经学的视角尤为重要,因为其强调了两个涉及青少年的与法律相关的核心问题。第一,青少年会犯罪是因为他们正在试图使用理解规则所必须的认知能力和社会能力,而且青少年将借助如合法性这样的协商性价值观来进行自我约束。当我们考虑到责任问题和对待与恢复(rehabilitation)问题时,对这一点的认知很重要。青少年正处于成长过程的中间阶段,该过程最终将超越促使他们犯罪的认知和生物学限制。因此,待遇有益于这个过程。

第二,神经学为变化因何对青少年是有意义的这一问题提供了解释。时兴的神经学观点认为,成年人的恢复是不现实的。然而,这并不是青少年所面对的情形。形成对比的是,对于大多数青少年违法者而言,最好的方案是将他们从青少年司法系统中转移出来。我们应关注于恢复,而不是以刑事犯罪化之方式处理和惩罚青少年违法者。简单地说,几乎所有的青少年都可以在犯罪中变得成熟。相反的是,同青少年司法过程打交道将损及青少年的自然发展过程(natural developmental process)。当这种交往破坏了自然的认知发展、情感与社会成熟时,情况就尤为糟糕。最大化地促进青少年交往的自然发展过程之最可行方式是减少将青少年置于刑事司法过程中的做法,以及努力推动各种恢复形式之建立。这种针对恢复的做法之努力可以提高推理的可能性,并能够同情绪控制和更有效的决策策略产生联系。

第三编

贯穿儿童与青少年阶段的法律社会化

在本编的分析中，我们会检验法律社会化过程涉及到的三个重要领域：家庭和父母、学校和老师，以及法律当局和权威。我们的目标是进行评估，评估人们与权威打交道的经验及规则的制定和执行对与法律态度相关的支持性价值观形成的影响程度，以及影响人们形成与法律相关的态度和发展法律推理能力的程度。尽管特定法律发展领域（家庭、学校或法律当局）的研究者会使用不同的术语和理论框架，但这些研究都表现出相同的主题和核心问题，它们都关注权威与年轻人打交道的不同方式，以及儿童与青少年如何理解权威的行动。超越术语与视角上的差别，我们的目标在于，表明不同领域的研究都在探索相同的主题，即年轻人如何建立和维持合法性观念。

孩子最初是从他们的父母那里学习规则和权威，并且尽管家庭社会化是极其重要的，但这个阶段是受国家控制最少的时期。孩子可以学习服从权威，或者他们可以从他们与父母之间的关系中发展出一种对规则与权威的对立倾向。无论孩子从早期的家庭经验中学习到什么，这些他们学到的内容都将影响他们之后对规则和权威的态度、价值观与行为。因此，在进入学校后，孩子会带着他们对权威的期待倾向。这首先包括一个框架，该框架被用来界定孩子与权威的关系到底是强制性的还是协商性的。如果孩子有一个基于协商的权威模式，那么他们会有自己的观点。通过这套框架，我们可以审视与孩子打交道的权威是否具有合法性。

124 　　学校是第二个学习规则和权威的领域。这个领域更加正式和复杂，但从某些方面来说，学校与家庭一样，如学校中的学生与老师维持着长期的关系（特别是早期阶段）。正是在这段时间里，孩子开始将不同权威人物的行为与自己早先的经验进行比较，并形成他们对权威应如何行为的期待，而这些都植根于家庭社会化的模式。在某种程度上，孩子同老师的互动与孩子同父母的互动很相似，孩子在家庭中获得与形成的价值观和态度将在学校中得到强化。

　　随后，青少年开始步入更大的世界。在这个更大的世界中，青少年很有可能同许多法律或准法律权威、警察、法官、社会工作者和矫正人员（corrections officers）打交道。正因为如此，所以很大一部分犯罪行为是青少年实施的（Steffensmeier&Ulmer，2002），而且很多实施犯罪行为的人只在青少年时期实施犯罪行为（Moffitt，2007），这种联系的可能性正是在这段时期内达到最高。在同法律当局打交道时，青少年被带入到一套复杂和正式的青少年司法程序中。除此之外，不同于父母和老师，在这个语境下，年轻人与陌生人的交往（通常）是一次性的（one-time）。

　　不管我们讨论的是家庭、学校还是法律当局，儿童与青少年遇到的权威模式都是典型模式（frequently models），而此模式已经被证明不是发展支持性法律态度和价值观的最优机制。很多时候，典型模式的特点是实践性的（如体罚或前后不一的纪律、缺乏同情心、拒绝和羞辱），这实际上可能导致儿童和青少年的消极态度与价值观之发展，而此种发展是反社会行为的征兆（如青少年违法、校园欺凌等）。成长中的孩子通过工具主义视角看待权威，并将权力和暴力视为影响(在这种情形中控制)其他人的机制。除此之外,在持有与权威相关的价值观的程度上,青少年以消极的视角看待权威,从而形成了玩世不恭和疏离人的态度,而不是认可协商和合法性。

另一方面,显然存在这样一种可能性,即参与到政策和实践中将促使孩子内化支持性价值并发展出积极的公民态度,这些价值与态度将成为他们品质和自我意识的一部分。我们的观点是,这些政策与实践需要考虑权威关系的三个维度:待人的情况、决策的公平和合理限度的认知。这三个维度不仅构成了人们如何理解他们与权威之间关系之基础,而且构成了他们对同那些握有权力的人打交道的期待之基础。正如我们将在后面章节中论证的,任一维度的重要性将持续在家庭教育、学校环境与青少年司法政策研究中出现。然而,作为一个预览,我们将在下方表 1 中总结这三个维度。

125

第一个要素是年轻人与权威之间的关系之质量,以及由其生发出的社会联系和身份认同。此处的焦点是——无论权威做什么和年轻人如何理解权威的行为——权威将如何对待其权力行使行为所指向的对象。从客观上讲,这里涉及权威是否关心儿童的行为,如认识到儿童的需要并对他们的需要进行回应,关心他们在哪里、他们在做什么,以及对他们和他们的关切予以尊重。这些行为影响了儿童或青少年对权威的推测,包括是否具有可值得信任的品质、是否出于仁爱的动机,以及是否真诚和有爱心。

表 1　合法性的前提

	家庭情况	学校环境	青少年司法系统的政策与实践
待遇	创造社会纽带;避免拒绝	关心孩子并对孩子表现出兴趣	尊重人们和他们的权利
	表现出关心与关切	避免羞辱或贬损行为	以关心人的方式行动,表现出对人们的关心

	家庭情况	学校环境	青少年司法系统的政策与实践
	处理需求	倾听学生的心声和对他们表现出重视	在说明政策和行动以及它们的原因时，关心与考虑人们的意见
	有尊严地对待	夸奖和尊重孩子	避免行为污名化/教条化
决策	规则适用具有连续性	以连续和透明的方式适用明确的规则	以连续和透明的方式适用法律规则
	透明	允许学生对规则发声和讨论	允许人们对适用情况进行发言和说明
	允许发声和对话	对惩戒进行说明	透明
	行动说明		说明行动
限度	区分个人的领域和父母管教的范围	讨论公共和私人权利区域	认识到侵犯个人领域必须有正当理由和对行为进行解释
		认识到个人自主的空间	
	尊重个人的自主领域	理解对学校权威的情境约束	

126　　　第二个要素涉及权威运用权力和做出决策的方式。此处的关注焦点是权威如何制定、适用和执行规则，以及那些受这些决定影响的人如何理解决定，这包括规则适用中的连续性、决策的说明、讨论决策理由的意愿、对意见保持开放和纠正错误的可能性问题。在这个框架中，这些行为被理解为如下问题，即对于一个权威而言，什么意味着公平和正义，以及一个权威是否展现出这样的品质。

　　第三个要素涉及任何权威人物之权威正当性的合理范围之确定。此处的焦点是，人们相信一个权威有权对何种行为以及在什么情况下实施规制行为。重要的事情是，如何在不同领域内界定行为

（如是个人领域还是公共领域），这源于人们对规则和权威的本质之理解与认识。无论权威是否以尊重人们的方式对待人们或者是否公平决策，它们都不能对人们特定部分的生活进行规制。当权威试图侵占这些领域时，人们就会不认同它们的合法性，并且抵制它们的规制行为。最后，限度的冲突促使人们自主发展和自我约束。

基于早期经验而形成的价值观——由孩子同父母与老师进行交往而得以内化——奠定了人们如何初步理解他们与法律之间的关系之基础，以及人们期待法律制度应如何与他们互动之基础。不同阶段之间的连续性解释了为什么——大部分情况下——人们希望和期待警察如何行为的方式，与学生期待老师如何行为的方式以及孩子期待父母如何行为的方式是相似的。人们随后与法律当局的接触将持续影响与修正他们关于法律及法律权威运用权力的价值观和态度。

人们服从一个不受评价的权威的命令，这对于他们和社会而言是危险的。因此，有效权威的形式关注对合法性的理性接受，而不是盲目服从。当法律权威以与人们持有的权力应被合理行使的价值观相符的方式行为时，人们就认为权威是合法的。因此，年轻人会感到有义务服从法律权威的指令，他们会想要和被激发去服从与遵从权威，并谋求与权威合作。当法律权威不以年轻人熟悉的观念行为时，权力的行使就会引发混乱，从而破坏年轻人对法律权威的信任与信心，并导致抵制活动和反抗活动的出现。

127

第七章　家庭中的法律社会化 ———————

　　几乎所有法律社会化模式的核心都强调家庭和早期生活经验的首要地位（Tapp&Levine，1974；Trinkner&Cohn，2014）。在早期阶段习得的态度和价值观奠定了人们界定他们与未来生活中遇到的法律制度之间关系的基础。心理学家已经阐明，人们通过早先态度与价值观的视角来理解后来的经验，所以对后来发生的任何事情之理解都是借助于这一先前的框架。再者，当人们遇到与这一框架不一致的信息时，他们有很强烈的信念去坚持动机和抵制改变，因此改变价值观与态度比早先的形成价值观与态度更困难。

　　早期的关于规则与权威之观念蕴含着人们对权威应如何行使权力以及权威应如何同人们打交道的期待。在日后的生活中，关于法律合法性的判断取决于权威符合这些期待的程度。基于早期法律社会化经验的潜在长期影响将首先检验父母与他们的孩子打交道的方式，以及这些不同的交往方式如何通过强化人们对父母权威中的合法性之看法来提升或阻碍人们对协商性权威的一般性认可，这是重要的。

　　这引起了我们对孩子管教（child-rearing）问题的关注。心理学家认为，从很小的时候开始，孩子们就做道德判断，并按照道德判断行事（Bloom，2013；Olson&Spelke，2008）。这些倾向随后受到环

130

境的影响与塑造。家庭和父母是环境的核心要素，其能够促进或损及这些态度与价值观，这对于促进协商性权威之形成的法律社会化而言是最重要的。当父母在家庭中确立行为规则、解决家庭成员之间的纠纷以及维持规则被违反后的纪律时，他们行使权力和权威的方式特别重要。一般来说，这些关键的互动是孩子适应日常社会生活和社会互动的首要途径（Vandeleur，Perrez，&Schoebi，2007）。

考虑到法律社会化的过程，作为向孩子传达规则与权威目标的一种手段，它们为孩子日后生活中对法律制度之理解奠定了基础。法律社会化为权威与规则的运作提供了一套框架或工作模式。正如前文所述，这个框架取决于三个基本维度，即关注待人问题、决策问题和限度问题。这个框架赋予人们将来与权威的接触以意义，并且奠定了提升合法性与保证自愿遵从之基础。

除此之外，早期社会化的重要性并不局限于内化价值观和形成态度，还包括发展对规则的理解。同时，家庭和父母对孩子的涉法行为有直接且重大的影响，这种影响在日后的生活中不断扩大（Hirschi，1969；Laub&Sampson，2003；Sampson&Laub，1993）。例如，近来的一项元分析表明，管教行为说明了违法行为中存在约11％的方差①（Hoeve et al.，2009）。因此，一般性地考虑到早期社会化——尤其是法律社会化——对阻碍后来社会上的不良行为也具有重要作用。

---

① 此处援引的是 Hoeve 等人的研究结论，方差在统计中被用于描述变量与总体平均数之间的差异，在概率论中被用以表示随机变量与均值之间的偏离程度。Hoeve 在此对管教与违法行为之间的关系进行了元理论研究，他对 161 份文献进行了分析，并采用效应量（Effective Size，ESr）的方式测定两者之间的关系。根据测算，Hoeve 等人认为，变量与均值之间存在 11％ 左右的方差。详细可以阅读 Hoeve, M., Dubas, J. S., Eichelsheim, V. I., van der Laan, P. H, Smeenk, W., Gerris, J. R. M, *The relationship between parenting and delinquency: A meta analysisi. Journal of Abnormal and Child Psychology*，2009(37)，762。——译者注

作为价值观获取媒介的父母权威

父母-子女纽带是孩子遭遇到的第一个权威联系。基于父母-子女纽带的首要性和孩子对成年人的依赖，这种联结在孩子生活中的权威合理角色的最初印象之形成方面具有关键作用。正如我们将要讨论的，父母在塑造这三个方面的价值观上具有关键作用，孩子将像成年人那样界定他们与法律制度之间的关系。这些联系为孩子提供了第一次与权威接触的经验，这将影响孩子对权威对待人们的方式、对决策之期待，以及对权威是否会尊重自身权力的合理限度之理解。

我们的重点是，父母的行为如何促进孩子们习得价值观，而这种价值观的内容是权威应该和将要行使权力的方式。然而，重要的是，并非所有的管教方式都是一样的。在父母如何管教他们的孩子以及规制冲突的目标、意图和方法上，不同的管教方式间存在差异。在权力和权威方面，管教的差异不可避免地赋予孩子不同的价值观。这种差别促使孩子对权威试图控制他们的行为采取不同的反应。正如我们将要论及的，管教中的许多手段有助于促进人们自愿服从和基于合法性进行合作，但其他模式可能导致人们的拒绝与不信任。在这些方式中，权威只能借助强制手段来加强和维持服从。

强制模式： 借助强力实现服从

借助强制的管教方式植根于专断控制的趋势。其中，服从本身就是一种价值，它是一种比向孩子灌输其他价值观更重要的价值观，这种方式并不关心权力的行使方式与权威的运作方式是否会影响孩子的价值观。相反，与权威的关系被工具化地认为是单向（one-way）事项。简单来说，成功的父母是能保证孩子服从的父母。父母设定规则,而孩子必须服从父母设定的规则。如果孩子不服从,那么他/她必然受到惩罚。好孩子是那些服从的孩子,无论服从是基于自愿的同意,还是源于他们对惩戒的恐惧,这都无关紧要。同样,服从是重要的,但让孩子理解服从的原因则是更重要的。

为了让孩子服从并将服从作为一种价值观,父母倾向于使用体罚(如打屁股)来管理孩子的规则违反行为。为促使孩子实施规则服从行为,父母在很大程度上适用了工具主义的控制方法。因为父母并不重视向孩子灌输促使他们自愿服从的价值观之手段,所以他们必然是运用自己的最高权力和地位来对孩子进行管教。然而,讽刺的是,这种管教方式已经被证明无法对价值观的发展产生影响。将管教子女的做法同孩子们随后的行为联系在一起的心理学研究一直表明,体罚在内在控制和减少后来的规则违反行为方面收效甚微(Gershoff,2002)。

实际上,强制性纪律非但不能促进规则服从行为,反而更有甚者会破坏这类行为。强制性纪律不能通过将服从内化为一种价值观之方式来促进合作与规则遵守行为,其通常会导致孩子拒绝不值得信任的权威,从而引发他们的不服从(Trinkner,Cohn,Rebellon,&Van Gundy,2012)。例如,专制的管教方式同家庭中不断增多的规则违反行为相关(Straus,1991;Straus&Donnelly,2001),其会增加孩子采取冒险的行为(如在家庭以外酗酒和吸食毒品)之可能性(Newman,Harrison,Dashiff,&Davies,2008)。其他研究直接将体罚同儿童和青少年时期的攻击行为联系在一起(Fine,Trentaacosta,Izard,Mastow,&Campell,2004;Simons,Burt,Brody,&Cutrona,2005)。格肖夫(Gershoff)与比滕斯基(Bitensky)认为,"如果父母的目标是促使孩子道德内化和减少他们的攻击性行为与反社会行为,那么几乎没有证据表明体罚在实现这些目标方面是有用的"(2007,p.235)。

132

体罚已经被证明会导致孩子采取诸如人际攻击等反社会行为，其在促使孩子长期遵守法律方面基本没用，对合理价值观之形成也无甚助益（Fraser，1996；Patterson&Yoerger，1993；Earls，1994）。相反，体罚可能会引发反社会行为，并致使孩子疏离人群（alientation）和表现得玩世不恭。[①] 例如，一项具有代表性的全国研究涉及了3000个孩子和6000对夫妻，施特劳斯（Straus，1991）将家庭内外的体罚经历同不断增多的暴力联系在一起。尤其是，报告指出，受到最严重体罚的孩子是最有可能被执法部门逮捕的。后来的研究也将孩提时代的体罚经历同成年阶段的犯罪行为联系在一起（Straus&Donelly，2001）。尽管对于许多家长而言，这是一种相对温和的体罚形式，但施特劳斯认为，这是我们在社会上看到的许多暴力行为的征兆。

总的来说，这项研究强调了使用强制方式进行管教的两个后果，因为其与法律社会化有关。第一，强制界定了人们与权威人物之间的关系，并通过监督侦察和适用强力来惩戒违法行为。强制并不内化同法律相关的价值——这有助于同权威形成积极与健康的关系——而是致力于形成一种排他性的工具主义关系，这其中充满了不信任和焦虑，形成纯粹服从是唯一被需要的价值观。以上这种立场促使人们将权威视为无情的和冷漠的。

第二，尽管强制被用作控制行为的手段，但实际上，随着时间的推移，强制导致了许多不同的规则违反行为，从学校中的校园欺凌到青少年帮派，再到后来的犯罪行为（Gershoff，2002）。然而，强制不仅使人们在权威概念的认识上产生了重大分歧，而且权威实际上也没实现其努力寻求的结果。有鉴于此，人们会质疑——权威在场的

133

---

① 原文用的单词是"alientation"，根据前文同样的表述，此处应该是拼写错误，正确的拼法是"alienation"，即疏离人群。——译者注

时候——这种方法的成本是否过高,因为其带来的好处似乎微不足道,以及这种方法是否有足够的效用来证成此模式的正确性。

这种盘算的一部分需要是,在强制被适当使用时,其可以影响行为。父母、学校和法律制度亦是如此。如果制度能够妥当利用资源、设定改变的风险和确定正义,那么人们就能够对惩戒的风险进行回应。对于孩子来说亦是如此,在他们的父母在场和存在更高的暴力强制之情况下,孩子们倾向于服从他们的父母。而且,立即服从有时也是一个必要的目标。

剥离体罚对亲社会规范与价值观发展的影响是困难的,因为很多管教行为和变量之间存在较强的联系(Morris&Gibson,2011)。在很大程度上,体罚与许多管教因素有关,这些因素围绕着纪律问题。更为复杂的是,权威的方式可能是在具体的文化情境中运作的。例如,兰斯福德(Lansford)等人研究了不同文化语境下的母子二元关系,他们发现,当体罚被视为不规范的时候,消极后果更有可能出现。在那些体罚不那么普遍的国家中,体罚的使用与孩子的行为问题之间表现出强烈的联系。兰斯福德和同事们认为,关键问题是,一种方式的使用是否使孩子们认为父母是好的或者是关心人的。另一方面,在所有的文化中,体罚的使用会导致孩子的更高程度的人际攻击。如果父母用强力控制他们的孩子,那么他们就是在教他们的孩子在自己的生活中使用强力控制其他人。

然而,研究普遍指出两个重要的因素,它们表现出在纪律中使用体罚的征兆和后来违法行为的征兆。第一个是适用纪律的做法前后不一致,其体现的是更大范围的管教做法之表征(indicator),重点是父母在管教孩子时的权威运用之方式。父母是否采用公平的方式管教他们的孩子?例如,释明决定、允许和保持公开的对话,以及以透明和连续的方式适用规则。研究表明,惩戒的影响因惩戒在多大程度上被孩子视为是公平的而有所不同(Piquero, Gomez-Smith,

134

&Langton，2004)。再者,适用不公平的惩戒程序之消极结果是众所周知且非常普遍的。对于父母而言,不同的管教方式通常有不同的影响,这取决于父母是否被认为是合法和公平的权威人物(Keijsers&Laird，2014)。

其次,研究一直指出,一段关系(如社会情绪纽带)的存在或不存在对于社会规范和价值观之习得来说是很重要的。无法在情感上与其他人产生联系,以及不能与父母发展出重要的情感联结,这些都与反社会行为和违法行为存在联系(Sullivan，2008；Wasserman et al.，2003)。同样,母性敌意(maternal hostility)影响家庭关系纽带,其与违法行为存在关联(Moffitt&Caspi，2001)。正如劳布(Laub)、桑普森(Sampson)和斯威(Sweeten)所指出的,"大量的研究表明,家庭和学校的社会联结与违法行为之间存在理论上的预测关系"(2018，p.318)。例如,肯普夫(Kempf，1993)在回顾了七十一项研究之后发现,与父母联系的不紧密(poor attachment)将导致孩子的违法行为增多。

劳布和桑普森(2003)认为,那些一直从事犯罪行为的人"不能与任何人或者任何事情建立亲密关系或形成任何联系。人们可以认为这些人有扭曲的自主意识,因而他们不关心或不在乎其他人"(p.194)。同样,西蒙斯(Simons)、约翰逊(Johnson)、康格(Conger)和埃尔德(Elder)发现(1998),对于孩提时代具有反社会行为倾向的孩子而言,如果他们在青少年时期发展出稳固的社会纽带,那么他们的违法行为就会减少。若管教的做法传递出不尊重孩子、轻视孩子或者其他认为孩子无价值的信号,以及采取孩子们不能理解的不连续和非透明行为的,则孩子们对父母的慈爱感之推断以及对父母的信任将受到损害,社会纽带的建立亦会变得困难。事实上,上述管教方式造就了以愤怒、敌意、蔑视和叛逆为特征的人际关系。

其他模式： 基于尊重与公平的协商

价值观社会化研究的核心假设是,协商性社会命令要求孩子们坚持那些能够提升他们遵从社会规则的责任感之价值观。在理想社会中,人们一般很少会违反规则,因为每个人被社会化为持有支持性价值观的人,而且社会价值观与社会机构所采取的行动是一致的。因此,人们有内在动机去服从规则,并实施优秀公民的行为。最后,这将促使法律制度减少通过监控和惩戒来实现社会控制的需要,从而允许社会将社会资源转移到其他需要的地方去,如用于当地社区的经济和社会发展。

我们只是表明,聚焦于体罚和服从的管教方式在促使孩子形成遵从规则的责任感方面作用甚微。再者,父母需要关注的不是通过强制来实现孩子对他们的服从,他们不应只将服从视为一种价值观,并单纯地通过惩罚和奖励来实现工具性控制,而是应该重视其他促使人们同权威和规则制度形成有益关系或支持性关系的策略(Baumrind, 1971;Darling&Steinberg, 1993;Fondacaro, Dunkle, &Pathak, 1998;Freud,1930;Smetana, 2002)。这些方式不仅强调对孩子们遵从规则的行为之激发,而且使孩子意识到父母与孩子之间的对话之重要性,它们总是强调亲子关系中的持续付出与回报,以及这个过程如何影响孩子们对权威的理解和行为的实施。

当父母以公平和平等的方式行使权力时,孩子更愿意接受父母试图社会化他们的努力(Darling&Steinberg, 1993)。因此,这些策略有助于孩子习得价值观,并促使孩子感到自己有义务维持社会秩序,而不是让孩子拒绝父母的合法性。这些策略能够提升父母权威的合法性(Trinkner et al., 2012)。通过这种方式,父母通过协商和自愿合作获得服从,而不是通过强力和支配获得服从。我们下一步

135

要将注意力转移到对不同管教策略的检验上。我们强调将家庭看成是一个社会化单元，而且这些管教策略有助于孩子在法律社会化过程中习得核心价值观。

家庭社会化

弗洛伊德(1930)将价值观习得问题视为家庭社会化的核心问题。正如我们已经指出的，弗洛伊德的作品带领我们关注到这样的观点，即有两种模式对价值观的习得施加了重要的潜在影响。第一种模式是价值观内化。通过管教模式的推理（归纳）和一般认知发展，孩子将价值内化为自己的价值观，因为他们认为持有这些价值观对于社会秩序维持来说是恰当的。因此，这些价值观被认为是自行发挥作用的，因为这些价值观根深蒂固地被内化在一个人的心中，并激发了人们的自愿行为。这种模式受到推理能力发展之驱动，更因为权威同孩子就规则和合理行为所进行的交谈与对话而得到进一步强化(Blasi, 1980)。孩子必须认识到规则的目的，认识到规则是以中立和基于事实的方式得到适用的，并且这些规则是连贯的和存在证成理由的(Grusec&Goodnow, 1994)。这些互动交谈促使孩子们习得更高级和更复杂的价值观，这些价值观在指导孩子的行为方面发挥着重要作用。

第二种模式是身份认同(identification)。孩子与他们的父母之间的纽带对于孩子满足自己的基本心理和物质需求之能力来说是关键性的。因此，孩子关注体现这种纽带的行动方式。父母可以采用一系列策略，如"偶发情感"(contingent affection)或者"爱的收回"(love withdrawal)，这些策略基本上都将纽带的维系与合理行为联系在一起(Hoffman, 2000；Tangney&Dearing, 2002)。随着时间的推移，期待与其他重要的人保持联系这一价值需求会被内化为一个人的价值观。基本上,这种为维持社会纽带而对合理行为进行界定的价值观会成为孩子自我身份认知的一部分。从这个意义上来说,这些价值观反映了人们看待自我看法之方式。因此,孩子会根据这些价值观采取行动,无论这种行动是否仍与特定的社会纽带存在联系。

相当多的认知发展研究指明了这两种管教策略的作用,即引导推理(内化)和偶发情感(身份认同)。指引价值观社会化的推理方式包括儿童与青少年通过对话与商谈来发展他们的推理能力,以使得他们的价值观变得更高级,从而更加积极地指引他们的涉法行为(Blasi,1980)。现有证据表明,认知推理能力同青少年和成年人的守法行为相关(Bears,1989;Eron,1987;Galen&Underwood,1997;Guerra,Nucci,&Huesmann,1994;Harvey,Fletcher,&French,2001;Huesmann&Guerra,1997;Jurkovic,1980;Kowalski&Wilke,2001;Laible,Eye,&Carlo,2008;Perry,Perry,&Kennedy,1992;Tisak,&Goldstein,2006;Turiel,1987)。例如,斯塔姆斯和同事们在他们针对五十五份研究的元分析中指出,青少年犯罪人的法律推理水平通常很低。斯塔姆斯和同事们认为,"即使控制了青少年的社会经济地位、性别、年龄、智力等因素之后,我们仍能发现发展滞后的道德判断同青少年违法存在强关联"(p.697)。这种观点明显同我们先前关于孩子推理发展的讨论是并行的,后一主题为塔普、科恩(Cohn)和其他人所强调。

研究仍不断强调,孩子一开始就同父母有亲密的联系并在之后同其他人建立与维持社会关系是相当重要(Thompson,2008)。这种纽带与联结表明,情感联系在父母管教策略中处于身份认同模式的中心地位。更重要的是,许多研究表明,情感联系同反社会行为和违法行为之减少存在联系(Kempf,1993;Laub,Sampson,&Sweeten,2008;Sullivan,2008;Wasserman et al.,2003)。相

137

反，当家庭中的亲密联系因父母的敌意与矛盾心理而变得脆弱时，孩子更有可能从事违法行为（Hirschi，1969；Moffitt&Caspi，2001）。这些发现表明，当父母的行为方式妨碍到孩子与他们之间的情感纽带之建立时，孩子的价值观习得就会受到阻碍，这包括以不连续的方式行为、拒绝、情感上的冷漠，以及以惩戒的方式或者以孩子看得到的损害信任之方式实施行为，而不是基于关心孩子们的需求和关切之想法实施行为。

再者，尽管青少年阶段早期的认知推理能力发展程度处于成年人水平（Steinberg，2009），但人际联系与社会纽带在儿童和青少年时期会持续发展，这一情感认知的巨大重要性贯穿人的一生，且此种重要性在制止犯罪活动时尤其得到彰显。劳布和桑普森认为，那些一直从事犯罪行为的人"不能与任何人或者任何事情建立亲密关系或形成任何联系。人们可以认为这些人有扭曲的自主意识，因而他们不关心或不在乎其他人"（2003，p. 194）。即使在后来的生活中，人际联系与社会纽带的介入也会减少违法行为。例如，针对孩提时代具有反社会行为倾向的孩子，如果他们在青少年时期发展出稳固的社会纽带，那么长期违法的风险就会降低（Simons，Johnson，Conger，&Elder，1998）。

论及价值观习得的经典作品中的价值观内化与身份认同策略是立基于这样的目标，即形成内在的动机驱动力，以促进孩子和青少年实施合理的行为，而这种力量随后将被带入成年生活。以上观点坚决反对以惩罚与奖励的工具主义方法为基础，后者在体罚方法的适用中发挥着重要作用。

此外，经典作品指出，通过推理发展和社会纽带的建立与维持来促进和内化价值观，这在阻止和矫正错误行为方面发挥着潜在作用。我们已经表明，这些策略同低水平的青少年犯罪行为和成年人守法行为存在联系。这些经典作品支持了我们关于法律社会化的核心观

138

点,即最好通过内化价值观以促进协商之方式来确保对不合理行为的控制和规制,而不是通过强制来实现服从。

管教方式

论及价值观习得的经典作品最初倡导的管教方式最终为新的管教方式所替代。其中,最受人们认可和支持的理论化管教方式之一是鲍姆林德(Baumrind,1966,1967,1971,1978,1991)模式。鲍姆林德认为,父母有许多控制他们孩子行为的方式,包括纵容型(permissive)模式、专断型(authoritarian)模式和权威型(authoritative)模式。[①] 这些模式都对孩子的概念化权威之能力和约束自己行为之能力施加了重要且深远的影响。

纵容型父母一般以非惩罚性方式行为。亲子关系中的权威部分是不存在的或不被承认的。纵容型父母倾向于接受和认可孩子们的冲动与欲求,他们几乎不制定关于合理行为的规则或标准。即使规则被制定出来了,这些规则通常也不会得到强制执行。相反,孩子们更有可能被允许自己约束自己的行为。尽管纵容型父母可能使用推理来塑造孩子们的行为,但父母很少直接和公然地实施控制孩子的行为。

专断型父母同纵容型父母完全相反,该类亲子关系中的权威部分是关键的,而且从单向度上看,父母命令孩子,孩子听从父母。专断型父母不关心他们孩子的期冀与欲求。相反,专断型父母不遗余力地影响和控制他们孩子的行为。行为标准是绝对的和明确的。服从父母的权威比自我约束更受到重视。专断型父母通常采用严厉的

---

① 鲍姆林德管教模式通常被分为四种模式:纵容型(permissive)模式、专断型(authoritarian)模式、权威型(authoritative)模式,以及此处并未将其并列提及,但却在后文中单独被提及的忽视型(neglectful)模式。——译者注

强制惩罚措施来控制他们的孩子,并在传统的权威纵向结构中维持秩序。专断型模式同早先提到的强制管教方式是同一种类型。

139   权威型父母回应他们孩子的需求与期冀。与此同时,权威型父母还通过确立行为标准来指导他们孩子的行为,权威型父母希望孩子服从这些标准。不同于专断型父母,这些标准并不是刻板地被适用,而是充满说理性。父母与孩子之间的权威关系得到认可,合作受到鼓励。权威型父母主张与孩子交流(verbal give and take),并向孩子解释规则背后的推理,他们还对孩子的需求进行反馈。如果规则被违反,孩子会被惩戒,但惩戒不是以专横或苛刻的方式被实施。权威型父母支持孩子实施独立和自我约束的行为。

后来的作品(Maccoby&Martin,1983)将鲍姆林德的经典管教模式划分为两个垂直的维度(orthogonal dimensions),其可以被用于区分不同的管教模式。第一个维度是"热情"(warmth),该维度表明父母回应孩子需求与关切的程度,其包括父母对孩子需求与要求的支持、在对待和支持上始终如一,以及采用理性探讨的方式,这种方式将父母同意孩子——作为个体——自由成长和发展的自愿程度最大化。在这种情况下,父母必须对孩子表现出尊重,他们应关心孩子的需求,并相信孩子作为人的价值。尤为重要的是,父母支持这样一种信念,即孩子们将处理许多问题,而这些问题与学习如何驾驭复杂的社会规则相关。父母需要传达这样一种保证,即作为一个人,孩子能够和将要在社会化中成长起来,他们能够而且将会被其他人重视和尊重。

第二个维度是"控制"(control),其表明父母试图控制他们孩子的程度与方式,包括父母为孩子设定的行为标准,以及孩子被要求遵守这些标准的程度。"控制"维度还包括父母设定和执行规则的方式,父母如何监督与督促孩子,以及父母如何对待那些违反规则的孩子的想法。

我们现在可以借助这两个维度对鲍姆林德最初的管教理念进行分类。纵容型父母的热情很高,但控制程度很低,而专断型父母的控制程度很高,热情却很低。权威型父母吸收了前两种模式的特点。权威型父母的控制程度很高,因为父母明确描述和执行行为标准;权威型父母的热情也很高,因为父母认可孩子的需求,并鼓励孩子的自主意愿。

最后,还有另外一种模式,这种模式在最初的模式划分中并未被提及,即忽视型模式。忽视型父母既不热情,也不试图进行控制。忽视型父母大多推卸他们的责任,就和既不给他们的孩子提供指导或安排,又不满足孩子需求的父母一样。孩子从这些忽视型父母处看到的权威大多是疏远与漠不关心的。毕竟,专断型父母也关注命令服从和秩序维持,纵容型父母也会对他们的孩子表现出热情与爱,而忽视型父母却什么都不关心。

通常来说,权威型管教会对孩子产生一系列积极影响(参见Baumrind,1991;Hoeve et al.,2008;Hoeve et al.,2009)。高需求和高回应的管教模式通常会培育出适应能力强的孩子,他们满怀希望、独立、身体健康。例如,莫文(Mowen,2010)将权威型管教同高水平的自尊、自立和学业成就,高度的成熟性,以及积极的自我认知联系在一起。

就当前的讨论而言,更为重要的是,权威型管教影响了孩子之后的涉法行为。在不需要惩戒或者其他来自权威人物的外在控制之情形下,权威型管教促使孩子能够控制自己的行为。研究已经将权威型管教同随着时间流逝而不断减少的违法行为(Simons et al.,2005)、后来的酗酒(Ary,1999)以及后来的滥用毒品(Peterson,Hawkins,Abbott,&Catalano,1994)联系在一起。思考一个具体的例子。特林克纳和他的同事们对大约600名年龄为11岁至16岁的孩子进行了研究,他们测验了三个节点(three points in time)①的管教模式、孩子对父母合法性的看法和违法行为(2012)。参与者报告了他们的父母在多大程度上使用了专断型模式、纵容型模式和权威型模式。结果表明,管教模式(节点一)影响违法行为(节点三),而此种影响首先通过管教模式对父母合法性(节点二)的规制得以发生。

另一方面,其他三种管教模式对孩子产生了很大的消极影响(Baumrind,1991;Hoeve et al.,2008,2009;Maccoby&Martin,1983)。相对于培养适应能力强并能够自我约束的孩子,这些管教模式使孩子对权威人物表现出冷漠或者充满敌意(Trinkner et al.,2012)。此外,孩子不能控制自己的行为,这一点为孩子更有可能参与违法行为、滥用依赖品(抽烟、酗酒及吸毒,参见 Piko&Balazs,2012)和欺凌别人(Newman et al.,2008)的情况所证明。

权威型父母通过热情且充满尊重的对待和公平的决策来发展他们与孩子之间的强烈的社会与情感纽带,并鼓励孩子讨论父母权威的边界。孩子开始明白,以良善和仁爱的方式对待他们同样可以维持权威的合理行为之标准。随着时间的发展,父母的权威与强力在孩子眼中的合法性将得到提升(Trinkner et al.,2012)。其他养育模式则会产生相反的效果。孩子逐渐认识到,权威可能是冷漠的或专横的,其不会创造一种能让自己在其中被孩子视为具有仁爱与关心他人之特点的环境。权威通常被认为是漠然、严厉或者充满控制欲的,这些类型的管教模式导致了孩子的反权威态度(Trinkner et al.,2012)。

141

---

① 之所以翻译为"节点"而不是"时间点",是因为管教模式(parenting style)、违法行为(delinquent behavior)以及孩子对父母的合法性(parental legitimacy)的看法并不是时间意义上的,而且三者并不存在时间上的先后关系。在该问题上,三者更像是三个关键节点,因此译者将其译为"节点"。——译者注

管教模式通过影响父母试图社会化孩子的开放心态（openness）来影响孩子（Darling&Steinberg，1993）。实际上，这种模式试图创造这样一种环境，即在这种环境中，孩子能够理解他们父母试图控制他们的行为，并能阐明父母权威的运作。这种模式不仅影响孩子概念化他们与父母关系之方式，还对以后他们在日常生活中与权威交往之方式施加了重要影响。通过影响与法律相关的价值观内化现象，这种模式在法律社会化过程中发挥了重要作用，而那些有助于人们界定和区分孩子与父母权威之间关系的模式之重要性尤甚。因此，孩子将受不同权威类型影响的价值内化。随后，这些价值观奠定了人们判断法律权威合法性的基础。例如，当年轻人在青少年时期经历的是权威型管教模式时，他们更有可能将警察视为是合法的，并且更不可能被卷入到犯罪行为中（Trinkner，2015）。

程序正义

另一种观点是，父母的管教做法有助于孩子习得自愿同意权威的支持性价值观。我们可以在关于家庭程序正义的著作中发现这些观点（Brubacher, Fondacaro, Brank, Brown, &Miller, 2009; Fondacaro et al., 1998; Fondacaro, Jackson, &Luescher, 2002; Jackson&Fondacaro, 1999）。具有体罚特点的强制性管教模式研究有一个值得注意的方面，即孩子不仅对强制的使用程度感到敏感，而且他们关心强制被使用过程中的公平性（Larzelere, Klein, Schumm, &Alibrando, 1989）。父母使用强力手段之做法（如惩罚）会损及他们与孩子之间的社会纽带，而且父母很少去解释规则，因此纪律活动中存在不连贯的问题，这些措施都不利于关于规则的内在认识之发展（Dadds, Maujean, &Fraser, 2003）。此外，这些类型的对待通常是冷冰冰、令人敬而远之、羞辱性和轻蔑的，所有这些要素都向孩子传递了这样

142

的信号，即权威认为他们的社会价值很低且不重要，因而孩子的自尊将受损，自我认同感将下降（Laible&Carlo，2004）。这些特点与有关程序正义和决策的一般研究（参见 Trinkner，2011）之观点是相同的。这些研究认为，父母在行使权力时，在以公平和中立的程序，以及以有尊严和充满尊重的方式对待孩子时，孩子与成年人一样受到强烈影响。

程序公平性的判断对于人们与权威人物之间的关系而言至关重要（Lind&Tyler，1988）。学习规则制度的应有之义是发展出一种观点，即规则应如何被制定、使用和执行。不出意外，上述观点最早出现在家庭环境中，并受家庭中的不同风格的管制冲突和决策方式之驱动。这些初次接触对于孩子在早期生活中如何与父母权威打交道而言相当重要。

再者，借助早期的经验，孩子发展出一种关于正确与错误方式的规范意识，他们从而能够在更一般的意义上同权威和制度打交道，既包括他们的意见得到听取、获得有关决策的说明和被有尊严地对待，又包括他们的责任平等，即以相同的方式对待同他们打交道的其他人。正是这种规范意识奠定了孩子未来同学校、法律与政府权威打交道的基础。

至少人类生下来就对是非有着基本的理解（Bloom，2013），即使是小婴儿也能对道德与不道德行为进行可靠的区分。这些对道德行为的内在理解通过与外在世界的交往而得到磨练与发展，并最终形成一个人对正义的理解。在这种情形中，尤为重要的是，规则何时被违反以及随后如何处理冲突。低龄的儿童对规则违反特别敏感，他们有动机通过复原（restitution）或报复的手段应对这些违法行为（Fehr，Berhnard，&Rockenbach，2008；Gummerun，Keller，Takezawa，&Mata，2008；Moore，2009；Nucci&Nucci，1982a，1982b；Schmidt&Tomasello，2012）。

特别令人瞩目的是,即使在特别小的时候,孩子就已经将程序正义纳入到他们关于公平竞争的观念之中。例如,索尔基德森(Thorkildsen)和怀特-麦克纳尔蒂(White-McNulty)发现(2002),早在 6 岁的时候,孩子就认识到程序正义,并能够将程序正义与结果正义区分开。研究检验了孩子和年轻人心中的正义看法——前文业已说明——孩子重视正义,当他们感到程序是不正义的时候,他们会消极应对(Weisz, Wingrove, &Faith-Slaker, 2007/2008)。戈尔德(Gold)、达利(Darley)、希尔顿(Hilton)和赞纳(Zanna)给 7 岁的孩子介绍了一些假设情形,内容是孩子因做错事而被他们的妈妈惩罚(1984)。戈尔德等人指出,"孩子认为在没有虑及程序正义的情况下施以惩罚是不正义的"(p. 1758)。同样,肖(Shaw)和奥尔森(Olson)发现,如果酬劳是通过公平的程序得到的,5 岁的孩子更有可能愿意接受不平等的酬劳。①

孩子不仅在早期阶段就认识到程序正义,而且他们从父母处获得的公平程序经验对于家庭内部的情况来说异常重要,这在家庭纠纷的语境下——特别是那些涉及行为规范的冲突——尤为明显。随着年龄的增长,孩子开始发挥自身的主动性,这种冲突因而越来越普遍。当父母使用符合程序公平的方式来解决纠纷时,他们就是在鼓励一种健康和支持性的家庭氛围,父母与孩子相互理解、相互尊重。反之,通过程序不公平的方式来解决纠纷就会产生充满恶性和不信任感的氛围(Fondacaro et al. , 1998, 2002)。若父母以符合公平程序的方式解决家庭纠纷,那么他们的孩子更不可能犯错,并且将更倾向于遵守规则(Brubacher et al. , 2009; Jackson&&Fondacaro, 1999)。

有趣的是针对管教模式图谱(parenting styles maps)的研究被

---

① 此处的意思是,相对于不公平的酬劳获得程序,5 岁的孩子更愿意接受通过公平程序获得的酬劳,即使酬劳较少。此处非指 5 岁的孩子比其他年龄的孩子更容易接受不一样的酬劳。因为存在一定的歧义,特此说明。——译者注

应用到程序正义的概念之中的方式。根据麦科比（Maccoby）和马丁（Martin）提出的热情与控制维度（1983）——类似于布莱德（Blader）和泰勒有关成年人的观点（2003a，2003b）——程序正义立基于两个不同问题，即决策程序的情况和待人的情况。在有关控制与需求的讨论中，决策问题显示出相同的特征。以上两个问题都涉及到父母如何为他们的孩子建立和传递行为标准。例如，程序正义的文献强调，孩子应获得被倾听的机会（如发言；Thibaut&Walker，1975），而管教模式的研究则强调交互商谈（如互相讨论；Darling&Steinberg，1993）。另一方面，对待人们的情况与热情和回应维度之含义相同。两类文献都强调有尊严地对待之重要性，父母显示出他们理解、关心和尊重他们孩子的需求（Tyler，2006a；Baumrind，1971）。

除此之外，如同管教模式一样，程序正义促使孩子接受社会化的努力（Darling&Steinberg，1993），而且它也是一种父母促进孩子法律价值观内化的方式（Trinkner&Cohn，2014）。尤其是程序正义促进那些对于法律社会化进程来说相当重要的价值——最有代表性的是合法性——之内化。合法性与待遇和决策都有关系。例如，在布鲁巴克（Brubacher）和同事们对 2000 名六年级至八年级学生的研究中（2009），当父母采用公平的程序时，他们的孩子更有可能采用表现出尊重、认同与公平之方式与人们接触和交流。

孩子在早年阶段就能区分出公正的结果，并能通过公平程序行使权力，这一事实表明，孩子有能力认识到权威关系和行为规范，而非仅局限于颁布必须遵守的规则。实际上，这种理解随着孩子年龄的增长而越来越明显，孩子开始抵触父母的权威和被视为不公正的规则。这些法律社会化的经验促使孩子评估日后生活中遇到的法律和法律权威，并结合这些权威的行为来做出合法性判断（Trinkner&Cohn，2014）。正如杰克逊（Jackson）和丰达卡罗所指出的（1999），人们用来判断父母公平性的标准接近于成年人用来判断法律与法律权威公平性的标准。再者,撇开讨论的对象是父母还是法律权威这一问题不谈,以不公正的方式行使权力只会助长非法性和玩世不恭的行为,而很少会产生遵守指令或规则的动机(Trinkner&Cohn,2014)。实际上,以不公正的方式行使权力可能产生反面效果和激发出违法行为。

父母权威的范围

我们先前讨论的许多管教方式强调的是人际对待中的公平性,以及决策对孩子心中的权威概念发展之影响。然而,法律价值观关注的第三个重要维度是限度概念的发展。人们不认为权威是无所不在的,他们为权威的权力划定了特定的范围或界限;人们并未将所有的行为和情形等同,他们在不同的行为和情况间做出重要区分。尽管权威在诸多领域内的运用权利(right)实施的控制行为可能得到人们的认可,但相同的权威在其他领域内的控制行为却均被拒绝。上述这种理解的根源可以追溯到早期孩提时代。即使是幼儿,他们也能区分不同类型的行为。根据问题所涉及的不同领域,针对父母试图在所有领域内制定规则和实施控制的行为,孩子既可能接受,也可能拒绝。

从广义上说,人们对以下三个领域内的行为进行区分:道德领域、习惯领域和私人领域(Nucci&Turiel,1978;Smetana,1995b,2002)。各领域都存在概念上的差异。道德领域关注行为和活动是否会影响其他人的权利与福祉。例如,侵犯其他人就被认为是道德领域内的一个行为,因为这个行为可能对其他人造成伤害,进而损害到人们的福祉。习惯领域类似于社会规范的概念,因为它包括社会共享的一致性,这可以促进社会关系的和谐化。习惯领域包括类似于如何与人们谈话、打招呼的方式等问题。

145

私人领域包括被认为仅涉及个人的行为与问题。而且，私人领域不影响其他人的权利与福祉。在社会层面上，私人领域也不被人们认为对社会关系的和谐性有特别广泛的影响。私人领域内的行为会被认为是对生活方式的选择，如与什么人联系或者读什么样的书。道德领域和习惯领域被人们认为是权威控制的区域，而私人领域内的活动被人们认为超出了这类权威规制的范围。

这些区别是重要的，因为这些区别同孩子开始理解父母权威限度之方式存在紧密联系。孩子认识到，父母权威无权控制自己所有的行为和选择。孩子不仅会区分不同领域的行为，而且他们会区分不同领域的父母权威（Tisak，1986）。孩子会认可一些领域内的权威，并拒绝另一些领域内的权威。

通常，孩子在道德领域和习惯领域接受父母的权威与父母制定的规则之管理，但在私人领域则不然。这一发现早在美国（Smetana，1995b；Smetana&Asquith，1994；Smetana&Daddis，2002）和其他地方（Darling，Cumsille，&Martìnez，2007，2008；Milnitsky-Sapiro，Turiel，&Nucci，2006；Smetana，2002；Yau&Smetana，2003）的大量研究中就得到说明。例如，在一项以五年级到十二年级的学生为样本的研究中，斯梅塔纳（1998）指出，大约有90％的孩子赞同他们的父母有合法性权力来规制一系列道德行为和习惯行为。但是，在私人领域内，不超过30％的孩子认为他们的父母有合法性权力来规制他们的行为。

除此之外，父母与孩子在监管责任的划分上大体上是一致的，尤其是在道德领域和习惯领域。在斯梅塔纳（1998）的分析中，她的研究参与者的父母认为自己有权在道德领域与习惯领域制定规则和实施规制行为的比例大约是90％。当讨论进入到私人领域时，这个观点就变得极其复杂。尽管父母与孩子都同意私人领域本身不处于父母权威的范围内（因此人们将其称为"私人的"），但在哪些行为应属于私人领域这一问题上,父母与孩子却存在分歧。前文业已指出,斯梅塔纳发现,不超过30％的孩子承认该领域的父母权威;然而,当父母在被问及上述问题时,他们认为自己可以对超过50％的私人行为行使合法性权力。

在私人领域中,父母与孩子的区别强调了一个重要方面,即孩子所持有的权威概念之发展。孩子发现,他们与权威之间的冲突不可避免,尤其是在涉及权威的权力边界或限度时。尽管这些冲突并不频繁,并且在儿童阶段早期就产生了,但随着儿童年龄的增长,冲突变得越来越明显和普遍(Smetana,1995b)。这些冲突绝大部分来自私人领域的争论,这是由孩子不断将大量行为置入私人领域之趋势所导致的,因为孩子开始发挥自己的主动性,以明确自己的独立性。本质上,对孩子试图将更多的行为移除出父母权威所规制的领域之行为,他们的父母会予以反对。随着青春期的开始,父母规制限度的冲突开始急剧增加,直到青春期的早期至中期。经过了这段时期之后,有关父母限度的冲突开始减少,青少年与父母在很大程度上解决了他们之间的分歧,并形成了许多解决方案。

通过权威冲突来促进限度发展之做法对后述关系有重要影响,即孩子如何理解和概念化他们与父母权威以及更广泛意义上的权威之间的关系。首先,孩子开始理解,权力并不是绝对的或毫无限制的。相反,权威规制孩子的行为与选择之权力存在许多限制。孩子认为,权威不能也不应该控制他们生活的方方面面。因此,年轻人开始理解,不合理的权力行使方式确实存在,而他们并不需要服从这些行使方式。例如,达令(Darling)和同事们指出,当青少年认为父母正试图在自己认为父母无权规制的领域内制定与执行规则时,他们便会将他们的父母视为缺乏合法性(2007)。在随后的作品中,达令和同事们(2008)指出,当青少年认为他们父母的控制是非法的,他们就会认为自己在这个领域内没有遵守这些规则的义务。

147

父母处理这些有关父母权威限度的冲突之方式对于青少年持有的有关权威的观念而言也是重要的。再者，父母管教和管理他们孩子的方式尤为重要，这有助于对这些冲突的本质及解决这些冲突的方式之认识（Baumrind，1991；Darling&Steinberg，1993；Smetana，1995a）。专断型父母更有可能将更多的行为和领域纳入到自己的管理范围内，纵容型父母则更少将行为和领域纳入到自己的管理范围内，而权威型父母介于上述两者之间。在权威的合理限度问题上，父母使用专断的方式会比使用其他方式更容易同他们的孩子产生冲突，这也许并不令人感到惊讶。由于专断型父母倾向于采用强制方式行使权力和解决冲突，所以这些冲突也更有可能是激烈的和破坏性的。

另一方面，权威型父母与他们的孩子在限度问题上存在的冲突与争论更少（Smetana，1995a）。当冲突发生时，严重程度也没那么高。专断型父母实际上削弱了他们孩子的自我认同感，而权威型父母则会激发他们孩子的个人自主性与情感自主性。再者，父母与孩子处理这些冲突的方式——特别是他们对互动交流与归纳推理的依赖——有助于促进人们更好地理解权威的合理控制和私人自主的边界。"通过明确指出复杂问题引起的社会与福利问题，权威型父母能够促进青少年理解自己私人领域的范围或限度。"（Smetana，1995a，p. 313）随着青少年的成长，这一更明确的理解对青少年就他们与法律之间关系的看法有直接的影响。例如，青少年时期的权威型管教方式同支持性法律态度以及青少年成年后对警察的合法性之看法联系在一起。

"过于宽松或者过于死板地界定这些限度，可能会剥夺孩子与父母协商合理限度的机会，其反过来也可能对青少年的发展有害。"（Smetana，1995a，p. 313）青少年发展的内容之一就是试探限度，并通过与哪些是可以的和哪些是不可以的相关的经验来进行学习。犯错误和在这些错误中汲取经验不仅是发展的一部分,而且是发展的发生机制。尽管一个很听话的孩子通常会遵守规则(在现实中,正如我们曾指出的,他们当然并没有这么做),但他们并没有发展任何思考这些规则的能力。为什么这些规则存在? 何时它们是重要的? 如何在它们存在的场合使用自由裁量权? 这些都归结于同意的倾向,这些倾向既允许青少年或者成年人在规则合理时遵守规则,又允许他们在可行的情况下,在适用相同规则时行使自由裁量权。

当前的管教氛围

纵览本书,我们认为,法律价值观的习得对于法律社会化的成功来说,以及发展对于法律和法律权威的支持倾向来说,都是关键的过程。到目前为止,我们在本章中已经指出,与法律相关的价值观习得在生命的早期就已经开始。当孩子经历父母权威的形式时,他们价值观的习得效率得到提升,他们寻求自愿服从,而不是被施加强制——特别是通过体罚的形式——从而不得不服从。基于大量的数据,我们可以发现这种管教模式的重要性,而且我们有必要研究一下国内对管教方式的社会态度。现代的管教氛围是什么样的?

其中一个问题是,将服从视为一种价值观的重要性。一般来说,绝大多数的美国成年人高度重视服从。例如,世界价值观调查(World Value Survey)指出(www. worldvaluessurvey. org)*,在1981年至1984年间,26%的美国人将服从视为孩子的一项重要品质,他们认为孩子应该在家里接受教育。尽管这种观念在上个世纪九十年代增多了(32%～39%),但在2005年至2014年间,其支持率

---

* 这些来自世界价值观调查的数据可以通过它们网站上的"在线分析"工具被重构:
http://www. worldvaluessurvey. org/WVSOline. jsp。

重新回归到 28％的水平。

关于美国人对服从的态度，我们从综合社会调查（General Social Survey，GSS，www. norc. org）的数据中能够得出相似的结论。这项综合社会调查要求参与者在一系列不同的价值之间做出选择。在 1973 年至 1983 年间，调查者询问参与者是否认为"孩子服从父母是重要的"。在 1973 年，13.3％的美国人将以上这一点作为首要选择。十年后，也就是 1983 年，上述比例增长到 16.0％。在 1986 年，问题被改变，参与者被问及"孩子需要让他/她自己做好准备"的价值。在 1986 年，39％的人将"服从"选为两项最重要的价值之一，这一比例到 2014 年则降到了 24％。再者，在 2012 年，26％的参与者认为，服从是孩子最应该学习的价值观。* 综合起来看，这项综合社会调查表明，很多美国人相信，服从应该是孩子社会化的首要目标。

第二个问题是父母对将体罚作为管教策略的支持程度。我们早前已经指出，这样一种策略会阻碍法律社会化的过程。来自不同数据源的数据都表明，这样的做法是美国家庭处理规则违反行为的常规做法。在最近的一项以美国 1 岁至 2 岁孩子的父母为样本的研究中，63％的父母使用体罚（Regalado et al. , 2004）。在另外一项涉及 21000 名儿童的具有代表性的全国性研究中，80％的孩子在上五年级的时候就已经遭受过他们父母的体罚（Gershoff & Bitensky，2007）。最后，施特劳斯在一项对来自美国各地的父母与孩子所进行的采访中发现（1991；Straus & Donnelly，2001），许多父母在孩子的青少年时期持续使用体罚。

将服从视为一种价值观的重要性直接同那些采用强制管教的做法联系在一起，这也许不足为奇。2012 年的综合社会调查发现，

---

* 这些来自综合社会调查的数据可以通过 NORC 网站上的在线数据探索工具被重新创建：http://gssdataexplorer. norc. org/。

71％的参与者支持使用打屁股这样的体罚,26％的人将服从视为是孩子在成长时应学会的两种最重要的价值观之一。以上两项判断呈正相关关系。那些支持打屁股的人认为,服从是重要的价值观,而且此价值观必须被传授给孩子。支持打屁股的人的数量几乎是不支持打屁股的那些人的两倍(分别为17％与9％)。

考虑到当前的管教氛围,另一个重要的问题是,关于服从在管教方式中的重要性之价值观是否已经改变。相关结果在这个情形中并不一致。例如,通过综合社会调查的数据(2005),斯塔克斯(Starks)与罗宾逊(Robinson)对比了人们对学习"为自己而思考"的支持与对学习"服从"的支持。斯塔克斯与罗宾逊发现,在从1986年至2002年的十六年间,人们对这两项价值观的支持是稳定的。上述研究与我们早前援引的世界价值观调查相似,两者都表明美国人对服从价值观的支持几乎没有变动。

另一方面,其他研究表明,美国人对孩子将服从内化为价值观的做法之支持不断增强。我们在前文已经指出,将服从视为最重要的价值观的美国人所占的比例从1973年的13.3％上升到1983年的16.0％。除此之外,其他综合社会调查数据表明,认为"毫无例外地遵守法律"是重要的人所占的比例从1985年的43％增长到2006年的53％。*

然而,其他人却指出,对服从价值观的支持在减少。阿尔温(Alwin)认为,"有可观的证据表明,在父母对孩子的价值观之管教方面,发展趋势发生了变化——从强调服从的价值观转变为更强调自主性"(2001,p. 122)。这与综合社会调查的数据也是一致的,从1986年到2006年,支持单纯服从的人所占的比例从39％掉到

150

---

* 这些来自综合社会调查的数据可以通过NORC网站上的在线数据探索工具被重新创建:http://gssdataexplorer.norc.org/。

了 34%。

考虑到问题的本质，这项研究中的一个问题是，我们很难确定父母是否赞同盲目服从（强制性方式的特点），或是否鼓励孩子在服从权威之前进行质疑（协商性方式的特点）。问题是我们如何理解当人们说孩子应该服从时，他们到底是什么意思。尤其是潜在的假设可能是孩子应该学会服从合法的权威，而这意味着权威并不仅是单纯地被授权获得服从。

现在的问题变成了孩子持有的是什么样的——帮助他们对其他权威的合法性做出判断的——框架。近来关于千禧一代的研究提供了一个可能的答案。事实证明，与老一辈的人相比，千禧一代通常对传统机构更缺乏忠诚（皮尤研究中心，2014b），然而这并不是因为年轻人本身就不听话，而是因为当涉及与制度之间的关系时，他们更关注信任和过程问题。正如肖尔（Shore，2011）所指出的，千禧一代要求公平、透明、明确和连贯的规则，他们的意见有机会被听取。这些期待来自家庭中的民主。在家庭民主下，孩子与父母讨论权威，并就规则进行商谈。千禧一代的孩子更习惯在他们的家庭中对决策进行探讨。

近期的一系列有关管教方式的发现表明，父母对孩子的价值观之培育已经从借助专断关系来强调服从的价值观转变为强调基于同意的服从。换句话说，现代的儿童越来越多地通过服从问题来学习推理，而不仅仅是考虑他们应如何表现，而且他们还会考虑自身周边的制度应该如何表现。这种认知的计谋（machinations）促使孩子遵守规则的承诺之内化，他服从决定的动机来源于与规则相关联的协商性。尽管数据并不连贯，但其还是说明，父母和成年人开始认识到，他们可以通过公平的互动而不是指令来获得孩子的服从，而这种互动会促进互利共赢。

在这个方面，孩子反映了以前美国人的普遍看法，即一直不支持*151* 没有反映美国民主与宪法制度价值观的任何权威，无论它是法律权威，还是政治权威（例如，King，1963；Paine，1997；Thoreau，1993）。尽管法律权威与政治权威收获了强有力的支持，并且合法性得到预设，取得人们服从的目标也得以实现，但这种预设被建立在它们以反映民主管理、法治和正义之方式行为的基础之上。当政治领导人脱离了这个框架（如林登·约翰逊和越南战争[1]）时，或者当他们越出了法治的边界（理查德·尼克松与水门事件[2]、罗纳德·里根与伊朗门事件[3]、比尔·克林顿与伪证[4]、后"9·11"时代的公民监控[5]）时，他们发现人们有相当大的意愿质疑政治领导人的权威，并就是否信任领导人或者服从他们的指令表示怀疑。

与法律相关的态度

除习得价值观之外，孩提时代还是积极态度和消极态度发展的重要时期，而这些发展最终会影响他们成年之后对法律与法律权威的评价。此处存在一个历史悠久的智识传统，它将社会的顺畅运转

---

① 在约翰逊总统的任期内，他批准了"滚雷行动"，美军由此开始直接与越南人民军交战。——译者注

② "水门事件"是指尼克松的竞选团队为谋求尼克松连任而潜入到民主党全国委员会办公室所在的水门大厦，他们在安装窃听器并偷拍有关文件时被当场抓获，尼克松因为此事而成为美国首位因政治丑闻被迫辞职的总统。——译者注

③ "伊朗门事件"是美国在里根总统任期内与伊朗秘密交易军火的丑闻，但事出有因，这是里根为解决人质危机而采用的缓和策略。但是，伊朗当时被美国认为是"邪恶之国"，美国一方面宣称伊朗不好，另一方面又与伊朗进行武器交易。尽管是为了解决人质问题，但里根政府暴露出来的软弱以及对"邪恶之国"的妥协，使里根陷入了政治丑闻之中。——译者注

④ 此处指的是克林顿的"拉链门事件"，即在与白宫实习生莱文斯基的性丑闻事件发生后，克林顿被指控作伪证与妨碍司法，并受到了弹劾。——译者注

⑤ 此处就是指前文所述"9·11"事件发生后，美国的《爱国者法案》以及一系列政策促使美国政府对美国公民、外国公民，乃至外国领导人进行监控的策略。在"斯诺登事件"发生后，该政策引发了全世界对美国的关注。——译者注

同一般人群中的人们的支持性态度联系在一起（Easton，1965，1975；Krislov，Boyum，Clark，Shaefer，&White，1966；Melton，1985；Parsons，1937；Tapp&Levine，1977），这些态度的根源可以追溯到幼儿阶段。在法律社会化方面，通过影响人们对社会成员制定、维持和执行法律所做的解释与所采取的反应方式，这些态度也为人们的法律经验赋予了内涵（Cohn&White，1990）。

在生命的早期，孩子对待正式制度（包括法律制度）的总体态度是相当简单的。在这一点上，孩子的法律意识最有可能受到工具主义关切的驱动，因此他们认为，作为一种制度，法律奖励好的行为并惩罚坏的行为（Tapp&Levine，1974）。如此一来，法律制度被理解为保护孩子免受不良事物和坏人的影响之事物。不出所料，人们对这些制度的看法大多都是正面的（Hess&Torney，1967；Rigby，Schofield，&Slee，1987；Tapp&Levine，1974）。

这种对法律的总体上的积极态度可以被视为孩子看待权威之方式。孩子经常将正式的权威人物理想化。例如，小孩子很有可能认为，领导人是仁爱且试图帮助所有人的（Hess&Torney，1967；Torney，1971）。因此，孩子更倾向于向人格化的政府与法律投以信任和自愿（Easton&Dennis，1969）。当孩子被问及政府的抽象权威时，他们经常会提及警察或者总统，并描述自己是如何想象与他们打交道之方式的。不出意外的话，这些互动通常被认为是支持性的（Hess&Torney，1967）。例如，幼儿认为，如果自己给总统写一封信，那么总统就会读，而且会关心他在信中所写的内容。除此之外，警察被孩子视为总会在他人有需要的时候出现。因此，幼儿一般对正式的权威人物不予置疑，并呈现出服从的倾向。更进一步说，孩子想象不出不服从成年人权威（如警察）的理由（Greenstein，1960）。

然而，随着孩子年龄的增长，他们关于法律与法律权威的看法变得越来越精细和不同，正如他们的认知能力与社会关系不断得到拓宽和变得更加复杂(Tapp&Levine，1974)，特别是他们对法律目的之看法发生了变化。尽管孩子在早期是从限制性与惩罚性的角度来看待法律的，但他们不断认识到法律对他们与他们所在的社区之助益(Adelson，Green，&O'Neil，1969；Tapp，1991)。实际上，孩子开始能更好地理解具有一套法律制度对于维护社会和谐来说的重要性。因此，孩子开始变得更愿意秉持主动遵从规则之观念，而不是通过强制或者奖惩式的工具主义控制来实现规则之遵守(Furnham&Stacey，1991)。

孩子对规则制定与执行的看法也开始在许多方面发生变化。首先，支持民主规范的态度出现。当孩子将法律看作一种社会尝试(social endeavor)时，他们开始理解法律也是一种社会创造，法律的作用是为所有人提供共同利益(Tapp，1991)。孩子更好地理解了规则制定与执行的过程之作用。在规则制定与执行的过程中，每一个人都有发言和参与的机会，且此过程重视那些对每一个人都有益的法律。渐渐地，孩子开始关心法律是如何被执行的，以及法律是否被公正地执行(Gold，Darley，Hilton，&Zanna，1984)。这些特点成为孩子发展自身对法律的支持性态度以及形成法律制度有权得到服从的观念之先决条件(Fagan&Tyler，2005；Trinkner&Cohn，2014)。

其次，随着孩子的内在控制之出现，他们对待具体规则和规则违反行为的态度也在变化。早期的规则违反概念聚焦于奖励与惩罚(Cohn&White，1990；Tapp，1991)。只要孩子不被抓到、不被惩罚，违反规则的行为就未必是件坏事。因此，孩子对维护规则所持的态度很大程度上表现为无所谓(inconsequential)。结合法律制度是维持社会和谐的工具之理解，孩子也开始超越工具主义观点地认识规则遵守的重要性。因此，有关违反和维护法律作用的规范性观念开始产生(Cohn&White，1990)。例如，科恩和同事们(2010,2012)已经指出，当青少年能够很好地把握法律的社会本质时，他们也就更

153

不可能赞同对正式和非正式规则之违反。与此同时，青少年也更支持对那些违反法律的人施以惩罚。

最后，尽管我们经常从法律社会化中的价值观习得之角度来探讨孩子与父母之间的关系，但父母权威的运用对于积极性和支持性的法律态度之形成而言也是重要的。正如我们已经指出的，孩子对父母运用权力的方式十分敏感。当父母以公平和不偏不倚的方式行为时，年轻人会将父母视为是合法的权威（Trinkner&Cohn，2014；Trinkner et al.，2012）。父母的合法性与不赞成规则违反行为之观念有关（Cohn et al.，2012）。

长远来看，早期的经验强化了以下这种意识，即规则与常规制度只是某种应该得到服从的事业（Tapp&Levine，1974）。我们可以通过两种方式来看待这种作用。第一，长久以来，对正式权威的态度与对非正式权威的态度被认为是无关的（Rigby&Rump，1981；Rigby，Schofield，&Slee，1987；Trinkner，2012）。人们在遇到其他权威之前会先遇到父母权威，因此与父母相处的经验以及父母权力的行使很有可能影响人们日后的法律态度。实际上，研究证实了这一点。例如，在以10岁至16岁的孩子为样本的研究中，法根（Fagan）和泰勒（2005）发现，当孩子的父母实施足够的监管时，孩子们更有可能将警察视为是合法的。近来，特林克纳（2015）指出，当青少年在儿童时期经历的是权威型管教时，他们更有可能将警察视为是合法的，并且当他们成年之后，他们更不可能支持犯罪行为。

第二，管教还可能使孩子质疑法律。从这个意义上来说，质疑法律反映了人们的普遍不满和社会中的常规结构之失范（Srole，1956）。一个质疑法律的人会感到社会中的法律与规则不具有规范约束力（Sampson&Bartusch，1998）。实际上，质疑法律的人拒绝法律被适用于他们的日常生活（Piquero，Fagan，Mulvey，Steinberg，&Odgers，2005）。传统上，质疑法律被视为同法律打交道之结果

（Kirk&Matsuda，2011；Kirk&Papachristos，2011）。然而，质疑的 *154*
态度同样有其根源于家庭环境的原因（Trinkner&Cohn，2014）。尤
其是当人们经历了不公平的父母权威时，他们不仅会对家庭中的规
则表现出不恭敬，而且还会质疑管理社会的规则。

家庭环境与涉法行为

　　内在控制的发展——习得法律价值观和形成支持性法律态
度——促使人们实施守法行为（Furnham&Stacey，1991）。我们在
本章中一直论证的是，家庭环境对于法律社会化过程中的前述这一
方面而言是必要的。因此，不出所料，家庭环境长期以来被认为是越
轨和犯罪行为产生的重要原因。上述这一观点为一系列经典研究
（Glueck&Glueck，1950；McCord，1979；Robins&Ratchiff，1978）、
文献综述（Farrington，2005）和元分析（Loeber&Loeber-
Stouthamer，1986）所支持。实际上，正如格卢克（Gluecks）①在他关
于青少年犯罪的研究中所强调的，在诸多情形中，就异常行为的产生
而言，家庭因素要比其他确定的因素（如贫穷、流行文化的影响、邻里
的变化等）更值得被研究。

　　与早期的社会学家（Durkheim，1973；Hirshi，1969）相呼应，劳
布与桑普森认为，"当人们与社会的联系较薄弱或被破坏时，犯罪和
异常行为更有可能发生"（2003，p. 3）。社会纽带代表了某种对社会
秩序的保障（a buy-in of sorts to the social order）。当人们感到自己
同周边的世界存在联系时，他们就有动机坚持有关合理行为的社会
规则，包括正式的规制手段（如法律）。然而，当人们同世界不存在联

---

① 结合上下文以及参考文献，此处应为作者笔误，应该是"Glueck"，而不是
"Gluecks"。——译者注

系时，并且当人们感觉自己与世界不存在任何利害关系时，他们更可能无视法律，并采用不受惩罚的方式行为。作为社会的内在——在许多方式中是最有用的——单元，家庭创造和强化了这些社会联系（Hirschi，1983；Sampson&Laub，1993）。正如我们已经指出的，身份认同与社会纽带被联系在一起，它们是两种最重要的价值观习得机制，反映了人们的自我认同与自我意识。

家庭环境中的什么部分是最重要的？在过去的许多年里，即使没有上千，也有数以百计的研究将家庭特征同反社会、攻击性、异常和犯罪行为联系在一起。就这些研究而言，核心问题是亲子关系的首要性，尤其是考虑到父母在家中运用他们的权力来确保和维持行为标准（Loeber&Loeber-Stouthamer，1986）。实际上，管教的做法在孩子对内在控制的习得方面施加了重大影响，其最终会引导孩子实施自我约束的行为。我们在前文中已经指出，过重的强制性管教方式会阻碍这种习得过程，但协商性、权威性和公平性的做法可以促进这个过程。

各种各样的研究将管教的纪律和权威同青少年时期的违法行为联系在一起，这一点也不令人感到奇怪，其中包括缺乏父母监督、过于严格或惩戒性较强的纪律、冷漠和无动于衷的态度以及不稳定与不一致的惩罚（Farrington，2005；Loeber&Loeber-Stouthamer，1986；Rothbaum&Weisz，1994；Shaw&Scott，1991；Simons et al.，2005；Trinkner et al.，2012；Trinkner&Cohn，2014；West&Farrington，1973）。再者，这些被管教的经验是后来的法律经历和行为之征兆。那些成为青少年违法者并在成年后继续犯罪的人"在同各种权威、规则和构造的接触上都存在困难"（Laub&Sampson，2003，p. 182）。这些抵触（resistance）被许多研究者认为是年轻人实施犯罪行为的"诱发"特征（Katz，1988；Laub&Sampson，2003；Sherman，1993）。我们可以在某些作品中发现这种抵触的开端，这些作品将父母合法性的观点同不断增多的规则违反行为联系在一起（Darling et al.，2008；Trinkner et al.，2012）。

小结

对于法律社会化过程而言，关键问题是价值观、态度与能力的习得促使支持性法律关系之形成。我们对管教与家庭社会化文献的综述表明，儿童时期是形成坚实基础的关键时期。在这段时期内，习得的态度与价值观对不同类型的规则遵从行为产生了明确的影响，并同人们的法律行为以及后来生活中的与法律权威之交往存在直接联系。因此，在这段时期内，儿童的支持性态度之发展与价值观之形成相当重要。

考虑到法律社会化，这个综述的最重要特征之一是管教做法的理念，特别是父母在家中确定和维持行为的标准。在与孩子相处时，父母行使权力的方式确立了孩子理解规则以及他们与权威人物之间关系的框架。以上这一点特别重要，因为这种在孩提时代习得的规则与对权威的最初印象（initial blueprint）将影响孩子对之后的生活中所遇到的权威（如老师、驻校的安全人员、执法人员、法官等）之倾向。通过这种方式，儿童时期的家庭情况最终影响了人们青少年时期以及成年之后的服从权威与同权威打交道之倾向。

特别值得一提的是，我们已经指出了三个影响家庭情况的关键问题：

（1）父母与孩子之间的社会纽带之建立，即采取表现关爱、关心和责任心的管教行为。这与传达尊重和慈爱地对待之重要性相关。

（2）父母适用规则和规制那些规则违反行为之方式，包括他们试图积极同孩子互动，并采用公平和中立的标准。此处的问题是公平决策。

（3）对孩子试图发挥主动性的行为予以回应，以及父母在多大

156

程度上承认和愿意协商自己权威的范围。

两种对立的管教模式都考虑到了以上这些问题。一种策略强调父母与孩子之间的强制关系，并主张通过控制奖励与成本来规制行为。此种策略具有严格服从和以暴力纪律为基础之特征。当父母以体罚与强制手段支配孩子时，他们很少关注自己是否被孩子视为是公正的和始终如一的，而且他们很少关注孩子的幸福。通过上述方式培养起来的孩子会以一种工具主义的方法对待规则与权威，并以消极和强制的视角来界定他们与权威人物之间的关系。因此，这样的孩子不太愿意或不太能够将他们的行为保持在正式规则的框架内，他们更有可能相信采用暴力形式的人际间表达是可以接受的，并将暴力形式作为实现自己社会目标之方法。这些孩子被社会化，进而采用支配-附属视角、强制视角和强力视角来理解权威关系。因此，孩子认为以这种方式行为是实现目标的可接受形式和合理形式。不出意外，当可以受益并感到不大可能被抓到时，这些孩子会违反规则，而且他们还认为，使用强制或者采取暴力来达成目标是合理的。毕竟，这是这些孩子从他们父母那儿学来的。

另一种策略强调与父母之间的协商性关系，孩子被社会化为以 *157* 后述方式行为，即促进他们接受支持性公民态度和法律价值观。父母回应孩子的需求，他们的目标不仅是为孩子提供一个安全和舒适的环境，而且还要让他们有责任感并实施恰当的行为，进而激发他们的个人自主性与自我信任。此外，父母不仅关心行为标准的执行，而且他们还知道这些规则是如何被制定的。这些父母关注规则实施的连续性与规则主义（rule-based），他们鼓励孩子参与讨论，并重视就孩子对他们权威的关切提供合理的解释。通过这种方式培养起来的孩子以令人信服的方式界定他们与规则和权威之间的关系。对权威和规则的认可及尊重不是由奖励与惩罚驱动的，因为规则已经被内化到孩子的心中了。

第八章 学校里的法律社会化 ———— *158*

我们接下来将考察学校语境下的法律社会化。在学校里，成长中的孩子需要应对与他们没有家庭关系的人打交道之挑战。这可能是孩子第一次将与一个一开始就是完全陌生的权威人物建立和形成关系，他与这些人在特定情况下产生有限的联系，并观察其他孩子。在这一点上，权威经验在本质上开始变得更加非私人化，并且由正式化的规则指导。除此之外，学校环境意味着孩子第一次必须与不同类型的权威，以及与以不同方式利用自身地位和角色的权威打交道。所有的这些因素都可能构成潜在的挑战。实际上，正是在这段时期内，孩子会明白，不同权威可能采用不同方式与他们打交道，而且相同权威也可能采取不尽相同的互动方式与其他孩子打交道。这些经验的不同促使人们进一步界定和发展孩子关于公平对待、决策、限度以及规则的价值观。

与前面章节中的情形一样，我们的目标是检验教育环境下的法律社会化压力如何影响公民价值观、法律态度与推理能力发展，这构成了法律协商模式和维持社会秩序之基础。同样，我们将关注点集中在老师或者其他管理权威创制和执行的规则上。我们将强调，相对于协商取向的模式，学校管理环境的不利影响根植于权威的强制模式。与此同时，讨论会被拓展，以涵括公民教育和通过正式与非正 *159*

式课程来传播法律知识。然而，我们首先就教育的整体目的提出一个一般性的问题。

教育的目的

基础教育（K - 12 education）[①]的目的是什么？在近年关于教育的讨论中，教育中的技能学习目标被不断强调，学校的价值通常被等同于教给学生获得成年人工作的能力，进而使学生从事一个职业和获得高薪水。这就将教育与学习诸如阅读、书写和算数这样的能力划上了等号。从这个意义上来说，最重要的结果就是最大程度地好好表现（如在测试成绩上）。进一步来说，甚至一些人认为学校的安排应能够反映社会，因此学校可以帮助学生像在现代办公室一样的环境里有效学习（Bowles&Gintis，1976）。

然而，值得注意的是，另外一种观点将发展道德能力以及社会和公民能力放在了与获得工作能力等同的位置上。正如阿鲁姆（Arum）指出的，"道德权威问题冲击了公共教育的核心，因为小学与中学既涉及青少年的社会化，又涉及对他们的基本认知能力之培养"（2003，p. 3）。再者，"尽管政策制定者普遍地认识到这样一个事实，即教育是通过人力资本积聚的方式来促进经济发展的动力的，但教育也同高度积聚的社会资本密切相关。实际上，一个重要的理由是，许多民主国家在教育上花费大量的资金是因为教育的社会作用，而不是经济作用——受过教育的选民会给市民社会带来好处"（Campbell，2006，p. 25）。

换句话说，学校教育也很重要，因为它既是一种向学生提供公民

---

① K - 12 教育是美国基础教育的统称，覆盖从幼儿园（Kindergarten）到十二年级（类似于我国的高中三年级），即大学前的教育，所以取幼儿园和十二年级这一头一尾作为简称。——译者注

教育的方式，又是一种向学生传授有关社会及其制度被期待如何运作之知识的手段。这些教育与许多提升优秀的公民品质之方法有关。例如，坎贝尔近来指出，国际教育成就评价协会（International Association for the Evaluation of Educational Achievement，IEA）于1999年所做的公民教育研究（Civic Education Study）发现，在二十八个国家中，教育的许多方面与公民和社会参与存在明显的联系。"尤为突出的一个［发现］是课堂氛围的开放性，或者学生能在课堂上进行政治与社会问题探讨的程度。在分析中，课堂氛围对参与的任一维度都有积极影响：知识、技能、作为一个知情的投票者的意图、公民参与的意图、政治参与的意图、制度信任和容忍。"（2006，p. 28）

　　作为公民教育的积极形式，公共教育有着很长的一段智识历史，其至少可以追溯到著名教育改革家约翰·杜威（John Dewey，1916）的作品。杜威强调，必须通过对孩子的教育，以确保民主审议被建立在知情舆论的基础之上，这是重要的。杜威的教育模式强调围绕学生兴趣来设计学校课程；作为指导者与激励者，老师应鼓励学生积极参与学习。杜威还认为，现实生活的经验应该是孩子教育的一个重要部分。

　　杜威作品的一个关键贡献是，其认为学校本身就是一个民主实验室，学生在其中通过体验民主过程来学习民主过程，那些学生被鼓励去问问题和讨论问题，以及跟着自己的兴趣去成为一个积极和热情的学习者。如果学校是民主实验室，学生在里面学习民主的过程，那么通过定义，学生将借助学习或被社会化而获得某种价值观，这种价值观的内容是社会对人们与法律权威之间的关系之界定。再者，在这段时间内，学生与老师相处，这是一个理想的测试场所，我们通过与这些理想情形的符合程度来评价这些制度的有效性（如合法性）。

　　同样，涂尔干（1973）强调，学校权威代表了社会中的道德权威，其通过这种方式来促进学生有关合理行为的社会规范之内化，并促进他们的自我规制之发展。当学校在这项任务上获得成功时，其不需要关注以强制手段执行规则或者适用惩戒，因为学生认可规则并觉得自己有义务服从规则。惩戒被适用时，首先被传达的信息是不赞同规则违反行为，这加强了遵守规则的重要性。上述这种方式促使人们关注公平性，因为公平的视角是权威合法性与被执行的规则之核心。当学生认为老师是不公平的时候，他们更有可能违反规则（Hollingsworth，Lufler，&Clune，1984）。这种运用权力实施行为的公平关联性在我们探讨管教问题时就被讨论过，并且它对于有关学校与老师的讨论而言是关键性的。

此处的关键问题是，教育经历不仅是（以及不应仅是）关于技能学习的，也不应该仅以孩子习得的认知能力或他们成年之后能挣多少钱作为评定标准。相反，学校教育——尤其是公共学校教育——能够而且经常在学生的一系列价值观之习得方面发挥着重要作用，这对于一个民主社会的成功运转来说是相当重要的。特别是这些价值观构成了人们理解他们在一个民主社会中所扮演的角色之方式，它们同法律与法律权威的运作有关。

例如，在探讨学生是否应该在惩戒情形中获得听证机会的问题时，联邦最高法院已经指出，"学校的课堂是大多数公民同政府权力打交道的第一次机会。通过学校［将价值观］传递给每一个公民和公职人员，从老师到警察和狱警。学生在这个地方学到的价值观将陪伴他们一生"（New Jersey v. T. L. O 469 US 325，1985，p. 385）。在后面的一个案子中亦是如此，"在教育我们的年轻人关于公民问题的知识之过程中，公立学校不应仅仅局限于书本、课程或者公民课堂；学校必须以身作则，传授共享价值观的公民社会规范。不管是有意还是无意，通过他们在课堂内外的行为与举止，老师——以及实际上年长的学生——表现出合理的公民话语形式与政治观点。不可避免的是，这些人(如父母)是行为模范"(Bethel School District v. Fraser，478 US 675，1986，p. 683)。

学校社会化的模式

我们在探讨家庭情况时对比了不同的管教模式,管教模式能够促进或是妨碍人们对权威协商所具有的倾向之发展。学校中也出现了类似的差异,即在将学生转化为好公民的方式上存在差异。在许多情形中,学校注重培育学生服从权威的习惯。在接到指令或学校规则的引导提示与服从要求之前,学生会一直保持不动,这对于这种模式而言是关键性的。但是,对于促进价值观或一个对规则的更复杂之理解来说,这种方法毫无必要。第二种方式是通过形成合法性来行使权力,这涉及在探讨与承诺中借助协商程序来达成一致。对这些技能的学习反映出,在将来的民主社会中,作为公民的成年人应做的那些事情,包括讨论与考虑其他意见,以及承诺和尊重每一个人的权利。

通过纪律和强力进行教育

一种普遍的学校权威模式在本质上是强制性的。[1] 许多批评学校的人支持严厉的惩罚与严格和强硬的管教做法,他们主张通过这种方式锻炼孩子去遵守规则。导致这些人产生上述认知的理由是,学校对校内秩序的维持变得过于慵懒与松散,所以他们心中最明确的答案就是加强纪律。正如阿鲁姆指出的,"依据强制模式,处理学

162

---

[1] 此处的意思是,在现今的美国社会中,强制性学校权威模式是诸多模式中比较普遍的一种。——译者注

生中不断增多的规则违反行为的合理方案很简单：设定严格的规则和惩罚可以解决问题，并能将大多数不规矩的学生带上正道。我们可能需要限制继续实施不合理行为的学生的'能力'（incapacitated），或者为了学校的利益而牺牲他们的利益"（2003，p. 163）。为了维持学校的社会秩序，学校中有很多"更加强硬"（get tough）的或者"零容忍"（zero tolerance）的政策。例如，自上个世纪七十年代以来，公立学校的停学率（suspension rates）翻了一番（Losen，2011）。教育部近来的一项报告指出（2016），在 2013—2014 学年中，有 280 万基础教育阶段的学生受到了校外停学（out-of-school suspension）的惩戒。

然而，上述方式的问题是，它对于发展价值观与教育学生支持性公民态度来说并没有用。讽刺的是，正如我们将要论及的，上述方式实际上破坏了那些批评者意图实现的对学校权威的接受与服从。再者，正如我们在本书中已经指出的，以奖励与惩罚作为手段的工具主义控制在激发人们的行为自我约束方面没有用。其次，与第一点高度相关，上述方式同民主社会中的人们与权威之间的合理关系之价值观不相符。当权威采用这样一种行为控制方式时，人们会认为这个权威是不合理的，从而拒绝权威的合法性宣称以及服从要求。以上这种观点得到了阿鲁姆的支持，他认为"校园规则的增多与严格惩罚的执行并不能必然解决学校的混乱问题，并且可能潜在地导致问题变得更严重，正如学生通常坚定地认为专断性管教做法是不公平和不合法的"（2003，p. 163）。

人们发现，学校里的排斥性纪律政策创造了如下这样的一种环境，即毁了所有学生——而不仅仅是那些被排除在外的学生——的成就（Perry&Morris，2014）；同样，学校的这些做法也破坏了所有学生——而不仅仅是那些潜在受到影响的学生——对正式权威的信任（Kirk&Matsuda，2011）。从更广泛的意义上来说，学校让学生为参与民主社会做好准备。人们发现，学校中的停学惩罚有损投票和公

民参与,这表明惩罚性纪律政策可能给社会造成潜在的长远代价
(Kupchik&Catlaw,2014)。也许最为隐秘的是,关注服从与控制的
强制将导致因学校违规行为而产生犯罪行为和惩戒的可能性增大。 *163*
青少年被卷入青少年司法系统,而青少年司法系统同更严重的犯罪
行为相关(我们将在下一章中予以说明)。这种方式导致了"学校到
监狱的通道"之产生。需要强调的是,传统视角下的被认为由校园事
务人员管理的校内错误行为,现在可能导致青少年被青少年司法系
统施以监禁(Morris,2012)。

教育中的第二个发展呈现出这样的趋势,即通过刑事司法方法
(prism)来界定学生的错误行为,并运用犯罪控制策略来推动学生的
纪律与管理政策(Hirschfield,2008)。现代教育环境的这个特点在
驻校安全人员(SROs)被广泛设置这一点上体现得最为明显,驻校安
全人员像警察一样实施行为。例如,68%的中学生向他们校园内的
执法人员(law enforcement officers)报告情况(Cox,Sughrue,
&Alexander,2012)。上个世纪八十年代以前,校园内有官方派遣的
警察(sworn officers)这样的事几乎从未被提及过,现在接近1/4
(24%)的小学和几乎一半(42%)的中学存在这种官员(教育部,
2016)。在有大量的黑人与拉丁人的学校中,有更多的(51%)警察被
布署。

在许多情形中,驻校安全人员借助与控制街头犯罪时所采用的
策略相同的策略,如使用金属探测器、视频监控等,并且在学校版本
的搜查(stop-question)中,在被搜身以及被搜查柜子和书包前,学生
很少得到警告。这些政策增加了停学、退学或者转学的可能性
(Morris,2012;Skiba,2000),或者更成问题的是,学生因为被青少
年机构逮捕、裁判或者拘留而被卷入青少年司法系统(Hirsschfield,
2008;Mukherjee,2007)。正如厄弗(Ufer)所主张的,"每天……青
少年被叫住、搜查、传唤或者被缺乏训练且监督不足的警务人员逮

捕"(2012，p.1374)。而且，"即使考虑到诸如邻里犯罪、校园犯罪、校园混乱等因素，与其他学生相比，贫困的和属于少数种族的学生也更有可能在学校中遭受严峻的安全状况"(Nance，2014，p.79)。这可能就是为什么基础教育中的黑人学生受到校外停学惩戒的人数几乎是白人学生的四倍的可能性原因之一(教育部，2016)。

尽管在学校中设置警察是对学生安全问题的一种回应(Kupchik&Ward，2014)，但警察的存在与安全的确保之间的联系是不清晰的(James&McCallion，2013)。研究指出，拥有这种安全措施与学生的安全之间并不存在明显的联系(Arum，2003；Curran，2016；Kupchik，2010)。再者，追问这种学校环境的改变如何影响学生是很重要的。一种观点认为，驻校安全人员构建了学生对警察的尊重，并促进了学生对规则的遵守；另一种观点认为，驻校安全人员将学生行为作犯罪化对待，从而使得更多的问题学生进入刑事司法系统。设立驻校安全人员的观点为构建警察合法性提供了不同程度的支持(Jackson，2002)。其他研究指出，这种中学安全措施可能使学生产生疏离感(Bracy，2011；Mukherjee，2007)、破坏学术氛围(Perry&Morris，2014)，并可能潜在地导致更多的学生实施错误行为(Mayer&Leone，1999)。*

从程序正义的视角来看，令人惊讶的是，这些工作人员经常采用不符合程序正义的方式对待学生，如对学生大喊大叫和咒骂，从而使学生受到侮辱，再如异性工作人员拍打学生身体和强迫学生面墙站立(Arum，2003；Mukherjee，2007；Rios，2011)。以上这些行为并不罕见，这也反映了学生在街头遇到警察时可能遭受的待遇(Carr，Napolitano，&Keating，2002；Eagan&Tyler，2005；Tyler，Fagan，

---

* 另一个问题是，老师和行政管理人员如何理解学校中的警察权威。乌尔夫(Wolfe et al.，2015)等人发现，行政管理人员认为驻校安全人员是合法和有效的，而且行政管理人员的判断很大程度上取决于驻校安全人员是否采用了程序正义的方式。

&·Geller，2014）。最令人吃惊的是,学生报告指称,这些遭遇中充满着敌意和威胁的语气（Mukherjee，2007）。一般来说,这些发现表明,驻校安全人员的出现破坏了无警察学校中的权威之合法性,因此他们难以维持秩序（Hyman&·Perone，1998）。

教育的民主模式

在另一种模式中,老师与学校的权威之特点是使用民主的理念与程序来管理学生行为。正如我们已经指出的,约翰·杜威的作品中也透露出类似的观点,他认为,"因为一个民主社会否定了外部权威的原则,所以它就必须寻找自愿性处置与利益的替代方案"（1916，p. 87）。以上这种内在发展的观点与皮亚杰（1932）以及科尔伯格作品中的观点是一致的。科尔伯格认为,学校应该为"青少年提供直接的权力与责任,虽然是在这样一个微小且个人化的社会（如家庭）中进行管理,但这个社会却是复杂的、基于规则的和民主的"（1980，p. 35）。正如人们所期待的——也与科尔伯格的观点是一致的——一项关于青少年的纵向研究表明,参与到一个开放的课堂氛围之中有助于提升学生的政治信任（Claes，Hooghe，&·Marien，2012）。近年来,这种民主方式在课堂中越来越常见,"教师越来越多地成为协助者,而不是权威人物"（Twenge，2006，p. 29）。

165

作为家庭延伸的学校

当然,学生在进入学校以前就对规则与权威有了前见性的观念。马克·丰达卡罗和他的同事们在著作中指明,青少年报告称他们家庭中的解决纠纷之方式的程序正义水平较低（缺乏尊严与尊重、欠缺中立性、缺乏对他们父母动机的信任等）。一旦青少年进入学校中,他们更有可能被卷入不同类型的错误行为中（Fondacaro et al.，2006；Fondacaro，Dunkle，&Pathak，1998）。尤其是，青少年更有可能被卷入离经叛道的同龄人群体中（Stuart，Fondacaro，Miller，Brown，&Brank，2008）。

我们的核心观点之一是，青少年在家庭中的经历会促使他们形成各种前见（blueprint），而这些前见指明了他们期待权威如何对待他们、如何做出决策，以及如何控制他们的行为。这些前见在青少年与老师打交道的时候将发挥重大影响，这尤其在他们对老师的权威与权力之运用的反应方式上得到彰显。当老师的行为与青少年关于合理行使权力的价值观不相符时，他们会拒绝老师，并将老师视为是不合法的（Chory-Assad，2002；Gregory&Ripski，2008；Trinkner&Cohn，2014）。

孩子发展出不同的"典范"（code）来界定他们在面对权威时应该采取不同类型行为的各种情形，这也是可能的（Anderson，1999）。以上这种情形中的关键问题是引发强制和协商性模式的线索。孩子可能认识到他们应该遵守许多权威，但针对其他权威，他们则可以选择与其进行对话，这与一种普遍的说法一致，即学校中有一些权威会让学生觉得这些权威是理解自己的，所以当学生想要一些人来听他们倾诉时，或者需要找到理解他们问题和需求的人时，他们会想到这些权威。

作为权威的同龄人

对于任何一个孩子来说，问这样一个问题是重要的，即就这个孩子而言，谁是合法的权威？老师和学校的行政管理人员是一类发布特定规则的权威。然而，在校期间，孩子加入同龄人群体，他们在与其他学生打交道时发展出复杂的同龄人网络。在许多情形中，同龄人群体(如体育队、学校俱乐部等)与权威并行不悖,其促进积极的社会发展,并为反社会行为的发展提供了重要的保护因素(Eccles, Barber, Stone, & Hunt, 2003; Mahoney, Larson, & Eccles, 2005)。在其他情形中,学生可能将自己同离经叛道的同龄人群体联系在一起。这些群体代表了权威和规则的其他来源,它们可能鼓励学生采取冒险和违法的行为(Rios, 2011)。其他群体的典型例子就是帮派。

那些越难被学校权威接纳的学生或者在学校中越容易被认为不受欢迎的学生就越有可能加入到离经叛道的同龄人群体之中(Stuart et al., 2008)。帮派的成员身份在另外一套身份体系中为上述那类学生提供了一种被尊重和被重视的途径,即使对于在学校中被边缘化、被停学或者被开除的学生来说亦是如此。在这种同龄人群体中的学生不大可能会与权威合作,也不太会报告哪些学生携带武器来学校了(Brank et al., 2007)。与这份研究一样,扬茨(Younts, 2008)认为,错误行为本身可能就是其他同龄人群体具有高度合法性的结果,而具有这种特征的错误行为规范与其他更加传统的学校权威形成了鲜明的对比。其他研究进一步指出,对学校缺乏信任将影响学生加入一个错误团体的可能性,并使学生对学校的行政管理人员和老师采取挑衅性行为(Gregory & Ripski, 2008; Gregory & Weinstein, 2008)。

埃姆勒(Emler)与赖歇尔(Reicher)认为,孩子能拥有两种与权威的关系。孩子可以将规则视为"一种约束关系,人们被要求遵守规范,遵从正式明确的禁止规定和指令,以及服从被授权管理他们的那些人的指示与命令"(1995, p. 147)。另一种关系是一种保障与推动,这种制度为学生提供"权利、对他们的人身以及财产之保护,并在他们受到侵犯的时候为他们提供救济"(1995, p. 147)。埃姆勒与赖歇尔认为,当学生遭遇一个以约束为基础的正式制度时,他们会寻求非制度性方案来解决他们的问题，并对诸如帮派这样的非正式群体和个人网络产生忠诚。

里奥斯(Rios，2011)对帮派吸引力(attraction of gangs)的细节进行了探讨，他认为青少年加入帮派是为了寻求保护，因为青少年认为这些事情是其他权威人物无法提供的。里奥斯认为，存在一个复杂的年轻人控制机制，其中的传统权威将年轻人看作"错误的、有威胁性的、具有危险的和可能犯罪的"(p，xiv)，而惩罚性社会控制之运作需要不断地施实监控、介入和惩戒。里奥斯强调，年轻人"为尊严而[奋斗](strive)，并希望自己在被证明有罪以前被视为公民的一分子。为了尊严而努力，与其说是为了权力，不如说是为了人性"(p. 39)。问题是，在许多情形中，学校成为了这样一个地方，即在那里，学生"的一般性需求通常被拒绝，而在其他人眼中，这些需求通常是积极向上的，而非堕落腐化的"(p. 58)。

最后，里奥斯认为，不断地试图约束和控制年轻人会导致他们在自身与外部控制的关系之中界定权威。因此，当面对正式权威缺位的情况时，年轻人就会变得不能基于内在价值观而行动。在以违法青少年为对象的采访中，里奥斯指出，"通常情况下，男孩们严格遵守缓刑监督官(probation officer)的命令，但这种遵守也只是在监督官直接在场的情形下。缓刑监督官的惩戒措施不能教会年轻人如何通过自我控制——而不是通过外在约束——来调节自己的行为。[缓刑监督官的]这种强制经常会激化孩子们的怨恨，并引发他们的抵制，甚至有时会导致他们实施违法行为和犯罪行为"(p. 87)。

除了感到被帮派接纳和尊重外，孩子青睐帮派的另一个原因是，帮派中的权威运用方式对于孩子来说与家庭中的权威运用方式一样令人熟悉。帮派中的权威具有支配性，并带有工具主义的特点，其通过暴力来达成它们期冀的目的。尽管关于帮派和欺凌的探讨强调了权威的运用方式之不可接受性，但因同样重要而必须指出的是，许多家庭社会化的模式使孩子难以理解权威,这涉及到其他观点的讨论与考量。孩子可能会发现,作为一种管理其他人的方式,暴力攻击与他们早先所理解的一般情况下的权威是一样的。

将公平的学校与权威态度发展联系起来

学生进入学校时对权威的态度受家庭情况之影响。同样,在学校中,大量正义的经历不断加强这些态度,其既可能促进,也可能损及学生对权威的服从(Paulsel,2005)。我们可以在针对家庭情况、父母权威和教育环境的那些产生共鸣的程序正义研究中发现许多相同的主题。不良的师生关系总是具有规则不明确、不连贯或偏颇的规则执行、单向沟通、严格的纪律、敌对行为、对学生的自主性缺乏尊重等特点,所有这些因素在学校中都会破坏合法性权威概念的发展,进而导致学生实施违法行为(Arum,2003；Slobogin&Fondacaro,2011；Payne,2008；Jenkins,1997)。

相关研究特别指出,程序正义是评价老师和学校的关键标准　*168*
(Berti,Molinari,&Stepltini,2010)。* 例如,古维亚 - 佩雷拉
(Gouveia-Perevia)、瓦拉(Vala)、帕尔莫纳里(Palmonari)和鲁维尼
(Rubini)在研究了超过400名年龄在15岁至18岁的学生后发现,学生对校园内待遇情况的评价提升了教师权威的合法性,他们通常对法律权威采取更积极的评价。古维亚-佩雷拉的研究结果表明,“对

---

* 这些问题对于每一个人来说都是重要的。尤其是青少年时期是自我评价与自我定义的阶段,所以关于一个人身份和地位的信息是重要的,对于青少年而言则尤为重要。基于这个原因,青少年对来自其他人的尊重或不尊重特别敏感(Tyler&Huo,2002)。帮派中的青少年和那些感到自己处于社会边缘的青少年对来自其他人的不尊重迹象尤为敏感,这一点在有关帮派暴力循环(cycle of gang violence)的讨论中得到了人们的认可。换句话说,不尊重是一种强烈的社会信号,尤其是当它来自于一个社会权威时(如警察、老师等)。

教师及其建议的合法性之累积更多地是受到关系和程序正义之影响，而非分配方面的影响"（p. 318）。实际上，学生对学校权威的认可更多地取决于老师对待他们的方式，而不是给他们的分数。更为重要的是，学生报告说，当他们感到自己得到了老师的倾听和理解时，他们就不怎么会去实施破坏行为。

古维亚-佩雷拉和同事们的结论并非是孤立的。许多内容覆盖小学至大学的研究指出，教育环境下的不正义经历对学生的行为——尤其是校园侵权行为和校外的违法行为——具有深远的影响（Chory-Assad，2002；Chory，Horan，Carton，&Houser，2014；Chory-Assad&Paulsel，2004a，2004b；Estevez，Murgui，Moreno，&Musitu，2007；Estevez，Murgui，Musitu，&Moreno，2008；Gottfredson&Gottfredson，1985；Gottfredson，Gottfredson，&Gottfredson，2005；Hollingsworth，Luffer，&Clune，1984；Herrero，Estevez，&Musitu，2006；Horan&Myers，2009；Horan，Chory，&Goodboy，2010；James，Bunch，&Clay-Warner，2015；Liska&Reed，1985；Musitu，Estevez，&Emler，2007；Paulsel，2005；Welsh，2001，2003；Wu，Pink，Crain，&Moles，1982）。正如詹姆斯（James）及其同事所指出的，"相对于那些相信老师的学生，在老师处受到不公平对待的学生更有可能携带武器到学校，并在学校中打架。相对于那些认为规则公平的学生，认为规则不公平的学生也更有可能带武器到学校来"（2015，p. 169）。并且，与我们的观点一样，这些行为的影响反映了这样的事实，即从更一般的意义上来说，不公平损害了老师与正式权威的合法性（Gouveia-Pereira et al，2003）。

上述影响并不局限于学生与老师之间的私人互动。同样，在任何一天中，这些学生与老师之间的互动影响了整个学校的纪律环境。从这个更宏观的意义上来看，公平对积极的学生成绩也有重大影响。

例如,科内尔(Cornell)、舒克拉(Shukla)与科诺尔德(Konold)对弗吉尼亚接近十万名初中生(七年级与八年级)与高中生(九年级到十二年级)进行了研究,他们采访了学生对权威性学校氛围的体验,其中包含的观点有,学校规则是"严格但公平执行的",以及学校的职工都对学生"充满尊重"和希望他们"能够成功"(p. 5)。科内尔等人假定这样的氛围能促使教职人员关心学生;反过来,学生在这样的氛围中能感到舒适并愿意寻求教职人员的帮助。研究结论很大程度上支持了科内尔等人的期待,这表明一个更具有权威性氛围的学校更有可能促使学生取得好成绩和充分受到鼓舞,从而积极参与到学校的计划中。以上这些发现同其他的一些研究相一致,这些研究将公平的校园规则与积极的关系同校园职工较少的暴力(Johnson,2009)、较少的错误行为(Henrich,Brookmeyer,&Shahar,2005)以及较高的学术成就(Gregory&Weinstein,2004)联系在一起。

有趣的是,科内尔等人(2016)指出,强制施加严厉规则并不必然会导致消极的后果;相反,其结果取决于学生所认为的他们在被管理时获得的公平程度。科内尔等人将这种类型的学校氛围同惩罚性学校氛围区分开来,他们认为"学校权威可以使纪律严格且公平,而不是严苛或者苛刻"(p. 13)。问题不是学生有规则还是没有规则——规则与后果都是必要的——而是这些规则是什么以及它们如何被执行。当学生被指责做错事时,当学生应受惩罚并且权威公平而有尊严地实施惩戒时,以及当学生有机会对自己的行为进行辩解时,他们会对试图监督并控制他们的行为予以回应。以上这种模式与我们在前面章节中论证的权威型管教模式的观念基本一样。与前述情形一样,与那些专断性氛围的学校相比,权威性氛围的学校更能有效地管理好他们的学生(Pellerin,2005)。

这些影响也并非仅作用于学校环境内。我们在前文中已经指出,学生在学校中的经验将为他们将来参与法律和政府活动做好准备。如果这是正确的，那么这些经验应该同学生对法律与国家机构及其工作人员的观点与期待存在联系。我们在古维亚-佩雷拉等人的研究情形中已经指出，老师的公平性与学生对校园环境之外的法律实施主体更积极的态度相关。除此之外，詹宁斯(Jennings)和尼米(Niemi)在他们的研究中指出，十二年级的学生对老师和行政管理人员公平性的观点为上述观点提供了证据支持(1974)。詹宁斯和尼米发现，学生对公平性的判断影响了他们对政府的信任。有趣的是，上述这种影响取决于学生的家庭环境。学校公平性的观点尤其对某些学生——他们的父母对政治过程基本不信任——的政治信任有强烈的积极影响。换句话说，学校环境为那些父母不信任政治(politically cynical)的未成年人的政治信任带来了更多的改变。然而，詹宁斯和尼米强调，学校对学生的政治态度和之后的政治参与之影响虽然是可以被观察到的，但在程度上却是微弱的。

少数种族成员在校园公平和教师权威问题上的差异尤为明显。我们已经指出，少数种族的学生更有可能受到惩戒处罚，而且学校中的少数种族学生越多，学校就越可能依赖于警察来管理他们的学生。也许这并不令人感到惊讶，因为少数种族学生更有可能报告他们所经历的负面校园环境和不公平待遇，而这使在学校社区中的他们产生了被边缘化的感觉，所以他们不能有效地融入到校园环境中(Bruch&Soss, 2016)。以上这些观点加剧了对未来的公民参与之破坏，包括投票和对政府的信任。正如布鲁赫(Bruch)和索斯(Soss)所认为的，"很少有机构能与学校媲美，学校将自身作为平等主义者的希望和计划之中的孵化器(repositories)……然而，大量的实证研究表明，美国的教育制度并不符合这一印象"(p. 48)。从这个角度来看，随着青少年在学校社区中——乃至更大的政治群体中——变得疏远人群和消极参与，学校将人们的"社会附属地位转变为公民与政治上的边缘化"(p. 49)。

在培养学生对待制度与权威的态度方面,教育环境中的公平性尤为重要。然而,教育中的公平由什么组成? 针对这个问题,教育公平的组成部分与管教或政治中的公平的组成部分在许多方面是一样的。要素之一就是对学生表现出关切和兴趣(Wu et al.,1982)。公平的老师是那些关心学生、以尊重人的方式对待学生,并在学生值得表扬的时候给予他们褒奖的老师(Dornbusch,Erickson,Laird,&Wong,2001)。教育公平的第二项要素包括以连续的方式适用明确和透明的规则,对决定进行阐释,在做出褒奖或惩罚的决策前讨论其潜在的规则破坏性,以及给学生提供让他们为自己的关切与问题发声的机会(Gottfredson et al.,2005)。简单来说,一个公平的老师是"有能力、关心学生和尊重学生的"(Way,2011,p.366),这在很大程度上与我们对一般程序正义研究的讨论是重合的。

我们在论证程序正义问题时就指出,决策的情况与待人情况存在区别,这种区别植根于相关权威的观念之中(Tyler&Lind,1992)。权威既做出决策以执行规则,又传递了关于包容与地位的重要社会信息。如果一个孩子在一个群体范围内,那么他们就有权获得来自群体权威的礼敬、尊重和关切。再者,孩子得到的礼敬、尊重和关切反映了他们在群体中的身份与地位。因此,在以羞辱人或鄙视人的方式对待一个孩子或者一个成年人时,一个权威就是在向他们传递这样的信息,即社会并不尊重和重视他们,也不认为他们的需求与关切是重要的,他们的利益未被重视。以上这些信息都是相关联的,因为它们探讨的是社会纽带的功能(valence)。即使一个权威是中立的,其给学生发声的机会,并对决策进行解释,但该权威也仍然可以传递消极的社会信息,反之亦然(vice versa)。无论权威做出了什么决定,也无论权威如何做出决定,人们都应该能被有尊严、有礼貌和充满敬意地对待。

在有关学校权威的研究中,我们也可以发现对待人与决策之间的区别之关注。例如，在对 4640 名 11 岁至 17 岁的学生开展的关于学校氛围对学校混乱之影响的研究中，威尔士（Welsh，2001）区分了决策规则（如规则的公平性与明确性）和学生对他们所受待遇的感觉（如充满尊重的校园氛围）。威尔士发现，犯罪行为和并不属于犯罪行为的校园错误行为一样，两者都同规则公平性、规则明确性以及对学生的尊重相关。

进行公民教育的学校

在学校中，正义或不正义的经历在更广泛的意义上传递了有关社会及其制度的本质之观念（Res&Sabbagh）。学生学习必要的知识、技能、态度与价值观，从而使自己以积极的（participating）公民之身份参与到社会中。尤其是在民主社会中，学校有责任传递民主结构与民主过程的理念，并致力于发展民主态度与价值观（Nie，Junn，&Stehlik-Barry，1996）。

一个关键性的问题是制度信任。信任是创建社会网络与制度的前提，而社会网络与制度可以实现团结，并促进公民参与（Sullivan&Transue，1999）。制度信任对于法律而言尤为重要，学校是公民身份认同与公民态度的核心社会化组织者。学校是孩子遇到的第一个机构权威，而且学生在校园中所经历的公平体验将影响他们对社会的更广泛之看法。尤其是老师和学校里的其他行政管理人员向学生传递了如下信息，即作为人所应具有的地位以及在社会中的身份（Emler&Reicher，2005）。学校将学生属于并且应是学校社区的一个重要部分之事实告诉学生，以增加他们对学校机构的能力之信任。

172　　　雷什（Resh）与萨巴格（Sabbagh）认为，并不是正式的课程塑造了学生的态度与价值观（2014a，2014b）。相反，雷什与萨巴格认为，是被其他人公正对待的感觉塑造了学生的态度与价值观。雷什和萨巴格发现，具备公正氛围的学校会鼓励学生形成一种民主自由的倾向，包括尊重少数种族群体的权利。雷什和萨巴格还发现，无论学生是否觉得他们学校的程序具有公平性，无论学生是否受到权威的公平对待，无论学生的分数是否以公平的方式给出，学生都将受到影响。正如人们在审判中会认为判决应该体现有关他们真实行为的证据，学生也认为公平的分数应该体现出对他们的作业数量与质量的不偏不倚且客观实际之评价。

作为公民受教育的场所（theme），学校已经成为一个重要的机构。一种普遍的观点是，学生受的教育越多，他们越会支持民主态度与价值观。正如康沃思（Converse）所主张的，"无论一个人处理的是认知问题（如政治信息的事实水平或评估中的概念复杂性），还是动机问题（如对政治投入的关注度和政治事务所涉及的情感），抑或是实际上的行为问题（如参与到包括从政党工作到投票率本身在内的任何类型的政治活动中），教育是无处不在的，而且这种关系总是处于相同的方向上。教育的层次越高，作为变量的'好'的价值观的可能性就越大。高教育水准的公民更细心、富有知识和参与积极，而未受过教育的公民则不然"（1972，p. 324）。同样，马什（Marsh）与卡塞（Kaase）认为，"教育是对许多形式的社会参与进行预测的重要工具之一——事实上常常是最重要的预测工具——从投票到成员身份……简而言之，教育是相当有说服力的公民参与预测工具"（1979，p. 186）。

与今天的人们在谈论学校教育时会关心技能学习的观点一样，学者们认为，正式教育中的关于法律与政府的问题已经被"忽视了几十年了"（Galston，2001；Tapp，1976）。尽管美国的正式教育水准有了巨大的提升，但关于政治的知识由于被忽视而在过去五十年中取得什么进步。尼米和琼恩（Junn）也指出，政治社会化的研究"近乎被放弃了"(1998)，这种观点得到了注意到政治社会化研究混乱状态的其他人的回应(Conover&Searing，2000)。

从目前已有的研究情形来看，学校中的公民教育可以提升孩子的政治知识与态度，这一点是明确的，而这些类型的教育经常不被认为是正式的教育。早期的研究认为，公民课堂对孩子的政治知识和行为影响很小(Langton&Jennings，1986)。然而，更晚近的研究则对以上这一悲观的结论提出了质疑，并表明了正式课程的影响(Denver&Hands，1990；John&Morris，2004；Westholm，Lindquist，&Niemi，1990)。例如，在一些国家中，投票与选举的课程已经被证明可以提升学生的投票意愿(Torney-Purta，2002)。上述发现支持了政治知识影响成年人政治行为——特别是成年人参与到政治制度中时的行为——的一般观点(Jennings&Stoker，2004)。

公民教育促进民主价值观发展的一个重要例子来自于国际教育成就评价协会于1999年进行的公民教育研究，该项研究调查了来自28个国家的9万名14岁的孩子(Campbell，2006；Torney-Purta，2002)。国际教育成就评价协会的这项研究发现，在一个开放的课堂氛围中，一个学生的经历与更多的公民知识和公民能力以及更强大的公民权能存在联系，学生在这样的课堂中可以讨论政治问题与社会问题。上述环境中的学生更有可能进行公民与政治参与，也更有可能信任他们周边的政治机构、法律制度与警察。教育对制度信任的首要影响与传统上的公民义务有关。孩子在参与传统的政治活动和遵守规则方面表现出传统的公民倾向。而且，正如前文所指出的，一个人对合理权威关系的理解将影响他们对法律与政府的看法。那些认为自己有义务服从法律的人，也可能认为自己在政府中的义务是服从政治领导人，而不是去质疑政治领导人。

之后，在国际教育成就评价协会开展的数据分析中，托尔尼-普塔(Torney-Purta)与威廉肯费尔德(Wilkenfeld)发现(2008)，从学校中获得的民主经验将促使人们汲取更多关于人权的知识,并让人们具有更包容的倾向。再者,更开放的课堂与校园氛围能够提升学生的规范意识,并使他们支持移民者的权利。托尔尼-普塔与威廉肯费尔德认为,"有很坚实的辅证可以表明,对于所有的学生来说,日常的民主经验在态度的形成方面是相当重要的。换句话说,学生在课堂内可以自由讨论观点,在学校中可以感到他们能通过富有成效的方式参与到学校活动中,而这些都有益于年轻人对人权之支持"(p. 875)。

除了将公民教育当成一种抽象的观念外,我们还可以考虑公民教育的内容。有关公民教育内容的研究发现,对关注公民权利之强调并不意味着排除公民的义务(Gonzalaes et al. , 2004)。丝毫不令人意外的是,关于高中生的研究认为,相比于义务,学生更愿意接受权利(Bos,Williamson, Sullivan, Gonzales, & Avery, 2007)。考虑*174*到学生能够意识到的义务之程度有限,他们更有可能参与到政治与公民活动中,而且义务的影响比他们所能意识到的权利的影响要强。以上观点指出了基于权利的个人主义之局限性,并点明了将发展义务作为政治社会化进程的一部分之必要性。实现上述做法的一种重要方式是改变高中公民教科书的占比,因为"当只被提醒他们所拥有的权利,而不被告知他们应该按照公民与政治义务做出行动时,学生参与政治的积极性会降低"(p. 1278)。

在针对高中早期的公民课程的调查中(1974),詹宁斯与尼米在他们的样本中发现,尽管几乎所有的学生(98%)都参加了美国历史的课程,但少于一半的学生参加了关于美国政府的课程(43%)或者关于美国问题的课程(27%)。有趣的是,詹宁斯与尼米发现,非裔美国学生受公民课程的影响最大。例如,詹宁斯与尼米指出,当非裔美国学生接受公民教育时,他们的政治效率就会提高,这得益于公民课程的发展趋势,即强调"公民参与和控制的合法性、合理性与可行性"

(p. 196)。詹宁斯与尼米指出，这些公民课程在多大程度上导致了人们后来的失望是不明确的，因为贫穷的和属于少数种族的学生所面对的是在低效率世界中生活的现实。

这些内容的一个例子可能是这样的发现，即相对于白人，少数种族的年轻人的政治信任以更快的速度降低，也许这反映了少数种族的年轻人与警察打交道的实际情况。当未成年人将好公民分为两类时——强调参与与强调忠诚——61％的非裔美国人和41％的白人强调忠诚。参加公民课程提升了24％的少数种族对忠诚的重要性之认识，但公民课程所带来的忠诚提升比例在白人中却低至7％。詹宁斯与尼米指出，公民课程"似乎在向黑人灌输一种角色期待，即一个好公民总体上应是一个忠诚的公民，而不是积极参与的公民"（p. 202）。詹宁斯与尼米认为，上述内容是对未成年的非裔美国人的实际参与机会之切实评估。

法律推理的发展

法律发展的一个关键方面是一个人对法律与法律问题所进行的日益复杂的思考。这种日益复杂的情况在孩子进入学校后依然在持续。在某种程度上，正式教育通过强调认知能力之方式加速了这个
175 发展过程（Tapp，1976）。然而，持续的发育成熟与神经发展过程也很重要，这些早在本书的第五章和第六章中就已经被讨论过了。再者，针对规则与权威的推理是孩子与同龄人以及不良的亚文化打交道的一个结果。孩子可能提出另一种法律概念，从而对公民课程中的理想情形造成挑战（Anderson，1999）。

关于青少年推理的研究认为，有关规则的观点在许多重要方式上发生了变化，其中之一是法律失去了绝对性的意义（Tapp&Levine，1974）。我们已经指出，幼儿通常寻求成年人的干预来解决纠纷，且

幼儿关于法律程序的概念还包括让渡权利给成年人。以上这些观点在成年人中并不存在，但成年人通常也会认可个人自主与个人自由之概念。成年人会探索与自主相对的权威限度（Milnitsky-Sapiro，Turiel，&Nucci，2006），并从应该如何运作的角度来评价权威（Adelson&Beall，1970；Adelson，Green，&O'Neil，1969；Adelson&O'Neil，1966）。尽管以上现象在很大程度上是自然成熟的一种表征，但与学校权威打交道的经验被人们一致认为深化了这一轨迹（Tapp&Kohlberg，1971；Levine&Tapp，1977）。

因为法律与规则失去了它们的绝对意义，所以年轻人只能通过具体情形下的法律与规则之适用来理解许多规制行为的规范。我们在前面章节中已经指出，孩子对父母超出他们认可的父母权威之限度的控制行为进行抵制。同样的情况在学校中也存在。例如，亚里夫（Yariv，2009）对超过 200 名以色列小学生和中学生进行半结构性访谈①（semi-structured interviews），以研究他们关于老师权威与服从的规范意识。亚里夫发现，许多学生对老师的权威限度有着发展良好且思路清晰的认识。当老师试图干预私人问题、违反学校规范、提出超出学生能力的要求、将学生推向有违他们私人道德的情形或者侵犯学生的公民权利时，学生最不可能认可和接受老师的权威。在面对上述情形中的任何一种时，少于半数的学生感到自己有必要遵守他们老师的指令。

除了行为领域的认知限度外，年轻人还认识到，许多规则与权威仅能在特定语境下规制行为，而这一问题在学校中显得尤为尖锐。在学校中，学生们开始认识到，他们的老师在校园外没有任何的权力（Laupa，1991；Laupa&Turiel，1986）。在一个以幼儿园到六年级

---

① 半结构性访谈指按照一个粗略的提纲进行访谈，访谈者可以根据访谈时的情形进行灵活调整。——译者注

(K－6 garden) 的学生为样本的研究中，劳帕 (Laupa) 与图列尔 (Turiel) 询问参与者在以下三种语境下是否会服从校长的指令：其他学校、一个公园和孩子自己的家里 (1993)。很大一部分学生拒绝在学校以外的场合服从校长的权威，除非在涉及直接伤害的情形下（如在公园中阻止一场斗殴）。以上发现得到了对学生进行访谈的亚里夫之回应。亚里夫指出，如果老师不在校园范围内，那么他们仅有很小的权力（如果有的话）。随着孩子的成长，他们开始理解一个权威的合法性——以及紧随其后的遵守该权威之义务——不仅取决于被质疑的行为，还取决于该行为所处的社会语境。学校提供了一个有利于学习这些区别的环境。

随着青少年的推理能力之发展，上述认知可能影响他们对法律与政府所持的态度。随着权威概念的发展，孩子开始逐步形成有关民主与参与过程之观念 (Helwig, 1998; Helwig, Arnold, Tan, &Boyd, 2007)，开始认识到法律存在不好的可能性，且此时其不应该得到服从 (Helwig&Jasiobedzka, 2001)，并渐趋构筑起对个人权利之认知 (Sherrod, 2008)。以上过程说明了合法性的第三种要素，即认识到限度的存在。一个人并非在生活的所有方面都是权威，而且人们在许多领域无需服从权威。再者，人们可以质疑权威是否合理运作，并根据决定是如何被做出的来抵制不正义的命令。随着不断成长，孩子开始相信他们没有必要服从一个非法形成的命令。

教育语境与涉法行为

在教育经验中，灌输支持性公民态度与价值观的一个主要目的，是提高孩子将来遵守规则并接受法律权威对他们行为的规制的可能性。学校——通过整个纪律氛围和老师行使权力的方式——影响了年轻人在校园内外所实施的犯罪行为与错误行为之程度。尽管犯罪行为与错误行为在很大程度上植根于管教情况——我们曾在前面章节中论证过——但行政管理人员可能加剧这种外在化的行为，这取决于他们在这种校园环境内的尝试管理学生之方式。

教育环境与学生的不良行为之间的关系可以在有关欺凌与攻击其他学生现象的研究中得到阐释（Brubacher，Fondacaro，Brank，Brown，&Miller，2009）。校园欺凌已经迅速成为一个非常突出的全国性问题，其中包括人际间的经验（Wang，Iannotti，&Nansel，2009）与网络欺凌（Kowalski，Giumetti，Schroeder，&Lattanner，2014）。尽管欺凌行为可能在任何地方发生，但州政府与联邦政府不断聚焦于校园内发生的欺凌行为（Stuart-Cassel，Bell，&Springer，2011），其中包含攻击性的活动、通过流言蜚语进行社会排挤或者排斥孩子进入社团、语言欺凌（如骂人）以及网络欺凌（Brank，Hoetger，&Hazen，2012）。欺凌行为本身很重要，但因为欺凌行为与后来的人际间暴力行为、吸食毒品以及逮捕存在联系，所以犯罪学家和法律学者更加认识到欺凌行为的重要性（Farrington&Ttofi，2011）。

欺凌问题在那些缺乏家庭情感联结或者经历了严苛和强制性管教模式的人们之间越来越突出，也许这并不足为奇（Bayraktar，2014；Cook，Williams，Guerra，Kim，&Sadek，2010；Dishion&Tipsord，2011；Espelage，Low，Rao，Hong&Little，2014）。相似的联系也出现在教育研究中。近来，一项针对一百七十二项独立研究的元分析发现，积极性和支持性的校园氛围同低水平的欺凌行为与受害程度有关（Cook et al，2010）。例如，金德伦（Gendron）、威廉姆斯（Williams）与格拉（Guerra）花一年时间跟踪研究了超过 7000 名五年级、八年级与十年级的学生（2011）。金德伦等人发现，学校的纪律环境同当时的以及随着时间发展而出现的低频率欺凌问题存在联系。重要的是，一个积极的、非强制性的校园氛围对于那些学生——

尤其是柔弱的学生(如自尊心差的学生)——而言是最重要的。以上这些结果表明,通过确保一个公平而积极的环境,学校可以强化学生的遵守规则之倾向,并对学生进行约束,以防止他们实施攻击性或破坏性行为。

同样的发现在校园暴力问题中更普遍。为温暖而积极的氛围所环绕的学校会使得学生感到安全,从而远离伤害与羞辱,并且此种环境同暴力侵犯行为的低频率存在联系(Wilson,2004)。尽管存在上述这些联系,但学校里的许多行政管理人员寻求植根于以威慑犯罪为目标的控制策略之快速解决方案来解决校园暴力问题,如对潜在的不良学生施加停学或开除之处分,或者为加强学校监督而在入学中增加障碍,又或者增加警察在学校中的出现频率(Arum,2003;Greene,2005;Limber&Small,2003)。以上这些措施不仅在效用上存在局限性(这一直都是本书的核心观点),而且作为应对策略,它们也仅在行为发生后才能被执行。上述措施与心理学家以及其他教育学研究人员所提出的策略形成鲜明对比,后者主张以改善校园环境、平等地执行规则以及采取尊重人的待人方式(Gendron et al.,2011;Sherer&Nickerson,2010)之手段阻止不良行为的发生。

尽管对于孩子自己的权利而言,他们实施校园欺凌与侵犯他人是有问题的,但他们并不必然是非法行为的例证。如果我们认为法律社会化与教育环境存在联系,那么老师的权威不仅应该与学生的法律态度、价值观和推理能力之发展相关,而且应该与对非法行为的参与(或不参与)相关。在以上这个方面,教育权威的研究与我们的观点是一致的,即校园权威管教与管理学生的方式对违法行为有直接的影响。

阿鲁姆在针对超过 1 万名来自全国教育纵向研究(National Education Longitudinal Study)的高中生的态度与行为的研究中发现(2003),当执行活动具有公平性时,严格执行规则与学生自愿遵守法律的意愿无关,但当规则执行不公平时,学生更可能实施违法行为。当我们考察学校中的打架问题时,相同的情况也会出现。对于我们此处的讨论来说,重要的是,只有当学生认为纪律是以公平和有尊严的方式被实施时,纪律的严格性与低逮捕率存在联系之事实才能被发现。

韦(Way)通过使用相同的数据发现,"更多的学校规则与更严格的体验预示着更多的破坏行为,而不是更少的破坏行为"(2011,p. 346)。韦的发现中的一个关键问题是,校园权威的合法性之流失减弱了。韦指出,"当学生认为对老师与规则的服从不存在问题时,他们更有可能服从"(p. 363)。再者,"不服从老师是合理的"这种观念根植于学生认为老师是不公平的。

以上这些观点支持了我们在此处与其他地方提出的观点(Fagan&Tyler,2005;Tyler&Fagan,2008),即权力行使不可避免地损坏合法性并引发了人们的侵犯行为,虽然这并不是固有的,但真正重要的是权威如何运作。实际上,我们关于人们形成的对法律的协商倾向比强制倾向更具有优势的全部观点之得出,很大程度上是基于具体模式的过程,而非基于具体模式的结果。

一个公平的过程是至关重要的,因为其建构了校园内外的合法性(Gouveia-Pereira et al.,2003)。正如阿鲁姆所指出的,"不被认为是合法的学校权威经常导致学生的抵制行为,而且往往适得其反……不具合法性的权力行使往往适得其反"(2003,pp. 182—183)。阿鲁姆认为,学校纪律的有效性取决于学生心里是否认为规则是公平和正义的。若学校能够以学生所认为的公平之方式执行规则——即使学生们认为规则是严厉的——则这样更有可能使得学生认为不遵守法律是不能被接受的。通过这种方式,学校既能够提高年轻人的学习成绩,又能促进他们的法律社会化。当学校的纪律与学生内心的有关公平与正义权威的价值观相一致时,学生就会将权

179

威判定为是合法的，并以合理的方式采取行动。

正式与非正式的法律教育

有另一种能够发展孩子对法律与法律权威的公民态度与价值观之方式，即让他们在公民课程中接受正式的训练（Justice&Meares，2014；Tapp，1976）。这种正式的训练教授了孩子一种积极的——并且我们将论证其也是理想的——法律与政府版本，这个版本代表了法律制度在社区中的合理与恰当之作用，而此种作用由法律制度背后的价值观所决定。法律制度背后的价值观以结构化的形式呈现出美国法律，如它将法院描述为解决司法问题的重要场所，而且它给人们留下了这样的印象，即法律体现了公众福祉，其致力于社会中的人们的普遍利益。然而，在许多正式的公民教育情形中，学生在学校学习到的内容与他们在现实情况中的经历几乎没有相似之处。

对于许多学生来说，法律的理想情形具有实质的有效性。尤其是对于那些有坚实的经济基础的人而言，他们更愿意寻找他们在正式课程中学习到的内容与他们同法律打交道的经历之间的相似性。然而，即使对于这一群体来说，在与制度接触时，他们也会强调社会的法律价值观之理想情形与不完善的刑事司法实际之间的分别。例如，尽管审判是美国司法的标志性表征，但实际上，理想版本在我们的制度中是不存在的。设想此处有一个中立的场所，一旦青少年被卷入法律制度中，司法权威将在这里确定青少年的罪行，其将引入大量的指控，进行诉辩交易（plea bargaining），实施审前拘留（pretrial detention）。同样，那些最开始将警察视为具有仁爱和负责任之特点的人经常会发现，他们与警察打交道的实际情况确实不尽如人意（jarring）。例如，许多研究已经表明，与警察打交道的经历对那些很少与警察打交道的人的影响最大（Rusinko，Johnson，&Hornung，

1978)。在所有这些情形中,人们通过许多方式开始慢慢认识到,法律制度的实际情况与作为法律制度之基础的价值观并不相符。

以上这种不一致对于那些具有少数种族身份和贫穷背景的学生来说尤为明显。对于少数种族学生和贫穷学生而言,法律的理想图景与法律制度的实际情况之间存在云泥之别(Justice&Meares,2014)。这些法律制度提供了正义的图景,但也发挥着其作为一种社会控制制度之作用,包括努力控制和支配那些存在实施犯罪行为风险的青少年。而且,研究表明,这种控制与支配经常涉及恐吓、滋扰和羞辱(Carr,Napolitano,&Keating,2007;Fagan&Tyler,2005;Mukerjee,2007)。换句话说,尽管少数种族学生和贫困学生被法律社会化,并且在法律制度之外渴望和期待像其他任何人一样,但他们所有人都会遇到这样一个法律实施主体,该主体经常以违反价值观的方式行为,而这些价值观被包含在这些制度中,法律实施主体被期冀持有这些价值观。有鉴于此,大量的研究表明,少数种族和穷困中的人更有可能将警察视为是非法的,并认为警察代表不了合理的法律价值观,这丝毫不令人感到意外(Trinkner&Goff,2016)。

法律动员

在实施了或者被怀疑实施了违法行为时,人们借助法律同警察和法院打交道,但法律不仅是一种常规方式,还是一系列理念和程序,它为人们的不满提供救济的场所。以布雷耶(Breyer)为代表的学者认为(2010),社区的有效运作取决于人们认为存在能以公平方式和实现他们权利的方式来解决纠纷的地方。因此,法律不仅是一套人们需要遵从的规则,其还为人们提供了伸张正义的理想联结方案。然而,法律对这些理念的维持取决于人们被动员参与法律制度的情况，而法律制度的目的是解决（pursue）人们对他人的不满，以及寻求类似禁令和损害赔偿这样的救济措施。

在关于法律意识的研究中，希尔比（Silbey）将14岁的学生作为研究对象，她发现，年轻人认为法律赋予他们以权能（empowering），给予他们发言的机会，并使他们能够得到倾听。然而，这些研究主要在中高年级的学生中展开，他们的观点反映了人们对法律与权利的积极看法。这是一个很好的例子，它说明法律制度同公民打交道的实际行为与关于合理的法律制度-公民关系的社会价值观保持一致是有益的。上述研究中的学生并没有经历他们心中的法律理想型与他们同法律打交道的经验之冲突。

181　　　　以上这种积极经历的一个例子是学校中的模拟法庭为学生提供的经验（Nessel，1998）。在涉及模拟法庭的情形中，"青年陪审团"（teen juries）使年轻人能够参与到对他们同龄人（通常都是初犯）的刑事审判之中，而且这些年轻人甚至能做出量刑决定（甚至有一些模拟法庭允许青少年法庭作出有罪或无罪的裁判）。许多青少年法庭也让年轻人在法庭中扮演其他重要角色（如检察官或法警），这么做的目的是让年轻人参与到最能体现美国法律价值观和理念的法律程序中，并通过这种方式将这些理念传递给年轻人，以培育良好公民。同时，青少年法庭还会提供一个重要的转化方案，旨在降低青少年司法系统中出现违法者的可能性。① 尽管存在这样的美好意图，但研究中的潜在情况却是喜忧参半（Bright，Young，Bessaha，&Falls，2015；Harrison，Maupin，&Mays，2001；Stickle，Connell，Wilson，&Gottfredson，2008）。青少年法庭是否为青少年未来的公民身份打好了基础，这似乎取决于诸多项目中的每一个具体项目之

---

① 青少年司法系统中的违法者就是青少年违法者，而降低他们在青少年司法系统中出现的可能性，就是指通过模拟法庭等形式的价值观灌输来培育良好公民，以减少青少年违法的可能性，进而减少他们被卷入青少年司法系统的可能性。——译者注

特定情况(参见 Nessel，1998)。

　　然而,学生不是必须在学校里体验正式的法庭程序,进而学习程序背后的那些程序理念的。许多学校语境下的管教听证会(disciplinary hearings)在功能上发挥了替代(as proxies)正式青少年司法系统之作用。问题是,至少从法律社会化的视角来看,许多学生主动规避对这类听证活动的参与,即使他们是受害者。莫里尔(Morrill)等人研究了学生在歧视、骚扰、自由表达与集会以及管教听证会中的正当程序经历问题(2010),他们的样本是由大量的(5461名)年龄在 15 岁至 17 岁的高中生所组成的。莫里尔等人发现,青少年通常寻求法律之外的方式来解决问题,包括在言语上或身体上与对方作对、躲避他们以及与家庭或同龄人交流(76.3%),尽管仍有一些青少年试图用准法律的方式来解决问题,如学校内的投诉或调解以及朋辈辅导(21.4%)。

　　之后对学生的采访表明,他们极不愿意对被少数种族学生视为权利侵犯的行为采取行动,因为"法律强硬地介入到这种脆弱感之中,使得(少数种族学生)为不受欢迎和不可预见的法律所干涉,即使他们的生活没有被破坏,他们离生活崩溃也仅一步之遥"(p. 681)。与早期的将法律的理想型与实际情况进行对比的观点一致,前述这项研究发现,少数种族学生意识到权利的理想概念与日常法律的实际情况之间存在缝隙,这个发现强调"非裔美国年轻人如何看待学校在处理权利侵犯与管教问题的过程中存在着的不公平与顺从"(p. 683)。尽管所有的学生都被社会化,并将法律与理想的价值观联系起来,但少数种族学生认为他们很少在日常法律活动中看到这些价值观的影子,而这导致他们将法律制度视为是非法的。然而,事实并不总是如此,必须强调的是,公平能够并且实际上也在少数种族社区中构造着合法性(Tyler&Fagan，&Geller，2014)。

182

小结

在本章中，我们将注意力转移到了教育情境下，着重考察学校环境中的孩子的经历如何影响法律社会化的过程。在学校中，孩子学习同规则和权威打交道，而这些事物更遥远和更正式化。尽管孩子最先接触的是老师，且老师们与他们的家长分享着某些共同的品质（如非正式性、长期接触等），但学生一年又一年地在任何特定一天的生活中不断接触大量的老师，所以他们必须学会同更加非个人风格化的权威打交道，这同老师与老师之间的关系存在很大的不同。学生在上述这个过程中要学习的内容不局限于与老师进行私人互动，他们还要融入整个学校的氛围。实际上，学校的整体管教氛围对学生的影响，与学生同学校权威人物和行政管理人员的交往对他们的影响一样重要。

尽管存在上述这些不同，但是论及学校的研究所透露的信息与关于家庭的研究是类似的。通过严格的纪律和严厉的惩罚来管理学校是可能的，但这些策略被发现在推动规则遵从（无论自愿与否）上缺乏效率。相对应地，类似于严厉的父母管教技巧，上述策略所引发的不仅有学校中的规则违反行为，而且还包括社区之外的规则违反行为。

另一方面，我们可以发现，支持性态度与价值观对学校环境中的青少年的规则遵从行为有促进作用，而且支持性态度与价值观同不良同龄人群体和涉法行为存在联系。如果学生认为他们的老师和学校的行政管理人员是合法的，即如果他们认为自己有义务将老师与学校的行政管理人员视作权威，而且他们相信这些人就是权威，那么他们便会实施规则遵从行为。在此情况下，学生更不可能参加帮派或者携带武器到学校，他们更有可能遵守规则与规范，而且学生更不可能实施攻击性的人际行为（如校园欺凌）。

最引人注目的校园环境研究发现，规则公平性的核心问题是规则如何被制定、实施与执行。研究指出，学校规则的作用首先与它们被视为是公平的以及它们决策和待人的维度存在很大的关系。研究进一步指出，老师被认为是公平的，这影响了大量学生的成绩（outcomes），从学术成就到规则遵从都是如此。以上这些发现与关于家庭的研究所得出的结论是一致的，它们都认为公平的家庭管教氛围会影响孩子对家庭规则与决定之反应。

最后，与父母管教语境下的情形一样，在什么是最有效的学校权威形式这一问题上存在着对立的观点。一方面，有迹象表明，人们越来越有兴趣向孩子传授民主的价值，并越来越致力于维持开放与公平的课堂，这似乎符合年轻人表现出的特点，他们期待更多的程序参与。然而，更成问题的是，有明确的迹象表明，人们支持通过强制性方式来管理与规制学生行为。越来越多的学校在处理学生问题时变得越来越不灵活、严厉和刑事司法化。针对以上现象，我们可以从零容忍政策、规则的严苛、对待校园行为的刑事化意愿中看出端倪。校园内的执法人员的不断增多使得一些事情便利了很多。尽管学校似乎认识到了向学生传授——法律所蕴含着的——价值观之重要性，但在日常生活中，一些人并不愿意确实将这些价值内化为学生人格（personifying）的一部分。

第九章　青少年司法系统内的法律社会化 ————

在本编的最后一章,我们将关注青少年司法系统,并着重对青少年进行分析。这段时期是法律社会化过程中的一段重要时期,因为正是在这段时期内,青少年最有可能与法律制度及当局进行接触,尽管青少年可能以前与警察已经有交集(例如,在"执法人员友好日"[Officer Friendly][1]活动时,警察会访问他们的学校)。整个青少年时期的接触通常是在行为规制的语境下进行的(例如,一个人曾被或者正被怀疑违反了法律)。不同于以前同家长与老师打交道的经历,青少年时期的这些交集要求青少年努力与陌生人打交道,而这些陌生人与青少年并没有任何私人或长期的联系,他们的权威仅仅来自于他们的角色所代表的某个机构。

在某种程度上,对法律与政府的忠诚要求一种抽象的感觉,即作为非个人实体的机构有权得到效忠。但是,在某种程度上,上述观念涉及对合法性的合理属性之推理。尽管年轻人已经在他们的家庭与学校经验中学会了这些概念,但现在他们处于这样的位置上,他们能

---

① "执法人员友好日"是上个世纪六十年代到上个世纪八十年代在美国特别流行的一项活动,就是让执法人员到学校,同学生亲密互动,并传播一定的法律知识,从而让学生感到他们是社区的重要一员,进而使学生觉得法律同社区、同自己存在紧密联系。后来的"执法人员友好日"的参与者主要是警察。——译者注

观察到自己如何在日常生活的现实情况中进行表达。年轻人在法律现实中获得的经验将进一步促使他们发展出处于正式法律制度核心部分的抽象概念。与此同时，以上这种与法律权威打交道的要旨将促进或者阻碍年轻人与法律之间的情感联系。人们想要感受到他们与社会及世界的联系，他们想要感受到他们周边社会的组成部分（Lind&Tyler，1988）。再者，法律制度是一个在社会成员间分享规范价值观意识的象征（Jackson，Bradford，et al.，2013）。当人们在情感上与制度存在联系时，他们感到与作为整体的社会有一种深层意识上的联结。许多时候，人们的上述感受是一种对法律的依赖态度，它会激发人们的忠诚与合作，而不是形成一种法律原则和合理权威的抽象意识（Deigh，1999）。

　　法律制度本身是远离人们的，所以人们首先要通过与具体表征打交道才能感受到法律制度的权威。例如，人们通过与一个法官打交道来感受法律与法庭。人们在以上过程中感受到的权威虽然代表了法庭，并为法律发声，但法官却是一个活生生的人。无论儿童或者成年人与当局打交道的经历如何，这些初次相遇都为年轻人带来了挑战，即与那些他们不认识的和那些与他们没有私人关系历史的人打交道。尽管如此，基于自己的身份（如法官或执法人员），这些陌生人对年轻人拥有权力。当年轻人第一次与一个穿着制服的人打交道时，这个穿着制服的人所代表的权威不同于年轻人与他们的父母或老师打交道时所遇到的那种权威。

　　我们对青少年司法系统的研究是以许多的研究发现为框架的。第一，对于我们社会的许多人来说，他们与刑事司法系统打交道的时间点主要在青少年阶段和成年阶段早期。全国犯罪统计（National crime statistics）表明，犯罪率（offending rate）在 14 岁到 18 岁这一区间出现了爆发性增长，然后逐渐下降，直到 25 岁左右趋于平稳（Steffensmeier&Ulmer，2002），这种频率导致年轻人被卷入青少年

185

司法系统。尽管许多年轻人犯了轻罪，但他们被给予了进行认知与社会发展的时间。几乎所有犯轻罪的年轻人都会随着发育成熟而变为守法的成年人（Moffitt，1993，2007）。第二，平均而言，相关发现已经表明，年轻人与青少年司法当局的接触提高了青少年将来在他们的生活中实施犯罪的可能性，而且两者之间的联系越紧密，他们未来实施犯罪行为的可能性就越大（Aizer&Doyle，2015；Bartollas&Schmalleger，2011；Petrosino，Turpin-Petrosino，&Guckenburg，2010）。大多数青少年在犯罪后会自然成熟，这意味着与青少年司法系统的接触可能引发阻碍发育的结果，并干涉到自然成熟的过程。自然成熟的过程以压倒性的方式产生合理的结果。

186　　基于上述这种接触的性质，青少年司法系统对许多青少年的生活产生越来越大的影响，并能够影响他们对未来实施涉法行为之合法性的看法。我们的观点是，尽管目前与青少年司法系统打交道的影响可能是负面的，但情况不一定如此。有证据表明，若当局以人们所认为的公平之接触方式行为，则支持性态度就会产生，而且信任并不会受到损害。再者，在此情况下，青少年未来实施犯罪行为的可能性非但不会升高，反而还会降低（Tyler，Fagan，&Geller，2014）。

　　当青少年在警察、法庭以及法律那里获得公平的体验时，信任能够被构建。上述事实在年轻人（Tyler et al.，2014）与成年人（Tyler&Fagan，2008）的情形中都被发现了。接触能够构建信任，即使人们受到惩罚（Tyler&Jackson，2014）。为构建合法性，法律当局需要在与人们打交道的过程中以公平的方式运用它们的权力。可以发现，同成年人一样，与当局的接触过程之公平与否亦将引发青少年的强烈反应（Fagan&Tyler，2005；Tyler&Huo，2002）。以上这些判断将影响年轻人对权威之服从，以及对法律与法律权威的支持性观点之发展（Tyler，Casper，&Fisher，1989；Tyler et al.，2014）。

　　因为有研究记录了青少年与青少年司法系统接触之后的犯罪性

结果,所以近来的许多政策讨论都涉及转变,它们强调在任何可能的时候使年轻人远离青少年司法系统(如国家心理健康与青少年司法中心[National Center for Mental Health and Juvenile Justice],2013),这其中包括鼓励警察多采用警告——而不是传唤或逮捕——的手段,以及当青少年被逮捕之后,当局应努力不要让他们进入青少年拘留所或者处于其他形式的拘禁中。

如果年轻人能够被正确地处理,那么接触也可以构建合法性。当政策被制定并被付诸实践时,年轻人需要参与到有关他们的社区如何被监管的决定中。在参与上述情形的过程中,青少年仅被允许表达自己的关切,以及提交他们关切之必要性的证据。当这些政策与做法在社区中被实施时,法律当局需要公平决策,并在与人们打交道时表现出尊重。研究表明,青少年分别对规则制定与规则执行的公平性予以回应,而且两者都明显影响了合法性(Tyler et al.,2014)。

青少年时期作为法律社会化的一个特殊时期

青少年时期是位于儿童阶段与成年人阶段之间的转变期。对于儿童来说,他们并不被期待有能力像成年人那样理性行为;对于成年人来说,他们能够对自己的涉法行为负责,并且被认为有能力使自己的行为符合法律。问题是,从发展的角度来说,青少年的能力既不同于儿童,也不同于成年人(Steinberg,2014)。与儿童不同,青少年拥有成年人那样的纯粹认知能力,他们能够区分正确与错误,并据此行动;与成年人不同,青少年不能特别熟练地运用这些纯粹认知能力,并且他们具有很强的冲动性。实际上,发展一种对规则与法律——以及它们的重要性——之理解要求青少年采取不同类型的行为,其中包括过分行为和思虑不周的行为(Casey,2015)。有时,在能够理解多少才算合适之前，人们需要先知道多少是太多了，而且除了接受指导外，孩子还需要通过尝试各种行为来寻找行为的边界。犯错虽然是不可避免的，但实际上也是必要的。

作为一个法律范畴的青少年时期

从发展角度来看（Historically），法律制度并没有考虑到一个不同于儿童阶段与成年人阶段的青少年阶段（Scott&Steinberg，2010）。青少年阶段关注以下这个简单的问题，即青少年在法律上被认为是成年人还是未成年人，尽管这个区别在适用上是不同的，其取决于具体环境。传统上，警察与其他青少年权威都在不同程度上认识到了这一点，并运用它们的自由裁量权来避免青少年因被卷入正式制度而受到指控和监禁。然而，近段时间，正式程序的适用变得愈加频繁。我们可以看到，当青少年犯下特别令人发指的罪行时，人们便将青少年当作成年人来对待（Redding，2010）。审判成年人的法庭与矫正青少年的法庭之间的标准变得愈发模糊，后者的管理思想是，法律当局要顾及孩子的福祉。正如我们已经论证过的，当青少年司法系统将原有的那些灰色地带引入正式程序时，效果可能适得其反。

到目前为止，法律制度依然没有考虑到青少年从性质上来说是一个不同于儿童的范畴，而且在成年的年龄问题上，州与州之间的规定也有所不同。神经科学的研究给出了指导意见，因为神经科学直接指出了青少年在推理与使用他们的社会情绪方面的能力问题。我们在第六章中已经指出，神经科学的研究发现了一些事实。首先，发展是一个持续且带有大量变化特点的过程，其止于 25 岁左右。从这个角度看，将发展阶段划分为儿童、青少年与成年人是武断的。其次，发展持续到 25 岁左右，这意味着青少年在 25 岁之前不大可能像

188

成年人那样运用他们的能力。最后,不同类型的发展具有不同的轨迹。例如,青少年的抽象推理能力在 16 岁时就已经与成年人一样了,尽管他们的社会情绪控制能力在 25 岁之前一直在发展。

神经性、生物性与社会情绪方面的发育之复杂和多元的轨迹清楚地表明,对青少年能力的判断是困难的。例如,一个引人注目的发现是,尽管青少年与成年人在一个水平上评估风险,但青少年为短期利益赋予更大的权重,而且他们对成本——尤其是长期成本 更不敏感(Bonnie&Scott,2013),这直接影响了惩罚性强制在行为方面所起的作用。相对应地,青少年比成年人更易受同龄人压力的影响,这潜在地损害了个人态度与价值观在塑造行为方面的影响。我们抛开研究结果中的细节不谈,很明显,青少年不能被简单地看作是一个小大人(smaller adults)。

青少年的犯罪倾向

如前所述,在青少年时期,年轻人实施了很多犯罪行为。幸运的是,大多数青少年时期的罪行本质上都是轻罪(如为寻求快感而吸食毒品、未成年饮酒或者非法侵入)。许多这种年轻"罪犯"被逮捕,并被带入到青少年司法系统中。至少与比他们年龄更大的一些被逮捕的人相比,青少年被逮捕的比例是较高的。例如,布雷姆(Brame)与同事们(2012)估计,大约有 15.9% 到 26.8% 的青少年在 18 岁以前被逮捕过。上述结论反映了这样一个事实,"违法发生率最高的时期是青少年时期;它们(违法发生率)在大约 17 岁的时候达至顶峰,然后到成年阶段早期时开始回落"(Moffitt,1993,p.675)。

再者,官方的逮捕比例也反映了违法行为的发生比之前更为频繁。例如,厄尔斯(Earls,1994)指出,21% 的青少年认为他们至少在 18 岁以前参与了一次暴力行为,但"只有很小一部分"(p.6)被抓到。

斯洛伯金（Slobogin）与丰达卡罗（2011）认为，在 17 岁以前，超过 20％的年轻人（超过 40％的男性年轻人）至少参与过一次严重斗殴、毒品犯罪或盗窃行为。而且，正如莫菲特（Moffitt，1993，2007）所论证的，有关违法行为自我举报的研究表明，多达 80％到 90％的青年男孩参与了他们认为可能被逮捕的行为。

随着年龄的增长，犯罪行为急剧减少。到 25 岁左右，只有很少一部分人还会继续实施犯罪行为。莫菲特（1993）认为，继续实施犯罪行为的群体大约接近成年人人口的 5％，一个"终生都在这么干"（life course persistent）的群体约占整个犯罪群体的 50％。更多的青少年群体——被称为"有限的青少年犯罪者"（adolescent-limited offenders）——投身于他们自己的生活，他们完成学业、结婚、投入职业生涯、拥有自己的孩子……而且他们一般会继续向前，完成作为一个成年人应完成的任务。[①] 正如斯科特（Scott）与斯坦伯格（Steinberg）所指出的，"许多成年人在回首他们青少年时期的冒险经历或意外活动时会感到懊恼与惊讶——而且经常感激相对安然无恙的现状"（2008，p. 24）。

尽管其他的犯罪学家在犯罪行为年龄的确切分布上存在分歧，但是现在看起来，仍有一种广义的一致意见认为，大多数青少年在成长为成熟的成年人之后会停止犯罪，或者至少会减少他们的犯罪活动（参见 Laub&Sampson，2003；Sampson&Laub，1993）。例如，桑普森和劳布认为，"犯罪在青少年时期之前就开始了，并在青少年时期迅速达到峰值，但其在人们成为年轻的成年人的过程中迅速减少"（p. 16）。再者，桑普森和劳布认为，不同的年龄段之间存在连续性，那些在早期阶段实施犯罪行为的人更有可能在成长为成年人的过程

---

① 此处是指青少年在实施违法犯罪行为之后会随着发育成熟而成长为一个守法的成年人，并完成一个成年人的任务，包括正文中提到的完成学业、结婚、工作、生子等。——译者注

中和成年之后继续犯罪。

与法律制度打交道

由于青少年有较高概率参与犯罪或者实施其他违法行为,所以青少年阶段是人们特别可能与法律制度打交道的一段时期。在规制的语境下,法律制度运用其权力,以试图限制或者控制青少年的行为。以上论述正是为什么青少年阶段对于法律社会化来说是特别重要的一段时间的另一个理由。一个至关重要的问题是,如果青少年与正式刑事司法系统产生过私人的和间接的接触,那么当他们步入守法的发展轨迹和成为一个积极参与的成年人时会发生什么?在许多社区里,年轻人是警察的目标,所以他们可能与警察有私人接触,或者他们至少可以从邻居和朋友那里了解到有关与警察接触的经历(Carr et al., 2007;May, Gyateng, &Hough, 2010)。掌握关于社区中的警察行为之知识,这对于青少年——特别是那些来自穷困地区的青少年——来说相当正常。而且,这些关于在社区中如何行事的知识比私人经验更有影响力(Tyler et al., 2014)。

警察在处理轻微的青少年犯罪方面有很大的自由裁量权(Parker&Sarre, 2008),而且不同地区有不同的政策与做法。诚如前文所述,拦路盘查的广泛使用促使更多的年轻人在许多城市与警察打交道(Fagan, Geller, Davies, &West, 2010;Tyler et al., 2014)。针对因轻罪被逮捕这种青少年与法律制度打交道的方式,科尔伯格与豪斯曼(Hausmann)进行了详细的描述(2013,2014)。那些被卷入法院系统的人通常反复出现在法庭上,他们的案子往往并没有形成正式的判决。

在行使自由裁量权时,警察经常关注当时的情况以及合法性与风险的问题,而不是考虑到这次接触是一个"说教的时机"(teachable moment）。通过与警察的接触，年轻人发展他们对法律与法律权威的理解和信任，抑或是不信任（Tyler et al.，2014）。从一个法律社会化的视角来看，以下三个事实尤为重要。第一，在与警察打交道时，几乎所有人都不会承认犯罪，即使在他们被警察拦下的时候。例如，在纽约市的街口，当因被发现有问题而被警察拦下的时候，不超过百分之一的年轻人会承认犯罪（Fagan et al，2010）。第二，几乎所有实施了犯罪的年轻人都会随着年龄的增长而成长为一个正常且守法的成年人（Moffitt，2007）。一旦被置之不管，几乎所有的青少年都会成熟，他们不会再犯罪，并能成为守法的成年人。第三，与刑事司法系统打交道的一般影响是提高了青少年未来实施犯罪行为的可能性（Aizer&Doyle，2015）。因此，改变年轻人同刑事司法系统打交道的轨迹，或者减少年轻人与警察、青少年法庭和青少年拘留所的接触，能提高青少年走出他们生命中的这段时期的可能性，并能使他们成长为社区中的守法成员。

当一个年轻人被逮捕后，司法系统对他们的指控之处理结果也能够对年轻人将来的生活产生巨大的影响。通过逮捕，青少年被卷入到司法系统中，从而开始一场堕落的仪式，"自由人——伴随着所有的社会意义、身体的不适以及公民责任——变成刑事被告"（Kohlberg-Hausmann，2013，p.374）。与其置身于守法的社区，不如谴责处于社会边缘的"离经叛道者"。很大一部分居民发现，他们191 受到"体面人"（decent people）意义上的人之排斥，并因警察与法庭之行为而被社会边缘化。以上这些结果通过与法庭的反复接触而发生，所有的一切都与警察最初的指控有关。上述这些持续的接触是借由多次出庭后的最终驳回（dismissal）之承诺来实现的（如休庭以考虑驳回的问题），而这些反复接触的一个目标是，如果年轻人有问题，那么他们是否能够和愿意遵守规则，即考察年轻人是否依然有犯罪倾向。例如，如果年轻人在一段时间内没有被发现存在更多的违法行为,那么指控可能被驳回,因为这个人已经被证明有能力遵守法律。最后,这些因轻罪而被逮捕的人为执法部门提供了他们的信息。通过档案上记录的这些历史信息,这些因轻罪而被逮捕的人将被跟踪一生,他们未来与执法部门打交道的经历也将受到影响。

与此同时,上述这个制度关注风险预测,青少年的法律社会化经验是双重的(twofold)。首先,因轻罪而被逮捕的青少年被贴上了离经叛道者的标签,他们有一个问题的本质和犯罪的人格。将年轻人认定为违法者这一行为已经被证明实际上增加了未来的违法犯罪行为(Paternoster&Iovanni,1989)。其次,因轻罪而被逮捕的青少年成为那类生活为一种制度所控制的人,这种制度与司法制度的理念没什么关系。年轻人不可能同带有同情甚至是关怀意味的当局打交道,而且他们不大可能有这样的经验,即他们认为与他们的未来相关的决定是以程序正义的方式做出的(Carr et al., 2007;Gau&Brunson,2010;Humes,1997;May et al., 2010)。实际上,上述制度从来不给大多数被告人任何机会去讨论最初指控的是非曲直(merits),或者让他们听取一个法官关于他们的案子是如何被裁断的清晰解释。被逮捕的年轻人陷入了官僚主义(bureaucracy)的困境中,他们反复在其中行进,却从来没得到过一次裁判,最终他们也没有得到任何解释就被释放了。年轻人并不期待——通常也没发现——自己是将要与那些关心他们和他们的福祉的人打交道,还是将要与那些关注他们对法律制度之看法的人打交道。

日益增多和持续不断的与刑事司法系统之接触导致许多人经历了"程序性烦恼"(procedural hassle),并经受了一些因轻微犯罪而留下犯罪记录的风险(Gerstein&Prescott,2015;Kohlberg-Hausmann,2013)。举一个例子,很多年轻人因为在警察拦路盘查时被发现持有大麻而被逮捕,从而最终留下了犯罪记录。关键问题是,"青少年与成年人的经历可能改变犯罪轨迹,该轨迹既可能被导向更积极的方面，也可能被导向更消极的方面"(Laub&Sampson，2003，p.6)。一项轻微犯罪的记录——或者甚至是一次逮捕——关系到人们能否获得或保住一份工作、能否获得公共住房，以及能否上学或者收到大学的财政资助。

₁₉₂

发展对法律权威的态度

与法律制度的接触对青少年的法律态度——尤其是那些对权威人物的态度——之持续发展施加了强有力的影响。大多数（如果不是全部的话）法律社会化模式的核心主题是促使年轻人习得支持性态度与价值观，以减少年轻人违反法律的可能性，并提高他们对法律作为社会中的一种规制力量之认可（Fagan&Tyler，2005；Tapp&Levine，1974；Trinkner&Cohn，2014）。许多研究支持上述这种观点。在一项针对七年级至十二年级学生的经典研究中，布朗（Brown，1974a，1974b）询问学生对警察的态度，他使用了与"警察在大多数时间帮助人们"和"警察通常不甚公平"相类似的一些问法。布朗发现，青少年更积极的回应同遵守法律的频率存在强关联。

同样，在针对初中生、高中生和大学生的研究中，科恩常常发现，孩子对警察、法律与规则持有更积极的态度，而且，作为一个整体，法律制度与现在以及一直以来不断减少的错误行为相关（Cohn&White，1990；Cohn，Bucolo，Rebellon，&Van Gundy，2010；Cohn，Trinkner，Rebellon，Van Gundy，&Cole，2012）。在以英格兰的12岁至16岁的孩子为样本的研究中，埃姆勒与赖歇尔发现（1995），孩子对法律的积极态度——尤其是对制度权威的积极态度——能够被用来预测他们参与违法行为的可能性。有趣的是，即使以上这种态度偏好随着年龄增长而逐渐减弱，积极态度仍然可以作为对未来的违法行为进行自我报告之标识。

　　法律态度的发展是影响年轻人对违法行为和其他形式的错误行为之参与的重要因素，这一点是很明确的（可以参见第四章），而这就引出了这种态度从何而来的问题。在某种程度上，这些对待法律的态度是通过孩子跟非法律权威打交道的经历而形成的（Trinkner&Cohn，2014），这与我们的下述观点是一致的，即孩子同父母的权威相处之经验是他们对老师的权威所持态度之来源（参见第八章）。阿莫索（Amorson）与韦尔（Ware）以 1500 名 7 岁至 17 岁的孩子为样本的研究是一个例证（1983）。阿莫索与韦尔发现，对待老师的权威之态度是孩子对待警察之态度的一个重要标识，其甚至比他们与父母相处的经验还重要。阿莫索与韦尔认为，"青少年（和非法律权威）的交往经验与互动为（年轻人）后来的对待其他社会制度之态度提供了参考性框架"（p. 193）。

　　然而，影响法律态度的最大决定因素之一（如果不是最大的话）是年轻人与法律制度的具体表征之接触，这丝毫不令人感到意外。*193*例如，在埃姆勒与赖歇尔的研究中（1995），孩子们特别关心警察的行为。埃姆勒与赖歇尔发现，"年轻人在对以下问题的认识上存在巨大的差异：警察是诚实的，他们的粗鲁是否是不必要的，他们在提供保护时是否不偏不倚，等等"（p. 153），这与加奥（Gau）和布伦森（Brunson）的观点一致。加奥与布伦森认为（2010），年轻人对是否在执法部门处获得了尊重以及警察是否是他们受害的原因很敏感，因为警察代表着过分迫害年轻人这一社会群体的一种制度体系。实际上，卡尔（Carr）等人（2007）对费城的年轻人进行了定性访谈，这一研究清楚地表明，与法律的消极接触增加了年轻人的敌意与不信任。

提升法律规范的合法性

　　我们在本书中已经指出后述观点，即法律规范是一种合法性权威,而且其有权获得服从,这是任何合理运行的法律制度的核心内容。同时,法律权威的合法性是法律社会化过程中的一个关键动力要素(Fagan&Tyler,2005；Flanagan&Sherrod,1998)。合法性一直与不同国家和人群中的更多的服从及合作存在联系(参见Tyler&Jackson,2013所做的综述)。对合法性与法律规范的研究是以假设为前提的,即合法性很大程度上来自于社会互动以及人们与法律实施主体接触的经验(Tyler,2006a,2006b)。一个人——尤其是年轻人——与法律权威的每一次互动,都是作为正式社会控制之合理来源的法律提高或降低其地位的机会(Tyler et al.,2014)。而且,协商性方式植根于体现公平和表现出尊重的待人方式以及决策,其比植根于暴力和支配的强制策略更能促进合法性与信任。

杰弗里·法根(Jeffrey Fagan)与汤姆·泰勒的两项研究为这种观点提供了有说服力的支撑。在2005年的一项研究中,杰弗里·法根与汤姆·泰勒在纽约市一个相对较小(n＝215)的社区中选取了两个在种族与社会经济地位方面对比明显的街区进行研究,研究内容是10岁至16岁的孩子对法律与法律制度的态度。杰弗里·法根与汤姆·泰勒特别关注法律态度与合法性被强烈关联在一起的三个维度：质疑法律,这反映了人们对法律与社区规范之外的行为的接受和认可(Srole,1956；Sampson&Bartusch,1998)；道德上的远离,这反映了行为与社会道德标准延伸出的内在控制手段的分离(Bandura,1996)；人们感到有义务服从法律指令,即使他们不认同该指令(Tyler,2006a；Sunshine&Tyler,2003a)。

上述结果反映出,随着年龄的增长,青少年更多地质疑法律,并且他们的义务感降低,这得到了其他有关相同年龄段年轻人的研究结论之回应(Emler&Reicher,1995；Fine&Cauffman,2015)。然而,在这种对权威的态度的自然趋势之外,人们变得越来越不积极(参见Darling,Cumsille&Martinez,2007,2008,父母权威存在类似

194

的模式），杰弗里·法根与汤姆·泰勒的结论也说明了青少年与警察及法庭打交道的个人经验具有重要的影响力。从这个意义上来说，尽管我们控制了其他的心理因素（如冲动）和社会因素（如不良的同龄人），但只要青少年认为他们与法律权威（如警察、驻校安全人员、零售店的安全主管等）的交往在程序上是公平的，他们就更有可能觉得自己有义务遵守法律，而不是质疑法律。再者，将法律视为合法之观点同犯罪行为的自我报告之间存在强烈但消极的联系。

　　人们为什么会质疑法律呢？当青少年将法律实施主体的实际行为与他们在学校和通过其他公民教育的形式获得的有关民主社会价值观的期望进行对比时，他们经常会发现他们的经验呈现出不同的样态，并且更多地是呈现出强制性权威模式。因为青少年自己汲取的或者观察到的经验是警察用武力滋扰、贬低或强制青少年，所以他们改变了自己对法律权威的看法。青少年的原初看法不符合他们心目中的法律权威模式，其有损合法性，并且加剧了人们对法律的质疑。换句话说，这种看法的改变并不必然意味着民主态度背后的法律价值观变了，而是孩子不断同法律权威在现实中接触，但很多次接触都不符合他们的法律价值观。总的来说，杰弗里·法根与汤姆·泰勒的研究证明了本书中的法律社会化获得成功的一般框架，即通过与法律制度打交道来推动影响涉法行为的支持性态度与价值观之习得。公平的接触强化了法律制度的理念，并强化了法律制度与价值观的联系，它们还构造了人们对现行法律权威的支持性态度。

　　在后续的一项研究中，法根与皮科洛（Piquero）将 2005 年的研究中的模式拓展到违法者的人群中，他们采访了 1355 名年龄在 14 岁到 18 岁的严重违法者。采访开始于这些严重违法者被青少年法庭判定为违法的两年后，并且每隔六个月进行一次回访。法根与皮科洛发现，即使是严重违法者，他们对合法性的看法以及对法律的质疑同低水平的攻击性违法行为（如殴打他人）、财产性违法行为（如盗

195

窃)以及总体的违法情形的自我报告也存在联系。对于我们此处的观点而言,更重要的是,年轻人关于合法性的看法受到他们所认为的警察和法庭在审判过程中对待他们的方式的程序公正程度之影响,尽管应该指出的是,法庭当局对这种法律质疑没有施加影响。上述这些发现是在对强制和理性选择观点的其他一系列要素进行控制之后才出现的,如可察觉的惩罚风险、个人或社会收益,以及参与违法活动的惩罚和社会成本。

法根与皮科洛指出,这些发现尤为重要,因为他们的研究关注点是那些已经被卷入法庭系统的青少年,即这些年轻人是那些犯下主要青少年犯罪的人。法根与皮科洛认为,"从青少年时期开始,合法性就是一项影响涉法行为的重要价值观"(p. 740),并且这种关于合法性的观点首先同青少年对警察与法庭所采用的程序之评价存在联系。结合 2005 年的研究结果,合法性不是权威的固有属性,而是受到权威活动以及它们行使权力之方式的强烈影响。不论我们讨论的是青少年违法者还是非违法者,法律当局的行动都能强化或削弱它们自身的合法性以及它们所代表的机构的合法性(Tyler et al.,2014)。

更晚近的时候,在与青少年接触的法律情境下,程序正义、合法性与涉法行为的中心地位已经为很多研究所证实(Gau&Brunson,2010; Hinds, 2007; Piquero, Fagan, Mulvey, Steinberg,&Odgers, 2005; Slocum, Wiley, &Esbensen, 2013; Trinkner&Cohn, 2014)。例如,卡萨(Kassa)、马洛伊(Malloy)与考夫曼(Cauffman)发现,在一个被监禁的青少年违法者样本中,程序正义的判断同违法行为的自我报告存在联系(2008)。哈维尔(Harvell)指出,在一个被拘留的青少年违法者样本中,程序正义预示了人们对待法律权威的更积极之态度(2008)。最近,墨菲(Murphy)直接对比了程序正义对成年人和青少年与警察合作之影响,他指出,相比于对成年人的影响,程序正义对青少年的影响更为明显(2015)。墨菲的结论支持了泰勒与霍的观点,即人际间的尊重问题是青少年评价他们与警察和法庭进行交往的方式之中心问题。

首次接触法律实施活动

回到这样一个问题,我们已经指出,在一个规制语境下,人们第一次与法律制度的接触很可能发生在青少年时期,而且这些接触过程对年轻人的法律态度——特别是对法律制度作为一种规制手段的看法以及对法律制度权力的认可——之发展有巨大的影响。然而,不花一些时间来单独讨论警察与执法部门的影响将是错误的。警察是法律社会化进程中的基础性权威。尽管大多数法律制度都与人们的日常生活离得很远,但是警察的任务是巡查社区,以及以多种方式实施大多数人会经常碰到的最具体的法律规则(Skogan&Frydl,2004)。在这个方面,警察充当的是法律制度的脸面,而非什么其他的法律实施主体。而且,由于一个人是否会被法律制度的正式程序处理很大程度上取决于警察的自由裁量权,所以人们认为警察是他们进入制度之殿过程中的看门人。基于这个立场,社会学家(Tyler et al., 2014)与法律学者(Meares, 2009)均认为,任何致力于改善公众对法律信任不足之现状的期冀都必须首先关注警察,这一观点在本书的第二编中也被强调过。

针对警察与青少年的交往之研究认为,青少年对他们所经历的对待之公平性或不公平性予以回应(Fagan&Tyler, 2005),或者他们从其他人处听说过这些体验(Flexon, Lurigio, &Greenleaf, 2009)。正如海因兹(Hinds)所指出的,"年轻人对待警察合法性的态度同警察行为的程序正义性存在积极联系"(2007, p. 195)。年轻人的这些反应包括改变他们对警察的态度(Norman, 2009),改变他们对警察的合法性之看法（Hinds，2007），以及遵从法律并主动与警察进行合作（Fagan&Piquero，2007；Hinds，2009；Reisig&Lloyd，2009；Reisig，Tankebe，&Mesko，2013）。

在评价青少年与警察的接触之过程中，重要的是区分青少年收到的信息，其中的一个关切是合法性（lawfulness）。警察的行为合法吗？警察遵循了合法的程序和做法了吗？从广义上来说，合法性问题是一个公平决策问题。规则是否被持续、不偏不倚和合理地适用了？此处的问题是，青少年与法律权威打交道的经验是否加强了警察的合法性或者导致了青少年对法律的不恭敬。

公平的第二项要素涉及青少年受到对待的情况。通过研究警察与年轻人打交道的内容，我们发现警察实施了数量惊人的羞辱、骚扰和贬低行为。实际上，当年轻人就对警察的看法问题接受采访时，他们抱怨的焦点常常是上述这些行为（Fratello，Rengifo，&Trone，2013；Stoudt，Fine，&Fox，2011—2012）。

警察的问题在于，他们传递的信息代表着一种安心还是一种恐惧。许多年轻人对警察的最初印象是，警察是那些人们在陷入困难或寻求帮助时要找的人。年轻人被告知应期待警察会公平地对待他们和做出决策。警察的仁爱和关爱形象经常被社会化，尤其是在白人中产阶层社区中。但是，年轻人是如何与警察接触的？这些经历是让人安心与放心的还是让人恐惧与害怕的？这些接触是加强了警察应对和解决冲突时所应体现的价值观，还是削弱了这些价值观？

当警察被视为惩戒的执行者时，他们就同恐惧产生了关联（Stoudt et al.，2011—2012），这是因为人们最初并不是根据奖励或惩罚来界定他们与警察之间的关系的。因此，当警察以惩戒之方式行为时，他们的行为就与法律制度所代表的价值观和理念背道而驰。与其说被认为是因理解、承认和解决人们的日常关切而传递令人安慰之信息的人，不如说警察成为了惩戒人们并使人们感到害怕与退

197

缩的权威(Fratello et al.，2013)。尤其是,广泛运用逮捕来处理轻罪问题之做法使警察与委屈的经历相互关联,而且人们面临着因为轻微的违法行为或日常生活中的错误行为而被卷入刑事司法系统的风险。

在通过一个怀疑与惩罚的框架来同公众打交道的过程中,警察破坏了自身的合法性(Tyler et al.，2014),而这正是因为社会并没有借助工具主义的框架来看待警察。因此,当人们运用一个与警察被期待体现和反映出的原则形成鲜明对比的框架来判断一项制度时,他们认为警察是不合理且没有效力的法律权威。上述这些负面影响并没有被减少混乱之目标和人们对犯罪之恐惧所带来的合法性之积极影响所抵消,因为混乱和人们对犯罪之恐惧并不是影响合法性的主要因素(Tyler，2006a，2006b，2009)。

为什么诸如混乱和对犯罪之恐惧这样的要素不是合法性的关键驱动力呢? 因为上述要素不是核心焦点,人们是根据警察和法庭被期待如何行使他们的权力之价值观来界定他们与警察和法庭之间的关系的(Jackson，Bradford et al.，2013)。对于公众来说,一个关键点在于,他们的信念是人们分享一个关于警察和法庭权威的规范性框架("规范一致性";Tyler&Jackson，2014)。这个规范性框架包括警察关心将社区和人们的福祉涵盖在内的相关信念,而且警察会努力帮助那些有需要的人。最后,人们期待警察会在与他们打交道的时候尊重他们,这样他们把社区中的问题带到警察那里才是有意义的。同时,人们还期待,当警察与公众打交道时,警察会以公平且不偏不倚的方式做出决定。上述这些关注点并非是工具主义的,它们聚焦于公众与法律权威之间的关系(Tyler&Sevier，2013/2014)。

在最近的研究中,泰勒、杰克逊和梅托维奇(Mentovich)指出(2015),警察的合法性直接来源于人们对警察与其规制的行为人(the police and the policed)之间的社会联系之判断,其中包括是否

198

相信警察的动机，人们是否会以警察为骄傲，以及人们是否得到了警察的尊重。以上这些判断受到人们是否感到警察将他们作为社区中的"好公民"来看待之影响，因为"好公民"的价值观与行动应受到尊重。换句话说，某个人是否被警察视为边缘的或者有问题的社区成员，因而成为怀疑和审查的对象？或者某个人是否还是社区内的正派和正直的成员？这样的社会信息在成年人中产生了强烈的共鸣，而青少年的身份认同感、自我意识以及自我价值更加脆弱和易变，并且他们很容易受到外界信息（来自同龄人或者权威人物）的影响。

关于同警察打交道的经验之讨论确认了公众——尤其是年轻人——在遇到警察的时候经历了怀疑和不被尊重。例如，在以45名13岁至17岁的青少年为对象的深度访谈中，加奥与布伦森发现，"参与者感到他们的社区已经被警察包围了……而且，警察在街头的执法工作主要就是广泛地进行拦路盘查"（2010，p. 206）。加奥与布伦森指出，这些青少年认为警察过于咄咄逼人，并且会实施贬低人和非自愿接触的行为。换句话说，以上这些行为经常造成年轻人身体上的伤害或精神上的痛苦。对纽约市和其他地方的研究表明，年轻人经常被戴上手铐、压在地上或者逼到墙角，他们的身体和财产遭到搜查（Brunson&Weitzer，2009；Fratello et al.，2013；Rios，2011；Ruderman，2012a）。少数种族的嫌疑人比白人嫌疑人明显更容易在街头执法检查中遭遇到暴力手段（Fagan et al.，2010）。

拦路盘查还经常涉及到对人的尊严之侮辱，包括采用种族性的攻击方法（Carr et al.，2007；Fagan et al.，2010；Tyler et al.，2014）。在访谈中，年轻的男性和女性都报告称，街头拦路盘查带有暴力、强制、不体谅女性（hypermasculine）、仇视同性恋等特征，并且警察会使用侮辱人格和带有种族色彩的语言（Brunson&Weitzer，2009；Gau&Brunson，2010；Rios，2011）。卡尔等人参与了这项研究（2007），他们的报告指出，无论种族为何，在面对少数种族的年轻人时，警察往往更加具有攻击性和更不尊重人。许多被警察拦路盘查过的年轻女性报告称,当她们被拦路盘查时,她们会感到尴尬,并且认为遭受到性强制,尤其是在她们被男性警察搜身时(Ruderman,2012b)。

因轻罪而被逮捕的经历也传递出同样的信息。当人们被逮捕时,他们就被动卷入到刑事司法系统之中,并被当作坏人而不是受人尊敬的公民来看待(Ward et al.,2011)。贬低人格的逮捕和拘留程序传递了一种带有社会边缘化性质和质疑性特点的信息(Jones,2014),这既散播了不信任,又使得错误的和具有怀疑特点的社会信息更加明确。正如有学者多年前就指出,经历被逮捕的过程本身就是一种惩罚(Feeley,1979)。但是,被逮捕也是一种社会信息,即人们被社会权威视作"罪犯"。

此处的核心问题是,由于与执法部门的接触可能被认为是不公平和贬低人的,因此采用更具攻击性的策略来解决轻罪问题可能适得其反,其将加剧这些策略的非法性。正如谢尔曼(Sherman)与洛根(Rogan)所指出的,"最令人担心的是,现场审查可能激发更多的犯罪,并使被拦路检查的年轻人更加怨恨传统社会……从而实施更多的犯罪"(1995,p. 692)。在这个方面,过于严厉的惩戒实际上可能导致那些遭受惩罚的人去实施更多的犯罪行为(参见 Sherman,1993,以及 Tyler&Geller,2014,其中提供了实证性支持)。

研究表明,青少年对警察的公平性之判断影响了涉法行为(Wollard, Harvell, &Graham,2008)。同样,受到合法性影响的涉法行为包括滥用依赖品(Amonini&Donovan,2006)、酗酒(Cook,2013)与打架(Arsenio, Preziosi, Silberstein, &Hamburger,2012;Estevez, Murgui, Moreno, &Musitu,2007;Levy,2001;Musitu, Estevez, &Emler,2007;Rigby, Mak, &Slee,1989;Tarry&Emler,2007)。从广泛的意义上来说,支持性态度影响涉法行为(Brown,1974a,1974b;Butler, Leschied, &Fearon,2007;Chow,2011)。

上述态度还影响了人们的合作意愿（Brank et al.，2007；Clayman&Skinns，2012；Eller，Abrams，2006）。例如，信任警察可以促使青少年为警察提供与犯罪相关的信息（如盗窃，Clayman&Skinns，2012）。同样，斯洛克姆（Slocum）、泰勒、布里克（Brick）和埃斯本森（Esbensen）研究了来自美国各地的1354名青少年，他们发现，对警察的态度影响了青少年向警察举报犯罪的意愿，并且控制了各种地理性和邻里性的环境因素。

青少年司法中的惩戒

面对青少年与法律制度的私人接触破坏了法律遵守之事实，与治安管理趋势相关的两方面内容最近颇为引人瞩目，其中之一就是在总体数量上，所有的青少年与警察的接触都增多了。通过一系列旨在积极打击犯罪问题的政策设计，警察已经接触到更庞大和更广泛的人群，特别是更多的少数种族的青少年在街头被查证、质询和搜查（Fagan et al.，2010）。

上述方式起源于"破窗"（broken windows）①式警务模式（Wilson&Kelling，1982），这种模式强调对实施生活方式犯罪的人进行逮捕，而这导致了要求对轻罪行为实施逮捕的零容忍政策。零容忍政策最终蔓延到拦路盘查、质询和搜查方法上，这涉及广泛的盘查而未必是逮捕（Tyler，Goff，&MacCoun，2015）。随着警察策略的发展，上述政策在许多方面发生了变化。首先，尽管上述政策建立

---

① 该理论又被称为"破窗效应"，由詹姆斯·威尔逊与乔治·凯林提出，其大致内容是，容许环境中不良现象的存在，甚至是放任其继续存在，可能引来人们的效仿，从而进一步加剧不良现象。如一幢大楼上存在一扇破窗，那么后面可能会出现越来越多的破窗，甚至有人会闯入大楼放火和涂鸦。也就是说，第一个不良现象的存在会诱发后续的不良行为，这是犯罪心理学中的一个经典理论。——译者注

在破窗策略的基础之上，并最初被认为是针对一小群被大家一致界定为是违法者的人的（如刮板人[sequeegee people]①、卖淫者等），但该政策却转变为零容忍政策，从而将大量的人卷入制度中，并使他们被施加了轻微的拘禁和简短的拘留。上述政策被进一步拓展到拦路盘查、质询和搜身的过程中，人们由此不再认为被这些措施针对的人实际上是在犯罪了。尽管拦路盘查、质询和搜身的明面上之目的是寻找枪支和毒品，但实际上几乎没有一个被盘查的青少年触犯了任何罪名（Fagan et al.，2010）。对于许多青少年来说，上述政策导致了他们在遇到警察时遭到了反复的盘查（Tyler et al.，2014），而这种在车里或者在大街上遭遇警察的情形在近几十年飞速增多。

同时，我们已经指出，存在并行式的发展，即高中里的驻校安全人员的增多。当今，几乎过半数的学校都会派一个正式的警察去学校里巡逻（教育部，2016），其他许多学校会安排警察在学校进行常规巡逻，而其他安全人员在很大程度上发挥着警察的作用（Arum，2003）。以上这些人员的目标和策略存在着非常大的差别，但一个共同的特点就是他们所具有法律特征的权威不断增多，这些表征有制服、枪支和泰瑟枪。② 而且，以上人员的策略也越来越多地包括检查

201

---

① 刮板人是指那些在车主等红灯或者停在地下车库等待时，强行清洗车窗或者挡风玻璃的人，他们借此向车主收取一部分费用。而且，这些刮板人被指称在事前对车主的车辆进行了破坏，以使自己有机会能够清洗车主的车辆；或者，刮板人在擦洗车辆时具有攻击性的特点，他们不征得车主同意，并且强制向车主要钱。这个问题在美国——尤其是纽约市——较为严重，其在上个世纪九十年代是一个热点问题。2012年后，这群刮板人似乎又重返纽约。很多人认为，刮板人问题的出现一定程度上是因为非法移民的存在。同样的问题在欧洲也存在，枪口也主要指向外来的非法移民。刮板人问题被认为证成了破窗理论，即一旦有一个人通过刮板获利，其他人也可能通过破坏或强制的方式获得车主本不应该付出的成本，从而进一步恶化本地的社会环境。——译者注

② 泰瑟枪并不是常规意义上的枪支，其不发射火药性子弹，而是通过发射"电镖"来释放高压，从而使目标痉挛并失去对抗的能力，但泰瑟枪不会造成严重的身体伤害。——译者注

背包、搜查储物柜、私人检查、大厅中的质询和使用金属探测器（Mukherjee，2007）。相伴而生的还有不断增多的停学、开除和其他类型的惩罚，它们的目的都是应对违反规则的行为（教育部，2016）。作为旧制度，学校的行政管理人员举办的非正式讲座逐渐为单独的安保人员实施的正式惩戒所取代。

上述这些发展反映了一种与青少年进行接触的新惩罚主义。在经历了将青少年同成年人区分对待的做法之后，以及在与青少年的接触中，自由裁量权的行使专注地沿着恢复性方向发展了很长一段时间，而所有的这些发展都将青少年带入到了更具有成年人犯罪化和惩罚性活动之特点的司法制度之方向上（Slobogin&Fondacaro，2011）。以上这些发现有助于我们弄清楚这样一个事实，即人们与法律制度的接触之结果通常会提高人们未来实施犯罪行为的可能性。

与正式法律制度的接触之一般作用是提高青少年之后从事犯罪的可能性（Aizer&Doyle，2015；Petrosino，Turpin-Petrosino，Guckenburg，2010；Pedding，2010），但并不意味着接触会不可避免地导致法律的权威被破坏。很明显，重要的是接触的类型。如果青少年经历的是公平的对待，那么他们关于合法性的观念就会得到强化。然而，综合研究发现，对接触的反应是总体变差，这表明公平的对待并不是通常的经历（Tyler et al.，2014）。因此，无论人们是否被卷入正式的法律制度，这对于他们后来的发展而言都是至关重要的。

因特别重要而需要指出的是，许多更具惩罚性的方式被发明出来，并被用于应对青少年违法这一危机，但它们却没有什么用。正如斯科特与斯滕伯格所说，"研究已经发现，惩罚性改革在青少年犯罪这一问题上收效甚微……几乎没有证据证明青少年会因为害怕严苛惩戒的强制，或者会因为他们在监狱中的经验'给他们上了一课'，而不再进行犯罪"（2008，p. 26）。

举个例子,有一个经常被宣传的青少年惩戒经典项目,它被称为"恐吓从善"。"恐吓从善"这种方式的出现是为呼应一部被广泛知晓的电视纪录片,这段纪录片曾在 1978 年被大肆传播。*① 因为《恐吓从善!》这个纪录片被大众媒体广泛传播,所以该项目(或变种)已经在超过 30 个地方被复制适用。"恐吓从善"这个项目的核心内容包括组织那些青少年违法者和那些被学校或其他机构认定为存在危险的儿童参观监狱。在参观期间,孩子们将被狱警以及犯人训斥,以展示如果他们因犯罪而被抓到会发生什么样的事情。"恐吓从善"这样的项目符合那些认为需要采用更多的惩罚(或者至少是强制)来应对青少年犯罪的人之观点,这一信念界定了许多时兴的犯罪打击项目。例如,时任伊利诺伊州的州长罗德·布拉戈耶维奇(Rod Blagojevich)签署了一项使伊利诺伊州版本的"恐吓从善"项目成为法律的决议,他说这将"给许多孩子一个机会,去看一下如果他们不遵守规则或不遵守法律会发生什么,以及前面等着他们的是什么"(Long&Chase,2003)。

尽管这是许多人的直觉,但是研究表明,"[恐吓从善]不仅不能阻止犯罪,而且实际上还可能导致更多的犯罪行为"(Petrosino, Petrosino,&Buehler,2004,p.6),这一观点与关于威慑的一般发现是一致的。在概述了"恐吓从善"这个项目的总体证据之后,彼得罗西诺(Petrosino)等人指出(2004,p.37):

> 我们注意到以下具有讽刺意味的事情:尽管这里与其

*《恐吓从善!》获得了"奥斯卡最佳纪录片奖"和"艾美杰出个人成就-资讯奖和杰出资讯奖"。

① 电影 *Scared Straight*!在国内还被译为《吓人的真相》或《现身试法》,但为保证前后文翻译的一致性,以及考虑到这个词在前文中的内在意涵,译者将之译为"恐吓从善"。——译者注

他地方报道了一些令人懊恼的发现，但"恐吓从善"与其衍生产物还在持续被运用，即使从 1992 年开始就没有再报道过一次随机检验。正如芬克瑙尔和加文（Gavin）所指出的（Finckenauer，1999），当加利福尼亚 SQUIRES 研究出现消极结果时，回应是终止对项目的评价——而不是终止项目。如今，SQUIRES 项目仍在继续，并通过囚犯和类似的参与者的证词来对其进行评价。尽管有证据证明项目是无效的，但人们关于项目有用的观念仍在持续。米德尔顿（Middleton）等人报告称，他们将这种策略拓展到一个英国小镇的公立学校制度之中，让前狱警在学校中营造监狱式的氛围，以此恐吓普通的在校生（Middleton，2001）。1982 年，芬克瑙尔称这为"万能药现象"（Panacea Phenomenon），即政策制定者、从业者、媒体人和其他人有时会抓住快速、短期、廉价的方案来解决复杂的社会问题（Finckenauer，1982）。

不管有什么反对证据，以上这些项目仍能抓住公众的注意力，并俘获政客们的支持。《恐吓从善！》已经有了无数的续集。2011 年，A&E 电视台在网络上发布了《青少年监狱之旅》（*Beyond Scared Straight*）①，这个电视剧呈现了此类项目的高度程式化的版本。在推销这个新系列节目时，电视台宣称此类项目仍然能发挥作用，并指出，"这么多年过去了，监狱项目和这类电影使无数的孩子远离毒品、暴力和犯罪，让他们远离监狱"（Vignati，2011）。这个例子说明，作为对犯罪的回应，惩戒是具有诱惑力的，尽管研究发现，这是一个没

203

---

① 因为该节目既具有纪录片性质，又具有真人秀性质，且网络上也有较为统一的译名，即《少年监狱之旅》，所以译者此处采用这个较为统一的译名。——译者注

什么作用的政策,而且可能适得其反。

通过恢复性措施使青少年重返社会

真的应该以不同于管理成年违法者的方式管理青少年违法者吗? 这个问题所涉及的一个方面是,青少年重返社会的可能性。与生命历程相关的研究主张关键时期的观点,但何时对于支持性法律态度与价值观来说是关键的? 我们能发展出一种与权威打交道,并提高权威合法性的方式吗? 我们已经探讨过,接触本身并不重要,通过接触传达到的信息才是重要的。传达不同的社会信息可能对合法性与随后的法律行为产生不同的影响。向青少年传达不同的社会信息尤其可能对他们产生影响,因为他们处在一个发展自己的过程中,而且基于同样的理由,上述做法对于这个年龄段的人而言特别重要,因为青少年的价值观和态度正在形成的过程中。

研究表明,减少重犯的关键在于使制度干预降到最小,并最大化地使青少年远离刑事司法系统(McAra&McVie, 2007)。例如,赫伊津哈(Huizinga)、舒曼(Schumann)、埃雷特(Ehret)与艾略特(Elliot)发现(2003),逮捕与惩罚导致以前的犯罪水平得到维持或继续提升。赫伊津哈等人还发现,更为严重的惩戒尤其可能导致违法行为增多。另一方面,大量关于以社区和机构为基础的青少年项目内容的研究指出,这些项目确实可以减少犯罪,最有希望的项目减少了 20% 到 30% 的犯罪(Lipsey, 1999)。

然而,简单地将所有犯罪都转移到非犯罪项目中是不可行的。一些人需要受到国家(state)的约束或对待。当这些惩戒性做法确实需要被实施时,我们应将注意力放在恢复上,这已经被证明对青少年人群特别有效(参见 Curtis, Ronan, &Borduin, 2004; Eddy, Whaley, &Chamberlain, 2004; Fisher&Chamberlain, 2000; Frias-

Armenta，Lopez-Escobar，&Silveira，2016；Gordon，Graves，&Arbuthnot，1995；Leve，Chamberlain，&Reid，2005）。* 实际上，实证研究经常表明，以恢复性措施为基础的长期犯罪预防策略要比以惩罚性措施为基础的长期犯罪预防策略更有可能取得成功。

204 在通过矫正经验来同法律打交道时，青少年违法者会被社会化（如被关押在监狱或者拘留设施中）。而且，一个关键问题在于，是否有可能在这种环境中构造价值观，或者在后期是否能够降低再犯的概率。通常，再犯的概率是很高的（Durose，Cooper，&Snyder，2014），但人们一般认为，恢复性措施对于年轻人来说可能更好，因为他们依然年轻，并且处于成长的过程中（Scott&Steinberg，2010；Slobogin&Fondacaro，2011）。实际上，青少年仍未形成完善的观念，而且他们仍然可以从犯罪的生活中走出来，这是青少年司法系统在二十世纪初被建立起来的主要动因（Bonnie，Johnson，Chemers，&Schuck，2013）。

恢复性司法的实践提供了一个例证，即通过促进青少年习得支持性态度与价值观，我们能有效促使青少年再社会化（Bradshaw，Roseborough，&Umbriet，2006；Latimer，Dowden，&Muise，2005）。为了证明这一点，我们将恢复性司法与传统的惩罚性做法进行了对比。恢复性司法涉及包括违法者、家庭、受害人与社区成员在内的讨论会（conferences）。在讨论会上，所有人都会参与到对违法者行为的讨论之中，违法者以此得知错误行为的责任，而且该群体会草拟恢复正义的方法，其中包括了一些弥补方式。

恢复性司法的焦点在于"恶行，好人"（bad behavior，good person）之手段，即强调行为是坏的，但是主张违法行为人是一个值得被家庭、朋友以及其他社会成员尊重的人。通过"恶行，好人"策

---

* 恢复性措施在成年人当中也是有效的（MacKenzie，2006；Lipsey&Cullen，2007）。

略,在场的人寻求将违法者同他们先前支持的价值观重新联系在一起,目的是激发违法者在未来生活中去遵守法律之想法。布雷思韦特(Braithwaite)的模式以将遵守法律的动机同家庭、朋友以及社区中的其他人的社会纽带联系在一起为基础。我们在第四章中已经指出,长期以来,人们渴望获得其他重要的人的认同,这一直被认为是一种实施社会上的合理行为(包括遵守规则)之强烈动机。

恢复性司法措施寻求一种强化青少年的未来参与到社会之中的心理与行为方面的动机之方式。这种社会参与包括发展或更加致力于践行社会价值观,能够促进自我约束,以及允许人们怀有对法律的协商性倾向。恢复性司法的框架促进人们在今后更加严格地遵守法律与社会规范,从而实现低水平的再犯率和再次逮捕概率。换句话说,一个重要的目标是,在成长为成年人的过程中,青少年能够被培养为更好的社区成员和公民。为实现以上这个目标,构造和强化青少年的自然轨迹是使他们成为一个守法的成年人的一种切实可行的方式。

研究结果支持了恢复性司法研讨会的促进作用(Robert&Stalans,2004;Sherman,1999)。研究表明,至少在青少年犯罪类型方面,上述促进作用是存在的,而且在那些与家庭或社区的其他成员有社会联系的违法者中,参与恢复性司法研讨会有助于他们在未来更好地与法律合作(Bradshaw,Roseborough,&Umbriet,2006;Latimer,Dowden,&Muise,2005;Nugent,Williams,&Umbreit,2003;Poulson,2003)。恢复性司法研讨会似乎能够强化人们接受法律和法律权威的决定之动机,并帮助人们成为守法公民(Tyler,Sherman,Strang,Barnes,&Woods,2007)。

拉蒂默(Latimer)、道登(Dowden)和缪伊斯(Muise)直接检验了恢复性司法措施影响成年累犯之证据。拉蒂默等人得出结论认为,接近 2/3 的该类项目指出,"相比于非恢复性项目,(恢复性司法项

205

目)更能够减少累犯"(p. 137)，他们发现这一差异具有统计学上的意义。拉蒂默等人强调，他们使用的方法与增加对价值观的关注和减少对工具主义方法的单纯关注之趋势相一致。其他研究认为，促进了社会纽带和人际能力发展的社会化策略同对待青少年的有效性存在关联（Landenberger&Lipsey，2005）。

个人对法律制度的合法性之看法在孩子成长发育至青少年早期阶段之时就已经形成。为了确立法律制度的合法性，我们在青少年早期阶段采取介入措施是有必要的。例如，法根与泰勒（2005）发现，对法律的不恭敬、合法性观念以及法律与道德之分离都能够在孩子长到 10 岁至 11 岁时被检测到，但以上这些内容在整个青春期中一直在发生变动。研究强调，恢复性措施在青少年时期最有用，因为正如我们已经指出的，青少年的价值观仍然处在发展的过程中（Lipsey&Cullen，2007；McCord，Widom，&Crowell，2001）。

小结

在本章中，通过考察青少年与青少年司法系统以及更广义的法律打交道的经验，我们检验了法律社会化的过程。本章所论证的研究之发现不断为前几章的几个核心观点提供支撑。首先，法律权威通过强制或者使用暴力来维持社会秩序是可能的。然而，支持性公民态度与价值观对涉法行为施加了强烈的影响，尤其是它们在授权（empowerment）、合作和参与方面更具影响力。以上这些类型的行为最可取，而且它们界定了更优的警察-社区关系。创造与维持人们怀有的对法律和法律权威之支持倾向在法律制度的运作方面发挥着重要影响。

很明显，青少年对待权威的态度是对个人同警察以及法庭打交道的经验之回应，其反映了有关法律权威应如何在社区中运作之观

206

点。与其他权威领域的情况一样,青少年对法律机构及其官员是否以公平和尊重人的方式行使权力特别敏感。这些权力行使行为对态度与价值观之发展施加了明显的影响,其促进了人们对法律权威的接受,并使人们形成内在责任感,以支持法律和与法律合作。另一方面,以强制性的和工具主义的方式行使法律权力可能适得其反,而且此种做法同不断增多的违法行为以及人们对法律的抵制存在联系。

　　尽管本章中的研究有明确的意义,但在青少年司法系统的目的和最优策略方面,观点的分歧似乎再次显现,相似的分歧在何为家庭和学校所应采取的最好的控制行为与培育守法者之方式这一问题上也出现过。尽管研究支持非惩罚性方式的价值观,而且认为同法律权威打交道将破坏默认的合法性,并导致未来的违法行为,但当前政策趋向于增加惩罚性措施,以及破坏基于协商性的法律和社会命令体系,其中包括加大努力,以增加年轻人与警察和法庭的接触,以及高度重视将轻微的违法行为视为犯罪。然而,研究表明,尽管惩罚性方法被定位为一种减少犯罪的策略,但其实际上始终都在加剧犯罪。相反,旨在改善年轻人与法律权威之间关系的预防性和恢复性努力有助于构造公民态度,并能促使人们形成对法律的协商性倾向。如此一来,孩子之所以会遵从法律并同法律合作,是因为他们想要这么做,而不是因为他们被迫这么做。

第四编

结论与最后的思考

我们的核心观点是，当民主社会的成员以如下两种方式被社会化时，我们的民主社会能够因此受益：第一，鼓励民主社会的成员发展出一种价值观框架，此框架可以成为法律与法律权威的协商性模式之基础；第二，引导人们接受支持性价值观，从而激发他们对权威合理利用权力之认同。我们认为，年轻人的发展方式并不是自动形成的，所以引导他们建立一套与法律相关的价值观框架有利于提升法律制度的合法性。同时，这些与法律相关的价值观也不必然会被内化成为影响青少年和成年人的行为之动机机制。而且，当这种与法律相关的价值观成为发展动机机制的一部分时，青少年的经验并不必然促使他们认为自己遇到的法律权威是合法的，从而无法令他们认为形成应该服从这些权威之认知。从更广泛的意义上来说，法律制度应该得到支持。各种各样的发展轨迹都是可能的，孩子对其中特定的某一种轨迹之选择取决于他们生活中的三个阶段的经验：他们的家庭、他们所在的学校，以及他们所接触的刑事司法权威。

从制度的角度来看，我们认为，任何民主社会中的大多数人成功地被法律社会化，因此大多数人持有支持性态度与价值观，而且根据这些支持性态度与价值观行动是社会有效性的核心。一个民主社会的有效运作取决于广泛的同意。从这个意义上来说,持有公民价值观的人会关心法律制度的合理作用,以及制度符合人们期待与获得人们支持的程度,他们更愿意自觉遵守法律和接受法律权威的决策。最终,以上行为将导致社会中存在更少的法律印迹,警察、法庭和管教人员减少,法律的遵守有赖于公众的忠诚。

尽管不可能存在一个没有任何强制性权威形式的社会,但上述发现粗略地指出,创造一个大多数人在大多数时间内遵守大多数规则的制度是可能的,而且规则的遵守是基于人们的态度与价值观,而不是因为他们害怕惩罚。考虑到这种可能性,令人惊讶的是,在最近的一些有关美国社会的探讨中,公民态度与法律价值观社会化的问题竟没怎么得到人们的关注。

本书认为,法律学者应该更多地关注人们在儿童时期和青少年时期的法律与法律权威倾向之社会化。近来的研究证明,上述社会化倾向(包括法律推理能力的发展、支持性法律态度和价值观的内化之形成等)是影响成年人的重要因素,其既影响成年人在他们同法律和法律权威指令之关系中做出的与法律相关的安排,又影响成年人在他们同法律和法律权威指令之关系中的涉法行为。因为以上这种倾向在人们成年之前就已经形成了,因此关注它们在儿童时期和青少年时期的发展就很重要。

一些发展突出了关注价值观之形成的重要性。发展之一是强化了如下认识,即法律价值观对于涉法行为来说是重要的(Tyler,2011)。在将强制模式的作用与价值观的作用进行比较研究后,我们可以发现,法律价值观在影响法律服从方面是重要的或者是更重要的。再者,价值观是激发人们同法律权威合作的关键要素。随着威慑的问题及其作用的有限性表现得越来越突出,对价值观的关注变得越来越重要。对价值观的关注促使人们重视价值观在法律社会化过程中的根源。取代基于价值观的倾向之观点———一种基于强制的倾向———则比较不可取,而且有效的社会化可以创造价值观,这种价值观可以生成更可取的价值观框架。工具主义框架的一个关键问题是,它们将人们与法律之间的关系同奖励和惩罚联系在一起,而不是同价值观联系在一起。对于持有这种倾向的人而言,只要法律给予他们相应的奖励和惩罚,他们就会服从与支持法律。然而,考虑到犯罪行为的内在本质要求正当程序和执法部门应该时刻存在且无处不在,上述倾向在激发人们服从上存在局限性。如果儿童与青少年发展出这种倾向,那么他们就会像成年人那样看待法律。当然,在任何法律制度中,强制性都会显露身影。问题是平衡。

其他发展强调,美国人对法律、政治与社会权威的态度,已经随着时间的推移而变得越来越消极和越来越无信任可言了。越来越多的情况表明,一般民众对社会权威的态度已经不再是支持性的了,这导致了一系列问题,从不服从法律与不愿意同法律权威合作这样的法律问题,到不参与社会活动这样更大的问题。为了解决这种信任缺陷,我们需要强调努力理解后一情况之重要性,对法律的更加具有支持性的倾向是可以被创造和维持的。如果现行当局不被认为是合法的,那么社会就不能从对合法权威的自愿服从中受益。

例如,考虑一下学校的情形。近年来,有大量关于教育和美国的公立学校与私立学校之讨论。而且,政府已经发展和实施了一系列国家改革,包括"不让一个孩子掉队"(No Child Left Behind)政策,而且国家最近正在努力创造一套统一的核心课程。不去管以上这些努力的优点是什么,也不考虑孩子学习更多与工作相关的知识与技能之重要性,我们发现,令人惊讶的是那些在这场讨论中没有被讨论到的问题。学校———尤其是公立学校(小学、中学还有大学)———并不被认为是重要的,因为它们是公民教育与法律价值观社会化的潜在来源。

对公民教育的相对忽视与更早期——致力于将公立学校作为一个培育孩子对法律与政府之忠诚的场所——的重要框架形成了对比（Justice&Meares，2014）。学校被视为关键社会机构，它既有利于价值观倾向的社会化，又有助于民主运行所需的支持性态度的社会化。然而，这种不重视公民教育的做法表明，人们普遍不重视法律社会化领域，而我们认为这一领域是关于如下问题的讨论之核心，即什么促使了民主社会的成功。

为什么法律社会化如此重要？本书分析对比了两种对法律权威的倾向。第一种是强制性权威模式，强制性权威指示其他人的行动，其通过强制、肉体惩罚或者许以物质奖励的方式激发人们服从。第二种模式是协商性的。当价值观成功地被社会化之后，儿童与青少年会发展出对合法性之理解，以及对待现行当局之法律态度，这将促使他们服从法律与法律权威。

尽管通过强制的方式将孩子、青少年和成年人同法律权威持续地联系在一起是可能的，但法律社会化的过程会促使大多数人发展出推理能力以及态度与价值观，从而使人们能够界定合法性权威的概念和自愿发展出同法律联系之能力。我们认为，这是很好的，因为与被建立在强制的基础之上相比，被建立在同意的基础之上的法律制度更加优良和可取。

关于警察、法庭和法律的支持性态度与价值观影响了很多重要的公共行为，其中包括个人在遇到警察时应服从警察权威、对法律的日常服从、与警察合作、认可警察的权威，以及减少对公共暴力的支持。因此，低水平的公众支持显然有社会成本。

我们就这种社会成本进行了诸多讨论，一个明确的发现是，较少的支持与青少年时期和成年时期更多的犯罪行为有关。然而，我们的观点更宽泛。支持性态度与价值观接纳一种法律及其权威的框架，此框架更偏向于是合作性的，而不是被建立在支配和使用暴力的基础之上。法律成为被人们接受和认可的事物,因为法律及其制定当局致力于创造一种被人们视为具有合法性的社会命令。

因同样重要而需要指出的是,法律的一项重要作用是提供以纠正不公正为目标的机制。如果人们不相信这种机制的存在,那么他们就会减少社会参与,并且更不愿意承担在使社区充满活力和富有生机的过程中产生的风险。同样,如果人们受到不公的对待或成为犯罪的被害人,那么他们需要一些方法来处理这些问题,而不是采用私人暴力性质的自力救济或复仇。所有这些积极的社会目标要求人们相信,如果他们与法律权威打交道,那么他们会受到公平的对待,他们的关切不仅会被听取,而且会被认真考虑和认真对待。以上所述与法律规制行为的能力无关,而是关乎作为一种社区中的可行的促进手段之法律的重要性。但是,上述内容同样涉及合法性的问题。

合法性的来源

如果合法性是可取的,那么如何获得合法性呢? 大量关于态度与价值观社会化的研究指出,家庭情况是这种经验和信息的第一个重要来源,其影响了孩子对规则与权威合理性之理解。上述这些文献中呈现出三个关键问题:父母与孩子之间的社会关系之本质,父母管理规则与规则遵循行为之方式,以及父母试图对孩子的行为进行规制之限度。

研究不断表明,热情与对人的关心创造了情感纽带,这促使支持性态度与价值观被内化到孩子心中。相比较而言,严厉的和惩罚性的管教方式同这种态度与价值观的发展受阻存在关联。因此,任何有关法律社会化的讨论之起点必须是对家庭内部的情感动态之关注。这与待人的情况存在联系,这个问题在生命的所有阶段中都属

211

于中心问题。孩子、青少年和成年人都是用这种方式——他们如何被权威对待——来评估他们的身份、地位与自我价值。冷漠与推诿的对待、不礼貌以及贬低行为都将对人们施加影响，因为这么做会传递这样一个社会信息，即他/她是不被需要的，而且他/她不是群体中的一个有价值的成员。除非这个信息的内容是一个被人信任的、关心人的权威将人们的需要纳入到行动中，否则权威主体（subject of authority）①不太可能会将权威视为是合法的，也不太会同意接受其指令。

待人情况问题的核心与关于成年人的权威情况之研究相一致。相关的权威模式（Tyler&Lind，1992）认为，在同权威打交道时，人们体验了人际待遇的问题，这是一条主要线索，人们通过这条主要线索来确定自己是否是社区中被尊重和重视的成员。人们尤其关心的是，权威是否对他们的需求和关切表现出仁爱与真诚。人们必须将尊重、礼貌与礼敬视为是推断上述问题的重要线索。同样重要的是，权威表现出对目前正在被处理的情形予以参与和回应之特征，而且权威是以与它们接触的那些人所关心的方式来运行的。待遇的这些不同方面传递了影响人们身份认同的强有力信息，这些信息是关于包容与地位的，它们可以传达或破坏人们对尊重和尊严的追求，以及人们对积极和有价值的身份认同的追求。

父母适用规则的方式也很重要。一方面，适用规则的方式之问题仅涉及父母是否监督他们的孩子，是否意识到孩子正在实施的行为，以及是否在违反规则的行为发生时予以回应。纵容是不好的，不一致和不透明的权威亦是如此。通过公平的程序来执行规则是关键。如果父母始终如一地执行规则、解释他们的决策，并且允许孩子

---

① 根据文义，此处不应该是权威主体，而应该是权威客体或者权威的对象，即权威传递的信息如果不将人们的需求纳入行动中，那么人们就不太可能将权威视为是合法的，因此也就不会同意接受它们的指令。——译者注

与自己讨论规则和行为的原因，那么孩子更有可能内化支持性价值观与态度，从而形成一种对权威的强烈义务感。以上这些决策的要素也与推理能力的认知发展紧密相关。随着一种内在框架的形成，年轻人开始理解法律的含义与运作方式。

除此之外，父母有合法权力去规制他们孩子的行为范围也被认为是重要的。在孩子的早期生活中，他们认可他们的父母权威能够通过执行规则和行为标准来规制他们的许多行为。然而，随着孩子年龄的增长，他们开始发挥自己的自主性，两件重要的事情也随之发生了。第一，孩子逐渐对一个人的行为范围有了更好的理解，这个范围在规制能力的触角之外，或者说在他们父母的权威之外。第二，孩子开始将更多的行为纳入自己的范围之中。通过一套清晰和易被理解的框架来确定权威的范围，这对于合法性而言是至关重要的，因为没有权威被授权能对其他人的行为行使绝对的控制权。*

学校是第二重要的法律社会化领域。研究表明，在学校中，孩子受到三个已经大致成形于家庭中的因素之影响：第一个因素是关心与关怀的证据（evidence）；第二个因素是教师和行政管理人员不偏不倚且中立地适用纪律和评分规则；第三个因素是进一步明确老师有权管理的行为领域之边界。再者，对公民态度与价值观之认可取决于年轻人在学校的纪律氛围中体验到这些要素的程度。

与在家庭中一样，学校中的经历并不会自动促进支持性法律态度与价值观的发展。同老师打交道的过程中遭遇的不公平经历可能导致学生对法律的不恭敬，并且使他们躲着学校权威。赖歇尔与埃

---

* 在这个时代，父母通常认为他们有权对他们的孩子行使绝对的控制权，甚至主张让孩子在家接受教育。尽管如此，其他权威坚持它们有合法的权力影响一个孩子被管教之方式，这可能以社会福利机构寻找父母忽视或者虐待孩子的迹象之形式出现，以公共健康官员的身份出现，或者以其他形式出现。"在生命的所有阶段，父母对孩子生活的所有领域都能行使权力"，这是一个有争议的观点。

姆勒（1985）描述了感到不受学校权威尊重的青少年是如何在正规渠道之外寻找社会地位和对他们的问题之支持的（如加入帮派）。学校的经历既可能强化，也可能削弱年轻人与社会制度的联系，这是社会中的正式社会控制之来源。

最后，还有青少年在青少年司法系统中的经历。大多数人的与法律权威——特别是与警察——打交道之经历发生在他们成年之前。正是在这段青少年时期，许多人实施了轻罪行为，他们可能因此被带到执法部门、法庭与拘留机构，并与这些权威打交道，而这是社会教导青少年认识法律与法律制度之合理角色，并向青少年展示作为基础的价值观与规范之法律制度的第三次机会。正如我们已经指出的，研究表明，与法律权威打交道的通常影响是削弱人们对法律的支持。然而，似乎并不是接触行为本身导致了人们对法律的消极态度，导致这种消极态度的真正原因在于，在许多情形中，法律实施主体在与人们接触时充满了敌意、偏见和不尊重。以上论述表明，法律权威不认为支持性态度与价值观的法律社会化是它们工作的一部分，或者它们并不知道该如何做到这一点。

青少年司法系统与青少年的接触一般会减损他们对法律的支持。研究指出，就上述结论而言，通常被认为特别重要的要素是，青少年以受到不公平对待之方式评价他们与警察以及其他法律制度的接触经历。法律当局并没有在法律社会化过程中充当有用的推动者，即其并未向人们灌输尊重和支持法律与法律权威之观念。更为普遍的是，法律当局被看作支配性和暴力性控制的实施主体。

实际上，警察、法庭和法律制度传递了关于法律的第二条——一般不公开表达的——信息，即害怕警察。少数种族孩子的父母教育他们的孩子躲着警察，警察是那些他们害怕的人，而且警察的行为方式也并不体现法治的价值。而且，在与警察打交道时，青少年体验了不受尊重和被侮辱，这传递了一条关于法律的信息——但却不是一条令人宽心的信息。相反,法律权威与没有礼貌和惩戒产生了联系,而不是同公平和仁爱的对待产生联系。相比于社区中的人们所寻求的那些帮助他们化解社会纠纷的事物,法律制度成为了人们避之不及的东西,因为它制造了更多的而不是化解了更多的冲突。

以上这条来自警察的信息有两个重要含义:一个是法律并不是值得人们支持和尊重的事物,质疑法律是不公平待遇的产物;另一个是法律当局并不能使人们获得帮助。上述观念导致了一种文化,在这种文化中,反对阵营拒绝将警察拉进到本地问题中,如不举报邻里中的异常行为人、在街头上持有和携带枪支以寻求自卫、加入帮派以及采用暴力手段来解决恩怨。再者,人们可能单纯以为不能用法律来保护自己,或者非法移民不敢打电话举报抢劫者,因为他们担心打电话会引来警察的注意。

心理学研究表明,关注以上这种方式的父母、老师和青少年司法权威应该采取行动,以培育青少年心中的合法性。然而,当前的家庭、学校和青少年司法系统之政策与做法反映了权力行使方式上的冲突,这种方式是强制性的,其不能构造合法性或者培育共识,而且其还被证明同合法性发展不存在关系。

上述这些分析中的关键性矛盾在于,当研究越来越多地指出基于同意的法律权威模式的好处时,仍然有大量的人支持法律社会化的强制性方式,这贯穿社会化的三个阶段:同家庭、学校以及青少年司法权威打交道。在美国历史上,当需要高度合法性的呼求明确出现时,构建合法性的策略将在多大程度上被实施,这一点并不明确。对合法性的需求既反映了关于合法性在社会秩序维持中的作用之认识的加深,又体现了如越来越多的证据所证明的,具有稳定美国社会之作用的制度信任框架自上个世纪五十年代以来正在不断衰退。

214

人们与规则和权威之间的联系是什么？

是什么促使人们忠诚于规则与权威？这项研究大致指出了三个首要因素。这些因素也被发现主导了人们对权力运用之公平性的判断（如程序正义）。

第一个问题是如何行使权力。在适用规则时，一些关键概念在关于权威决策程序之本质的不同讨论中被提及。人们有机会向决策者解释他们的情况，对决策者发表他们的观点，以及同决策者进行对话和探讨吗？程序是透明的吗？当决定得到解释的时候，人们能看到规则被始终如一和不偏不倚地适用吗？合理的信息被收集和被用于决策之做出是明确的吗？规则是在所有人和所有情况中都被始终如一地适用了吗？而且，最后会有评价权威之公平性的机制吗？例如，申诉的机会和对决定进行独立审查。

权力运用的第二个方面涉及待人的情况，而且这指明了权威的目的和特点。人们对一个权威是否关心他们并激发他们去做符合他们利益的事情之迹象予以反应，这意味着人们试图做那些对于涉事各方来说最好的事情，并真诚地希望做那些正确的事情。人们是仁爱的，他们关心那些对他们行使权力的人，而不是根据自己的利益或者听从社区中的那些小团体而行动。以上这些问题围绕着人们对权威的特点和动机之信任。权威关心那些它们的决策所指向的人们的福祉吗？

权力运用的第三个方面涉及行为规制本身的范围，这关乎权威的限度。尽管前两个方面涉及权威在人们同制度接触之后应如何行为的问题，但第三个方面首先关注那些使人们同制度打交道的事情之本质。第三个方面围绕着什么样的行为被认为处于法律制度的管辖范围之内这一问题（如什么事情是非法的，或者什么事情将会被法律制度管理与规制）。注意，第三个方面并不关注行为被规制的方式，这属于前述两个方面的范围。相反，第三个方面关注什么事情要或者应该被规制，以及规制应该在什么情况下进行。

在此，至少有两个关键方面（concepts）在限度问题上发挥着作用。第一个方面是什么类型的行为是适合或者不适合警察规制的。尽管大多数公众认为，警察有权规制特定类型的行为（如对其他人或者他们的财产造成物质损害的行为），这一点是特别明确的。同样特别明确的是，在警察不应该规制的行为类型上也存在限度。举一个例子，近年来，公众与警察之间因毒品战争而发生的冲突不断增多。尽管上述争论存在很多切入点，但不可否认的是，其中一个更加突出的论题是，警察是否有权规制人们可以将什么或者不可以将什么吃入自己的身体中（只要他们没有伤害他人的身体或者财产）。①

第二个方面关注警察可以在什么地方规制行为，以及不可以在什么地方规制行为。例如，尽管在法律制度对人们将什么东西吃入他们的身体中进行规制是否是合理的这一问题上存在争论，但就警察在一些情况下能够规制，而在另一些情况下则不能规制的行为，我们还是可以进行讨论的。实际上，尽管法律对人们在自己家里可以喝多少酒没有限制，但许多城市会对公共场所酗酒进行法律规制。

是什么汇聚了这些不同的关注？汇聚这些关注的因素代表了一个社会、群体或者社区界定他们与法律制度之间的关系之价值观。更进一步地说，上述价值观是影响人们是否属于一个群体、一个组织、一个街区、一个社区或者一个社会的身份因素。当人们认同一个集体时，他们会采取支持性态度与价值观。再者，人们遵从规则，并且他们这么做是自愿的。从我们的视角来看，特别重要的是，人们都

① 此处是指诸如吸食毒品、酗酒等情形，即人们是否有权取用这些依赖品，并将它们吃入身体中（put into their body）。这里涉及警察在何时有权规制、警察有权规制哪些物品等问题。——译者注

有责任以代表他们群体的方式行为，而且他们更多情况下是自愿的。特别是人们参与到社会中，并且以他们认为能够促进他们所处的社会获得成功的方式行为。只要人们与法律制度的行为都符合这些价值观，并且这种价值观规定了他们相互之间的关系，那么任何一方都能促进社会团结与合作。

我们已经指出，作为一种秩序和保障的框架，法律制度可以巩固经济与社会发展。当法律制度根据社区的价值观行动时，上述效果就会显现，这些价值观关乎法律制度应该提供的维持与赋予保障之合理方式。当人们认为存在能够对损失予以救济的机制时，以及当人们相信法律权威能够公平地管理社会秩序时，他们会融入（invest）社区。相比于一种压迫性和支配性的力量，警察可以传递安全与保障，并鼓励人们自愿且积极地参与社区活动。

当警察和法庭能够在互动中借助为人们通常持有的支持性态度所认同的方式运作时，实现上述效果的可能性就会提高。社区成员自愿与法律权威合作，这减少了许多充满敌意和弥漫好斗气息的互动，并且为法律权威就社区发展问题制定策略之行为提供了巨大的回旋余地。与其说法律会成为控制性的暴力手段，不如说法律能够成为保障社区发展和有效运作的引擎。

基于价值观框架的潜在问题

通过法律社会化的过程来创造和维持法律价值观可能会存在什么问题？卡亨（Kahan）在他的以强制的隐藏目的为主题的文章中（1999）提出了一种观点。卡亨认为，人们关注强制这个问题的理由之一是，强制是一个目标，而这为人们怀有的政治倾向所普遍接受。卡亨认为，"公民通常以强制的方式捍卫自己的位置，而这仅仅是因为另一种方式是一种极具争议的表达方法"（p. 414），其涉及文化风格与道德观的冲突。关注这种被普遍接受的目标可以避免公共政策的合理价值观方面的冲突。

卡亨的观点是重要的,因为他结合了实证的发现。卡亨认为,强制在论证中并不能很好地发挥作用,强制的有效性并不是我们接受强制——作为刑事司法政策模式——的理由。卡亨认为,对刑事司法政策的"激烈争辩不能依据它们的行为结果来提出有说服力的解释,因为在大多数情形中,它是可以忽略不计的,在剩余的情形中则是模棱两可的"(p. 417)。相反,卡亨认为,强制的目的是争取控制住刑法的表现性资源。卡亨认为,成本-效益这一模糊的说法冷却了这些论争的热度。

呼吁人们关注公民态度与价值观是否会再度引发激烈的价值观争辩? 当然,在与教育中的不同事实和价值观相关的问题上,我们仍存在争论的余地。例如,公立学校的教育方式之演化。当教科书的内容引起争论时,一个长期的焦点论题将会产生,而且这还反映了事实与价值相区别之方式可能在这些争论中变得模糊不清。

然而,我们的观点是,努力使支持性法律态度实现社会化的关键是关注那些最不可能出现争议的内容。我们尤其认为,应关注法律制度及其实施主体行使它们的权力来规制行为之方式。尽管人们永远不会就什么应该是合法的和什么不应该是合法的达成一致意见,但大多数人会同意如下观点,即任何民主社会中的一项合理法律制度应该是不偏不倚且充满仁爱的。上述这些行为促进了民主合法性,并且提升了人们对法律制度的信任与信心,从而使他们认为自己有义务服从法律。我们认为,以上这些都是人们普遍持有的价值观,它们很有可能得到我们社会上所有成员的支持,而不管这些社会成员的意识形态价值是什么样的。

当然,没有任何一种法律社会化的模式能造就这样一个社会,即身处其中的每一个人都能发展出支持性态度与价值观。而且,对于一个相对多元化的社会来说尤为如此，如我们所在的社会，它由不同的民族、种族和文化组成。因此，重要的是，我们应认可一种位阶化的规制（a pyramid of regulation）观念（Ayres&Braithwaite，1992）。位阶化的规制观念认为，人们首先会有这种想法，即他们能够以协商性的方式与权威打交道。仅对于一小部分不能证成他们能这么做的群体来说，强制性制度需要被适用。上述这种方式在降低对强制之适用的需要程度方面存在优势，而且这种方法能提高基于支持性态度与价值观而实行自我约束的程度。

积极主动的法律权威观

表 2 中罗列了四种法律权威模式，这些模式将权威区分为两个维度，即被动应对-主动出击（reactive-proactive）和强制性-协商性（coercive-consensual）。被动应对-主动出击维度同法律权威是否在犯罪发生后进行应对或者是否试图阻止犯罪联系在一起；强制性-协商性维度同权威实现的方式相关（通过工具主义方式或者通过诉诸价值观的方式）。

218

表 2　法律权威的模式

	被动应对	主动出击
消极	抓住和惩罚那些犯罪的人；强制性。	通过评估未来的风险来预测和阻止犯罪，并且在人们可能实施犯罪以前阻止他们。
积极	当处理罪犯时，关注恢复与修复。	创造一种价值氛围，在这种氛围下，人们认为权威是合法的，并且自愿遵守法律。

就像我们之前所设想的那样，对于社区中的人们所怀有的倾向而言，法律制度是消极和被动的。法律制度在这个意义上是消极的，

因为它们借助恐惧来强制和激发人们。尽管激励方法也可以被视为一种工具主义的方法,但强制主要是关于恐惧的。而且,法律权威是消极和被动的,因为它关注规则被违反后的惩戒(或者是威胁)。作为一种鼓励人们实施守法行为的工具,法律制度关注事后的结果,特别是其将惩戒作为做错事的回应。

自上个世纪六十年代开始,法律制度的一个主要变化就是努力朝着积极主动地阻止犯罪的方向发展。在治安活动中,上述变化表现为巡逻,以及与人们在街头打交道时,警察通过搜查枪支、毒品或者其他物品来努力确定人们未来的犯罪意图。从更广泛的意义上来说,上述变化涉及运用未来的风险评估工具来拒绝保释和释放,并对那些可能在未来生活中实施犯罪的人施加更长的刑期。尽管目标发生了变化,但法律制度仍然依赖于强制性措施,以实现主动出击的意图。

这里所提倡的模式关注一种主动出击的做法。此处的模式是积极的,而不是消极的。此处所提倡的模式的积极之处在于,它与社会化有关,它能够深思熟虑和理性地认可规则与权威之重要性及价值。换句话说,人们被鼓励自愿参与法律、法律权威的活动以及更广泛意义上的社会活动,因为他们相信权威和制度是合法的。以上做法减少了施加可怖的强制支持下的监督与惩戒之需要,因为人们认为自己有责任在他们自愿和同意之基础上遵守法律。一种积极的方式能够更进一步鼓励人们认同社会与社会制度,并且使他们为了社会福祉而工作。所有这些层面都建立在人们持有支持性态度与价值观,并且按照支持性态度与价值观行动之基础上。

上述这种方式是主动出击的,因为这种模式主张在儿童社会化时期构造支持性态度与价值观,进而使得成年人有动机自愿遵守法律,因为他们同意法律权威的安排。上述方法并不是对成年人没有充分的积极态度与价值观来主动实施守法行为之事实的反应,而是

219

关注一种制度的创造，年轻人在制度中被社会化，进而持有理解合法性和发展支持性态度与价值观的一种框架，这种框架将促使他们遵守法律。前述框架的目标是积极主动地阻止犯罪，并通过鼓励人们培养一种对法律的支持性倾向之关注，以激发人们的服从。

当然，在讨论这些变化时，我们必须认识到，它们同社会存在更广泛的联系。许多成年人可能自己也在社会中受到强力之影响——经济性的、政治性的、社会性的和法律性的欺凌或者强制——他们可能发现这样的争论，即他们同意生活在一个由陌生建议构筑起来的状态中。以上这一论点的一个重要的未来发展方向是美国社会中的权威之总体性质这一更广泛的问题。

最后的思考

近几十年来，美国法律的一个重要发展是其已经关注到要对犯罪主动出击，即提前预防犯罪。然而，对预防犯罪之关注主要表现为，通过风险评估来确定潜在的危险人群，以及借助监督的手段（如拦路盘查、质询和搜身）来寻找潜在的危险人群。主动出击的警察进而通过与未来可能实施犯罪的人接触来预防犯罪。尽管这些方法也是主动出击的，但它们并不关注对价值观的培育。上述方法通过传递不安与显露惩戒风险的信号来促使人们不要去犯罪，或者借助风险判断，在那些未来可能实施犯罪的人能够行动以前就将他们清除出社会。上述方法都立基于法律的强制模式。

当年轻人不是以一种允许协商性法律规制存在的合法性方式被社会化的时候，他们就处于这样一种处境下，即他们的行为受到对惩戒之恐惧，以及——如果有需要——对违法行为的被动应对式的惩戒方法之影响。在人们违反法律之后，他们会被抓到，并且可能被惩戒，而这较好地符合了一种管制模式（积极主动的或者消极被动的），其通过风险和效益评估来影响人们的行为。

　　一旦积极的和主动出击的方式被视为一种模式，对价值观培育之关注似乎看起来就是自然而然的了。这样一种对价值观培育之关注引起了提升有效认知的发展和接受支持性态度与价值观之意愿。在这种背景下，令人惊讶的是，在被我们检验的三个阶段的任一阶段中——家庭、学校和青少年司法系统——强制性的政策与做法都会同那些促进合法性发展的政策与做法产生冲突。通过这些发展，协商性规制机制得到发展。

220

　　考虑到协商性规制的优点，已有的证据强烈支持那些在社会化过程中能够促进合法性发展的政策与做法。对此处涉及到的研究之回顾首先就表明，允许和促进一个协商性框架使年轻人社会化。与此同时，对政策与实践的检验表明，在每个阶段都采用研究所支持的政策与做法是一个有争议的操作。人们在如何实现社会化这一问题上存在分歧，而且最近关于年轻人在社会中如何被对待这一问题的许多发展与协商性方式背道而驰。研究认为，以上这种方法是最有可能使年轻人心中的合法性实现社会化之目标的。

　　处理这些关于社会化的问题对于未来那个法律、政治与社会权威的合法性偏弱的时代而言是至关重要的。基于支持性价值观与态度的协商性权威是重要的，但只有当这些在孩子的法律社会化过程中产生的冲突能够以支持性价值观创造和态度发展之方式被解决时，协商性权威才可能在未来出现。

参考文献

Adelson, J. , & Beall, L. (1970). Adolescent perspectives on law and government. *Law and Society Review*, 4, 495 - 504.

Adelson, J. G. , Green, B. , & O'Neil, R. (1969). Growth of the idea of law in adolescence. *Developmental Psychology*, 1, 327 - 332.

Adelson, J. G. , & O'Neil, R. (1966). Growth of political ideas in adolescence. *Journal of Personality and Social Psychology*, 4, 295 - 306.

Adorno, T. W. , Frenkel-Brunswik, E. , Levinson, D. J. , & Sanford, R. N. (1950). *The authoritarian personality*. New York: Norton.

Aizer, A. , & Doyle, J. J. , Jr. (2015). Juvenile incarceration, human capital, and future crime: Evidence from randomly assigned judges. *Quarterly Journal of Economics*, 130(2), 759 - 803.

Almond, G. A. , & Verba, S. (1963). *The civic culture: Political attitudes and democracy in five nations*. Princeton, NJ: Princeton University Press.

Alwin, D. F. (2001). Parental values, beliefs, and behavior. *Advances in Life Course Research*, 6, 97 - 139.

Alwin, D. F. , & McCammon, R. J. (2003). Generations, cohorts, and social change. In J. T. Mortimer & M. J. Shanahan (Eds.), *Handbook of the life course* (pp. 23 - 50). New York: Kluwer Academic Publishers.

Amonini, C. , & Donovan, R. J. (2006). The relationship of youth's moral and legal perceptions of alcohol, tobacco and marijuana and use of these substances. *Health Education Research*, 21, 276 - 286.

Amorso, D. M. , & Ware, E. E. (1983). Youth's perception of police as a function of attitudes towards parents, teachers and self. *Canadian Journal of Criminology*, 25, 191 - 199.

Anderson, E. (1999). *Code of the street: Decency, violence, and the moral life of the inner city*. New York: Newton.

Arsenio, W. F. , Preziosi, S. , Silberstein, E. , & Hamburger, B. (2012). Adolescents' perceptions of institutional fairness: Relations with moral reasoning, emotions and behavior. *New Directions in Youth Development*, *136*, 95 - 110.

Arum, R. (2003). *Judging school discipline*. Cambridge, MA: Harvard University Press. Ary, D. V. , Duncan, T. E. , Duncan, S. C. , & Hops, H. (1999). Adolescent problem behavior. *Behavioral Research and Therapy*, *37*, 217 - 230.

Augustyn, M. B. (2015). The (ir) relevance of procedural justice in the pathways to crime. *Law and Human Behavior*, *39*(4), 388 - 401.

Axelrod, R. (1984). *The evolution of cooperation*. New York: Basic Books.

Ayres, I. , & Braithwaite, J. (1992). *Responsive regulation: Transcending the deregulation debate*. New York: Oxford University Press.

Bandura, A. (1996). Reflections on human agency. In J. Georgas & M. Manthouli (Eds.), *Contemporary psychology in Europe: Theory, research and applications* (pp. 194 - 210). Seattle, WA: Hogrefe & Huber.

Barker, D. C. , Hurwitz, J. , & Nelson, T. L. (2008). Of crusades and culture wars: Messianic militarism and political conflict in the United States. *Journal of Politics*, *70*(2), 307 - 322

Baron, R. M. , & Kenny, D. A. (1986). The moderator - mediator variable distinction in social psychological research: Conceptual, strategic, and statistical consider-ations. *Journal of Personality and Social Psychology*, *51*(6), 1173 - 1182.

Bartollas, C. , & Schmalleger, F. (2011). *Juvenile delinquency* (8th ed.). New York: Prentice Hall.

Baumeister, R. F. , & Leary, M. R. (1995). The need to belong: Desire for interpersonal attachments as a fundamental human motivation. *Psychological Bulletin*, *3*, 497 - 529.

Baumrind, D. (1966). Effects of authoritative parental control on child behavior. *Child Development*, *37*, 887 - 907.

Baumrind, D. (1967). Child care practices anteceding three patterns of preschool behavior. *Genetic Psychology Monographs*, *75*, 43 - 88.

Baumrind, D. (1971). Current patterns of parental authority. *Developmental Psychology*, *4*, 1 - 103.

Baumrind, D. (1978). Parental disciplinary patterns and social competence in children. *Youth and Society*, *9*, 238 - 276.

Baumrind, D. (1991). The influence of parenting style on adolescent competence and substance use. *Journal of Early Adolescence*, *11*, 56 - 95.

Bayraktar, F. (2014). Bullying among adolescents in North Cyprus and Turkey. *Journal of Interpersonal Violence*, *27*, 40 - 65.

Bear, G. G. (1989). Sociomoral reasoning and antisocial behaviors among normal sixth graders. *Merrill-Palmer Quarterly*, *35*, 181 – 196.

Becker, G. (1976). *The economic approach to human behavior*. Chicago: The University of Chicago Press.

Beerthuizen, M. G. C. J. (2013). Oppositional defiance, moral reasoning and moral value evaluation as predictors of self-reported juvenile delinquency. *Journal of Moral Education*, *42*, 460 – 474.

Beetham, D. (1991). *The legitimation of power*. London: Macmillan.

Berti, C. , Molinari, L. , & Speltini, G. (2010). Classroom justice and psychological engagement. *Social Psychology and Education*, *13*, 541 – 556.

Bethel School District v. Fraser, 478, US 675, p. 683.

Blader, S. , & Tyler, T. R. (2003a). What constitutes fairness in work settings? A four-component model of procedural justice. *Human Resource Management Review*, *12*, 107 – 126.

Blader, S. , & Tyler, T. R. (2003b). A four component model of procedural justice: Defining the meaning of a "fair" process. *Personality and Social Psychology Bulletin*, *29*, 747 – 758.

Blair, R. J. R. (1995). A cognitive developmental approach to morality? Investigating the psychopath. *Cognition*, *57*, 1 – 29.

Blair, R. J. R. (2005). Responding to the emotions of others: Dissociating forms of empathy through the study of typical and psychiatric populations. *Consciousness and Cognition*, *14*, 698 – 718.

Blakemore, S. J. , & Mills, K. L. (2014). Is adolescence a sensitive period for sociocultural processing? *Annual Review of Psychology*, *65*, 187 – 207.

Blasi, A. (1980). Bridging moral cognition and moral action. *Psychological Bulletin*, *88*, 1 – 45.

Blendon, R. J. , Benson, J. M. , Morin, R. , Altman, D. E. , Brodie, M. , Brossard, M. , & James, M. (1997). Changing attitudes in American. In J. S. Nye, P. D. Bobo, & D. C. King (Eds.), *Why people don't trust government*. Cambridge, MA: Harvard University Press.

Bloom, P. (2013). *Just babies: The origins of good and evil*. New York: Crown.

Bocchiaro, P. , & Zimbardo, P. G. (2010). Defying unjust authority: An exploratory study. *Current Psychology*, *29*, 155 – 170.

Bonnie, R. J. , Johnson, R. L. , Chemers, B. M. , & Schuck, J. A. (2013). *Reforming juvenile justice: A developmental approach*. Washington, DC: National Research Council.

Bonnie, R. J. , & Scott, E. S. (2013). The teenage brain: Adolescent brain research and the law. *Current Directions in Psychological Science*, *22*(2), 158 – 161.

Borney, N. , Snavely, B. , & Priddle, A. (2013). Detroit becomes largest U. S. city to enter bankruptcy. *USA Today*, December 3.

Bos, A. L. , Williamson, I. , Sullivan, J. L. , Gonzales, M. H. , & Avery, P. G. (2007). The price of rights: High school students' civic values and behaviors. *Journal of Applied Social Psychology*, *37*, 1265 – 1284.

Bowles, S. , & Gintis, H. (1976). *Schooling in capitalist America: Educational reform and the contradictions of economic life.* Chicago: Haymarket Books.

Bracy, N. L. (2011). Student perceptions of high-security school environments. *Youth and Society*, *43*(1), 365 – 395.

Bradford, B. (2014). Policing and social identity: Procedural justice, inclusion and cooperation between police and public. *Policing & Society*, *24* (1), 22 – 43.

Bradford, M. , Murphy, K. , & Jackson, J. (2014). Officers as mirrors: Policing, procedural justice and the (re) production of social identity. *British Journal of Criminology*, *54*(4), 527 – 550.

Bradshaw, W. , Roseborough, D. , & Umbriet, M. S. (2006). The effects of victim offender mediation on juvenile offender recidcivism. *Journal of Conflict Resolution*, *24*, 87 – 98.

Braga, A. , Papachristos, A. , & Hureau. (2012). *Hot spots policing effects on crime.* Oslo, Norway: The Campbell Collaboration. doi: 10. 4073/csr. 2012. 8

Braithwaite, J. (1989). *Crime, shame, and reintegration.* New York: Cambridge University Press.

Braithwaite, J. (2002). *Restorative justice and responsive regulation.* Oxford: Oxford University Press.

Brame, R. , Turner, M. G. , Paternoster, R. , & Bushway, S. D. (2012). Cumulative prevalence of arrest from ages 8 to 23 in a National sample. *Pediatrics*, *129*, 21 - 27.

Brank, E. M. , Hoetger, L. A. , & Hazen, K. P. (2012). Bullying. *Annual Review of Law and Social Science*, *8*, 213 – 230.

Brank, E. , Woolard, J. L. , Brown, V. E. , Fondacaro, M. , Leuscher, J. L. , Chinn, R. G. , & Miller, S. A. (2007). Will they tell?: Weapons reporting by middle-school youth. *Youth Violence and Juvenile Justice*, *5* (2), 125 – 146.

Breyer, S. (2010). *Making our democracy work.* New York: Random House.

Brezina, T. (2002). Assessing the rationality of criminal and delinquent behavior: A focus on actual utility. In A. R. Piquero and S. G. Tibbetts (Eds.), *Rational choice and criminal behavior: Recent research and future challenges* (pp. 241 – 264). New York: Routledge.

Brickman, P. (1974). *Social conflict.* Lexington, MA: D. C. Heath and

Company.

Brower, M. C. , & Price, B. H. (2001). Neuropsychiatry of frontal lobe dysfunction in violent and criminal behavior: A critical review. *Journal of Neurology*, *Neurosurgery*, & *Psychiatry*, *71*, 720 - 726.

Brown, D. (1974a). Cognitive development and willingness to comply with the law. *American Journal of Political Science*, *18*, 583 - 594.

Brown, D. (1974b). Adolescent attitudes and lawful behavior. *Public Opinion Quarterly*, *38*, 98 - 106.

Brown, C. S. , & Bigler, R. S. (2004). Children's perceptions of gender discrimination. *Developmental Psychology*, *40*, 714 - 726.

Bright, C. L. , Young, D. W. , Bessaha, M. L. , & Falls, B. J. (2015). Perceptions and out-comes following teen court involvement. *Social Work Research*, *39*(3), 135 - 146.

Brubacher, M. R. , Fondacaro, M. R. , Brank, E. M. , Brown, V. E. , & Miller, S. A. (2009). Procedural justice in resolving family disputes: Implications for childhood bullying. *Psychology*, *Public Policy*, *and Law*, *15*, 149 - 167.

Bruch, S. K. , & Soss, J. (2016). *Learning where we stand: How school experiences matter for civic marginalization and political inequality*. Unpublished manuscript, Department of Sociology, University of Iowa.

Brunson, R. K. , & Weitzer, R. (2009). Police relations with black and white youths in different urban neighborhoods. *Urban Affairs Review*, *44*(6), 858 - 885.

Buss, E. (2011). Failing juvenile courts, and what lawyers and judges can do about it. *Northwestern University School of Law*, *6*, 318 - 333.

Butler, S. M. , Leschied, A. W. , & Fearon, P. (2007). Antisocial beliefs and attitudes in pre-adolescent and adolescent youth. *Journal of Youth and Adolescence*, *36*, 1058 - 1071.

Campbell, D. E. (2006). What is education's impact on civic and social engagement? In R. Desjardins & T. Schuller (Eds.), *Measuring the effects of education on health and civic/social engagement* (pp. 25 - 126). Paris: Organisation for Econcomic Co-Operation and Development, Centre for Educational Research and Innovation.

Campbell, D. T. (1975). On the conflicts between biological and social evolution and between psychology and moral tradition. *American Psychologist*, *30*(12), 1103 - 1126.

Carr, P. J. , Napolitano, L. , & Keating, J. (2007). We never call the cops and here is why. *Criminology*, *45*, 445 - 480.

Carrabine, E. (2005). Prison riots, social order and the problem of legitimacy. *British Journal of Criminology*, *45*(6), 896 - 913.

Casey, B. J. (2015). Beyond simple models of self-control to circuit-based accounts of adolescent behavior. *Annual Review of Psychology*, *66*, 295 - 319.

Center for Civic Education. (2010). *National standard for civics and government*. Calabasas, CA: Center for Civic Education.

Chalfin, A., & McCrary, J. (2014). Criminal deterrence: A review of the literature. *Journal of Economic Literature*, in press.

Chang, F. Y. (1994). School teachers' moral reasoning. In J. R. Rest & D. Narváez (Eds.), *Moral development in the professions* (pp. 71 - 83). Hillsdale, NJ: Lawrence Erlbaum Associates.

Chein, J., Albert, D., O'Brien, L., Uckert, K., & Steinberg, L. (2011). Peers increase adolescent risk taking by enhancing activity in the brain's reward circuitry. *Developmental Science*, *14*(2), F1 - F10.

Chory, R. M., Horan, S. M., Carton, S. T., & Houser, M. L. (2014). Toward a further understanding of students' emotional responses to classroom injustice. *Communication Education*, *63*, 41 - 62.

Chory-Assad, R. M. (2002). Classroom justice: Perceptions of fairness as a predictor of student motivation, learning, and aggression. *Communication Quarterly*, *50*, 58 - 77.

Chory-Assad, R. M., & Paulsel, M. L. (2004a). Classroom justice: Student aggression and resistance as reactions to perceived unfairness. *Communication Education*, *53*(3), 253 - 273.

Chory-Assad, R. M., & Paulsel, M. L. (2004b). Antisocial classroom communication. *Communication Quarterly*, *52*, 98 - 114.

Chow, H. P. (2011). Adolescent attitudes toward the police in a western Canadian city. *Policing: An International Journal of Policing Strategies & Management*, *34*(4), 638 - 653.

Claes, E., Hooghe, M., & Marien, S. (2012). A two-year panel study among Belgian late adolescents on the impact of school environment characteristics on political trust. *International Journal of Public Opinion Research*, *24*, 208 - 224.

Clayman, S., & Skinns, L. (2012). To snitch or not to snitch? An exploratory study fo the factors influencing whether young people actively cooperate with police. *Policing and Society*, *22*(4), 460 - 480.

Cohen-Charash, Y., & Spector, P. E. (2001). The role of justice in organizations: A metaanalysis. *Organizational Behavior and Human Decision Processes*, *86*(2), 278 - 321.

Cohn, E. S., Bucolo, D. O, Rebellon, C. J., & Van Gundy, K. (2010). An integrated model of legal and moral reasoning and rule-violating behavior: The role of legal attitudes. *Law and Human Behavior*, *34*(4), 295 - 309.

Cohn, E. S., Trinkner, R. J., Rebellon, C. J., Van Gundy, K. T., & Cole, L. M. (2012). Legal attitudes and legitimacy: Extending the integrated legal socialization model. *Victims and Offenders*, 7(4), 385 – 406.

Cohn, E., & White, S. (1990). *Legal socialization*. New York: Springer.

Cohn, E. S., & White, S. O. (1992). Taking reasoning seriously. In J. McCord (Ed.), *Advances in Criminological Theory* (Vol. 3, pp. 95 – 114). New Brunswick, NJ: Transaction Publishers.

Coid, J. W., Yang, M., Ullrich, S., Roberts, A. D. L., & Hare, R. D. (2009). Prevalence and correlates of psychopathic trains in the household population of Great Britain. *International Journal of Law and Psychiatry*, 32(2), 65 – 73.

Collins, R. (2007). Strolling while poor: How broken-windows policing created a new crime in Baltimore. *Georgetown Journal on Poverty Law & Policy*, XIV(3), 419 – 440.

Colvin, M., Cullen, F. T., & Vander Ven, T. (2002). Coercion, social support, and crime: An emerging theoretical consensus. *Criminology*, 40(1), 19 – 42.

Conover, P. J., & Searing, D. D. (2000). A political socialization perspective. In L. M. McDonnell, P. M. Timpane, & R. Benjamin (Eds.), *Rediscovering the democratic purposes of education* (pp. 91 – 124). Lawrence: University of Kansas Press.

Converse, P. (1972). Change in the American electorate. In A. Campbell & P. E. Converse (Eds.), *The human meaning of social change* (pp. 263 – 337). New York: Russell Sage Foundation.

Cook, W. K. (2013). Controlling underage drinking: Fear of law enforcement or internalized normative values? *Journal of Addiction Prevention*, 1(3), 1 – 6.

Cook, C. R., Williams, K. R., Guerra, N. G., Kim, T. E., & Sadek, S. (2010). Predictors of bullying and victimization in childhood and adolescence. *School Psychology Quarterly*, 25, 65 – 83.

Cordner, G. (2014). Community policing. In M. D. Reisig & R. J. Kane (Eds.), *The Oxford handbook of police and policing* (pp. 148 – 171). New York: Oxford University Press.

Cornell, D., Shukla, K., & Konold, T. R. (2016). Authoritative school climate and student academic achievement, grades, and aspirations in middle and high schools. *AERA Open*, 2(2), 1 – 18.

Cox, B., Sughrue, J. A., & Alexander, M. D. (2012). *The challenges to school policing*. Dayton, OH: Education Law Association.

Cumsille, P., Darling, N., Flaherty, B., & Martìnez, M. L. (2006). Chilean adolescents' beliefs about the legitimacy of parental authority: Individual and age-related differences. *International Journal of Child Development*, *30*(2), 97 - 106.

Curran, F. C. (2016). Estimating the effect of state zero tolerance laws on exclusionary discipline, racial discipline gaps, and student misbehavior. *Educational Evaluation and Policy Analysis*, *38*(4), 647 - 668.

Curtis, N. M., Ronan, K. R., & Borduin, C. M. (2004). Multisystemic treatment: A meta-analysis of outcome studies. *Journal of Family Psychology*, *18*(3), 411 - 419.

Dadds, M. R., Maujean, A., & Fraser, J. A. (2003). Parenting and conduct problems in children: Australian data and psychometric properties of the Alabama Parenting Questionnaire. *Australian Psychologist*, *38* (3), 238 - 241.

Dahl, R. E. (2001). Affect regulation, brain development, and behavioral/ emotional health in adolescence. *CNS Spectrums*, *6*(1), 60 - 72.

Dalton, R. J. (1994). Communists and democrats: Democratic attitudes in the two Germanies. *British Journal of Political Science*, *24*(4), 469 - 493.

Damon, W., & Killen, M. (1982). Peer interaction and the process of change in children's moral reasoning. *Merril-Palmer Quarterly*, *28*(3), 347 - 367.

Darling, N., Cumsille, P., & Martìnez, M. L. (2007). Adolescents' as active agents in the socialization process: Legitimacy of parental authority and obligation to obey as predictors of obedience. *Journal of Adolescence*, *30*, 297 - 311.

Darling, N., Cumsille, P., & Martìnez, M. L. (2008). Individual differences in adolescents' beliefs about the legitimacy of parental authority and their own obligation to obey. *Child Development*, *79*, 1103 - 1118.

Darling, N., & Steinberg, L. (1993). Parenting style as context. *Psychological Bulletin*, *113*, 487 - 496.

Deigh, J. (1999). Emotion and the authority of law: Variation on themes in Bentham and Austin. In S. A. Bandes (Ed.), *The passions of the law* (pp. 285 - 308). New York: New York University Press.

Delgado, R. (2008). Law enforcement in subordinated communities: Innovation and response. *Michigan Law Review*, *106*, 1193 - 1212.

Delisi, M. (2005). *Career criminals in society*. Thousand Oaks, CA: Sage.

Denver, D., & Hands, G. 1990. Does studying politics make a difference? *British Journal of Political Science*, *20*, 263 - 279.

Department of Education. (2016). *2013 - 2014 civil rights data collection: A first look*. Washington, DC: US Department of Education Office of Civil Rights.

Dewey, J. (1916). *Democracy and education*. New York: Free Press.

Dishion, T. J., & Tipsord, J. M. (2011). Peer contagion in child and adolescent social and emotional development. *Annual Review of Psychology*, *62*, 189 – 214.

Dornbusch, S. , Erickson, K. G. , Laird, J. , & Wong, C. A. (2001). The relations of family and school attraction to adolescent deviance in diverse groups and communities. *Journal of Adolescent Research*, *16*, 396 – 422.

Dumontheil, I. , Apperly, I. A. , & Blakemore, S. J. (2010). Online usage of theory of mind continues to develop in late adolescence. *Developmental Science*, *13*(2), 331 – 338.

Durkheim, E. (1973). *Moral education*. New York: Macmillan.

Durose, M. R. , Cooper, A. D. , & Snyder, H. N. (2014). Recidivism of prisoners released in 30 states in 2005: Patterns from 2005 to 2010. Washington, DC: US Department of Justice, Bureau of Justice Statistics.

Eagly, A. H. , & Chaiken, S. (1998). Attitude structure and function. In D. T. Gilbert, S. T. Fiske, & L. Gardner (Eds.), *The handbook of social psychology* (pp. 269 – 322). New York: McGraw-Hill.

Earls, F. J. (1994). Violence and today's youth. *The Future of Children*, 4 (3), 4 – 23.

Easton, D. (1965). *A systems analysis of political life*. Chicago: University of Chicago Press.

Easton, D. (1975). A reassessment of the concept of political support. *British Journal of Political Science*, *5*, 435 – 457.

Easton, D. & Dennis, J. (1969). *Children in the political system: Origins of political legitimacy*. New York: McGraw-Hill.

Eccles, J. S. , Barber, B. L. , Stone, M. , & Hunt, J. (2003). Extracurricular activities and adolescent development. *Journal of Social Issues*, *59*(4), 865 – 889.

Eddy, J. M. , Whaley, R. B. , & Chamberlain, P. (2004). The prevention of violent behavior by chronic and serious male juvenile offenders: A 2-year follow-up of a randomized clinical trial. *Journal of Emotional and Behavioral Disorders*, *12*(1), 2 – 8.

Eller, A. , Abrams, D. , Viki, G. T. , Imara, D. A. , & Peerbux, S. (2007). Stay cool, hang loose, admit nothing: Race, intergroup contact and public-police relations. *Basic and Applied Social Psychology*, *29*, 213 – 224.

Emler, N. , & Reicher, S. (1995). *Adolescence and delinquency*. Oxford: Blackwell.

Emler, N. , & Reicher, S. (2005). Delinquency: Cause of consequence of social exclusion. In D. Abrams, M. A. Hogg, & J. M. Marques (Eds.), *The social psychology of inclusion and exclusion*. New York: Psychology Press.

Eron, L. D. (1987). The development of aggressive behavior from the perspective of a developing behaviorism. *American Psychologist*, *42*,

435 - 442.

Espelage, D. L. , Low, S. , Rao, M. A. , Hong, J. S. , & Little, T. (2014). Family violence, bullying, fighting and substance use among adolescents. *Journal of Research on Adolescence*, *24*, 337 - 349.

Estevez, E. , Murgui, S. , Moreno, D. , & Musitu, G. (2007). Family communication styles, attitudes toward institutional authority and adolescents' violent behavior at school. *Psicothema*, *19*, 108 - 112.

Estevez, E. , Murgui, S. , Musitu, G. , & Moreno, D. (2008). Adolescent aggression: Effects of gender and family and school environments. *Journal of Adolescence*, *31*, 433 - 450.

Ewick, P. , & Silbey, S. S. (1998). *The common place of law: Stories from everyday life*. Chicago: University of Chicago Press.

Fagan, J. , Geller, A. , Davies, G. , & West, V. (2010). Street stops and *broken windows* revisited: The demography and logic of proactive policing in a safe and changing city. In S. K. Rice and M. D. White (Eds.), *Race, ethnicity, and policing: New and essential readings* (pp. 309 - 348). New York: New York University Press.

Fagan, J. , & Piquero, A. R. (2007). Rational choice and developmental influences on recidivism among adolescent felony offenders. *Journal of Empirical Legal Studies*, *4*(4), 715 - 748.

Fagan, J. , & Tyler, T. R. (2005). Legal socialization of children and adolescents. *Social Justice Research*, *18*(3), 217 - 242.

Farrington, D. P. (2005). Childhood origins of antisocial behavior. *Clinical Psychology and Psychotherapy*, *12*, 177 - 190.

Farrington, D. P. , & Ttofi, M. M. (2011). Bullying as a predictor of offending, violence and later life outcomes. *Criminal Behavior and Mental Health*, *21*, 90 - 98.

Feeley, M. (1979). *The process is the punishment*. New York: Russell Sage Foundation.

Fehr, E. , Bernhard, H. , & Rockenbach, B. (2008). Egalitarianism in young children. *Nature*, *454*, 1079 - 1084.

Feldman, S. , & Stenner, K. (1997). Perceived threat and authoritarianism. *Political Psychology*, *18*(4), 741 - 770.

Finckenauer, J. O. (1990). Legal socialization theory: A precursor to comparative research in the Soviet Union. In W. S. Laufer and F. Adler (Eds.), *Advances in Criminological Theory* (Vol. 2, pp. 71 - 85). New Brunswick, NJ: Transaction Publishers.

Finckenauer, J. O. (1995). *Russian youth: Law, deviance, and the pursuit of freedom*. New Brunswick, NJ: Transaction Publishers.

Fine, A. , & Cauffman, E. (2015). Race and justice system attitude formation during the transition to adulthood. *Journal of Developmental and Life-Course Criminology*, *1*(4), 325 – 349.

Fine, S. E., Trentacosta, C. J., Izard, C. E., Mastow, A. J., & Campbell, J. L. (2004). Anger perception, caregivers' use of physical discipline, and aggression in children at risk. *Social Development*, *13*, 213 – 228.

Fisher, D. (2010). The global debt bomb. *Forbes*, January 21. Retrieved May 1 from http:// www. forbes. com/ forbes/ 2010/ 0208/ debt-recession-worldwide-finances-global-debt-bomb. html.

Fisher, P. A., & Chamberlain, P. (2000). Multidimensional treatment foster care. *Journal of Emotional and Behavioral Disorders*, *8*, 155 – 164.

Flanagan, C. A. (2013). *Teenage citizens: The political theories of the young*. Cambridge, MA: Harvard University Press.

Flanagan, C. A., & Sherrod, L. R. (1998). Youth political development: An introduction. *Journal of Social Issues*, *54*(3), 447 – 456.

Flexon, J. L., Lurigio, A. J., & Greenleaf, R. G. (2009). Exploring the dimensions of trust in the police among Chicago juveniles. *Journal of Criminal Justice*, *37*, 180 – 189.

Fondacaro, M. R., Brank, E. M., Stuart, J., Villanueva-Abraham, S., Luescher, J., & McNatt, P. S. (2006). Identity orientation, voice, and judgments of procedural justice during late adolescence. *Journal of Youth and Adolescence*, *35*(6), 987 – 997.

Fondacaro, M. R., Dunkle, M. E., & Pathak, M. K. (1998). Procedural justice in resolving family disputes: A psychosocial analysis of individual and family functioning in late adolescent. *Journal of Youth and Adolescence*, *27*, 101 – 119.

Fondacaro, M. R., Jackson, S. L., & Luescher, J. (2002). Toward the assessment of procedural and distributive justice in resolving family disputes. *Social Justice Research*, *15*, 341 – 371.

Fraser, M. (1996). Aggressive behavior in childhood and early adolescence. *Social Work*, *41*, 347 – 361.

Fratello, J., Rengifo, A. F., & Trone, J. (2013). *Coming of age with stop and frisk: Experiences, self-perceptions, and public safety implications*. New York: Vera Institute of Justice.

French, J. R. P., Jr., & Raven, B. (1959). The bases of social power. In D. Cartwright (Ed.), *Studies in social power* (pp. 150 – 167). Ann Arbor: University of Michigan Press.

Freud, S. (1930). *Civilization and its discontents*. New York: Norton.

Frias-Armenta, M., Lopez-Escobar, A. E., & Silveira, G. J. (2016). Procedural and distributive justice and amenability to psychological treatment in juvenile delinquents. *Advances in Applied Sociology*, *6*, 57 – 66.

Furnham, A. , & Stacey, B. (1991). *Young people's understanding of society*. London: Routledge.

Galen, B. R. , & Underwood, M. K. (1997). A developmental investigation of social aggression among children. *Developmental Psychology*, *33*, 589 – 600.

Gallup. (2015). *Confidence in Institutions*. Retrieved February 4, 2016 from http://www. gallup. com/poll/1597/confidence-institutions. aspx.

Galston, W. A. (2001). Political knowledge, political engagement, and civic education. *Annual Review of Political Science*, 4, 217 – 234.

Garland, D. (2001). *The culture of control: Crime and social order in contemporary society*. Chicago: University of Chicago Press.

Gau, J. M. , & Brunson, R. K. (2010). Procedural justice and order maintenance policing. *Justice Quarterly*, *27*, 255 – 279.

Geller, A. , Fagan, J. , & Tyler, T. R. (2014). Aggressive policing and the mental health of young urban men. *American Journal of Public Health*, *104*, 2321 – 2327.

Gendron, B. P. , Williams, K. R. , & Guerra, N. G. (2011). An analysis of bullying among students within schools: Estimating the effects of individual normative beliefs, self-esteem, and school climate. *Journal of School Violence*, *10*, 150 – 164.

Gershoff, E. T. (2002). Corporal punishment by parents and associated child behaviors and experiences. *Psychological Bulletin*, *128*, 539 – 579.

Gershoff, E. T. , & Bitensky, S. H. (2007). The case against corporal punishment of children. *Psychology, Public Policy, and Law*, *13*, 231 – 272.

Gerstein, C. , & Prescott, J. J. (2015). Process costs and police discretion. *Harvard Law Review Forum*, *128*, 268 – 288.

Gibbs, J. P. (1968). Crime, punishment, and deterrence. *Southwestern Social Science Quarterly*, *48*(4), 515 – 530.

Gibbs, J. P. (1975). *Crime, punishment, and deterrence*. New York: Elsevier.

Gibbs, J. C. (2013). *Moral development and reality* (3rd ed.). New York: Oxford University Press.

Gibson, J. L. (1996). A mile wide but an inch deep(?): The structure of democratic commitments in the former USSR. *American Journal of Political Science*, *40*, 396 – 420.

Gibson, J. L. (2004). *Overcoming apartheid: Can truth reconcile a divided nation?* New York: Russell Sage Foundation.

Gibson, J. L. (2015). Legitimacy is for losers: The interconnections of institutional legitimacy, performance evaluations, and the symbols of judicial authority. In B. H. Bornsteing & A. Tomkins (Eds.), *Motivating cooperation and compliance with authority* (pp. 81 – 116). New York: Springer.

Gibson, J. L. , & Caldeira, G. A. (1995). The legitimacy of transnational legal institutions: Compliance, support, and the European Court of Justice. *American Journal of Political Science*, *39*(2), 459 – 489.

Gibson, J. L. , Duch, R. M. , & Tedin, K. L. (1992). Democratic values and the transformation of the Soviet Union. *Journal of Politics*, *54*, 329 – 371.

Gifford-Smith, M. , Dodge, K. A. , Dishion, T. J. , & McCord, J. (2005). Peer influence in children and adolescents: Crossing the bridge from developmental to intervention science. *Journal of Abnormal Child Psychology*, *33*(3), 255 – 265.

Gilligan, C. (1982). *In a different voice*. Cambridge, MA: Harvard University Press.

Glueck, S. , & Glueck, E. (1950). *Unraveling juvenile delinquency*. New York: Commonwealth Fund.

Goff, P. A. , Epstein, L. M. , & Reddy, K. S. (2013). Crossing the line of legitimacy: The impact of cross-deputization policy on crime reporting. *Psychology*, *Public Policy and Law*, *19*(2), 250 – 258.

Gogtay, N. , Gied, J. N. , Lusk, L. , Hayashi, K. M. , Greenstein, D. , Vaituzis, A. C. , Nugent III, T. F. , et al. (2004). Dynamic mapping of human cortical development during childhood through early adulthood. *Proceedings of the National Academy of Sciences of the United States of America*, *101*(21), 8174 – 8179.

Gold, L. J. , Darley, J. M. , Hilton, J. L. , & Zanna, M. P. (1984). Children's perceptions of procedural justice. *Child Development*, *55*, 1752 – 1759.

Gonzales, M. H. , Riedel, E. , Williamson, I. , Avery, P. G. , Sullivan, J. L. , & Bos, A. (2004). Variations of citizenship education: A content analysis of rights, obligations, and participation concepts in high school civic textbooks. *Theory & Research in Social Education*, *32*(3), 301 – 325.

Goode, E. (2012). Stronger hand for judges in the "bazaar" of plea deals. *New York Times*, March 22. Retrieved June 9, 2016 from http://www. nytimes. com/2012/03/23/us/stronger-hand-for-judges-after-rulings-on-plea-deals. html? _r=0.

Gordon, D. A. , Graves, K. , & Arbuthnot, J. (1995). The effect of functional family therapy for delinquents on adult criminal behavior. *Criminal Justice and Behavior*, *22*(1), 60 – 73.

Gottfredson, G. D. , & Gottfredson, D. C. (1985). *Victimization in schools*. New York: Plenum.

Gottfredson, G. D. , Gottfredson, D. C. , Payne, A. A. , & Gottfredson, N.

C. (2005). School climate predictors of school disorder. *Journal of Research on Crime and Delinquency*, *42*, 412 – 444.

Gottfredson, M. R. , & Hirschi, T. (1990). *A general theory of crime*. Redwood City, CA: Stanford University Press.

Gouveia-Pereira, M. , Vala, J. , Palmonari, A. , & Rubini, M. (2003). School experience, relational justice and legitimation of institutional authority. *European Journal of Psychology of Education*, *18*, 309 – 332.

Grant, H. B. (2006). *Building a culture of lawfulness: Law enforcement, legal reasoning, and delinquency among Mexican Youth*. El Paso, TX: LFB Scholarly Publishing.

Greene, M. B. (2005). Reducing violence and aggression in schools. *Trauma and Violence Abuse*, *6*, 236 – 253.

Greenstein, F. I. (1960). The benevolent leader: Children's images of political authority. *American Political Science Review*, *54*(4), 934 – 943.

Gregory, A. , & Ripski, M. B. (2008). Adolescent trust in teachers. *School Psychology Review*, *37*, 337 – 353.

Gregory, A. , & Weinstein, R. S. (2004). Connection and regulation at home and in school. *Journal of Adolescent Research*, *19*, 405 – 427.

Gregory, A. , & Weinstein, R. S. (2008). The discipline gap and African-Americans: Defiance or cooperation in the high school classroom. *Journal of School Psychology*, *46*, 455 – 475.

Grisso, T. (1997). The competence of adolescents as trial defendants. *Psychology, Public Policy, and Law*, *3*, 3 – 32.

Grisso, T. , Steinberg, L. , Woolard, J. , Cauffman, E. , Scott, E. , Graham, S. , Lexcen, F. , et al. (2003). Juveniles' competence to stand trial. *Law and Human Behavior*, *27*, 333 – 363.

Grocke, P. , Rossano, F. , & Tomasello, M. (2015). Procedural justice in children: Preschoolers accept unequal resource distributions of the procedures provides equal opportunity. *Journal of Experimental Child Psychology*, *140*, 197 – 210.

Grusec, J. E. , & Goodnow, J. J. (1994). Impact of parental discipline methods on the child's internalization of values: A reconceptualization of current points of view. *Developmental Psychology*, *30*(1), 4 – 19.

Grusec, J. E. , & Hastings, P. D. (Eds.) (2015). *Handbook of socialization* (2nd ed.). New York: Guilford Publications.

Guerra, N. G. , Nucci, L. , & Huesmann, L. R. (1994). Moral cognition and child-hood aggression. In L. R. Huesmann (Ed.), *Aggressive behavior* (pp. 13 – 33). New York: Plenum Publishing.

Gummerum, M. , Keller, M. , Takezawa, M. , & Mata, J. (2008). To give or not to give: Children's and adolescents' sharing and negotiations in economic decision situations. *Child Development*, *79*, 562 - 576.

Güroğlu, B., van den Box, W., & Crone, E. A. (2009). Fairness considerations: Increasing understanding of intentionality during adolescence. *Journal of Experimental Child Psychology*, *104*(4), 398 - 409.

Haan, N., Smith, M. B., & Block, J. (1968). Moral reasoning of young adults. *Journal of Personality and Social Psychology*, *10*, 183 - 201.

Haidt, J. (2001). The emotional dog and its rational tail: a social intuitionist approach to moral judgment. *Psychological Review*, *108*(4), 814 - 834.

Harrison, P., Maupin, J. R., & Mays, G. L. (2001). Teen court: An examination of processes and outcomes. *Crime & Delinquency*, *47* (2), 243 - 264.

Harvell, S. A. S. (2008). *A developmental assessment of procedural justice: Does process matter to juvenile detainees?* Unpublished dissertation, Department of Psychology, Georgetown University.

Harvey, R. J., Fletcher, J., & French, D. J. (2001). Social reasoning: A source of influence on aggression. *Clinical Psychology Review*, *21* (3), 447 - 469.

Helwig, C. C. (1998). Children's conceptions of fair government and freedom of speech. *Child Development*, *69*, 518 - 531.

Helwig, C. C. (2006). Rights, civil liberties, and democracy across cultures. In M. Killen & J. G. Smetana (Eds.), *Handbook of moral development* (pp. 85 - 210). Mahwah, NJ: Lawrence Erlbaum Associates.

Helwig, C. C., Arnold, M. L., Tan, D., & Boyd, D. (2007). Mainland Chinese and Canadian adolescents' judgments and reasoning about the fairness of democratic and other forms of government. *Cognitive Development*, *22* (1), 96 - 109.

Helwig, C. C., & Jasiobedzka, U. (2001). The relation between law and morality. *Child Development*, *72*, 1382 - 1393.

Henrich, C. C., Brookmeyer, K. A., & Shahar, G. (2005). Weapon violence in adoles-cence. *Journal of Adolescent Health*, *37*, 306 - 312.

Hensler, J. G. (2006). Serotonergic modulation of the limbic system. *Neuroscience and Biobehavioral Reviews*, *30*, 203. 214.

Herrero, J., Estevez, E., & Musitu, G. (2006). The relationships of adolescent school-related deviant behavior and victimization with psychological distress. *Journal of Adolescence*, *29*, 671 - 690.

Herzon, F. D., Kincaid, J., & Dalton, V. (1978). Personality & public opinion: The case of authoritarianism, prejudice, & support for the Korean & Vietnam wars. *Polity*, *11*(1), 92 - 113.

Hess, R. D., & Torney, J. V. (1967). *The development of political attitudes in children*. Chicago: Aldine.

Hetherington, M. J. (2005). *Why trust matters: Declining political trust and the demise of American liberalism.* Princeton, NJ: Princeton University Press.

Hetherington, M. J., & Weiler, D. J. (2009). *Authoritarianism and polarization in American politics.* Cambridge: Cambridge University Press.

Hinds, L. (2007). Building police-youth relationships: The importance of procedural justice. *Youth Justice, 7*(3), 195 – 209.

Hinds, L. (2009). Youth, police legitimacy and informal contact. *Journal of Police and Criminal Psychology, 24,* 10 – 21.

Hirschfield, P. J. (2008). Preparing for prison? The criminalization of school discipline in the USA. *Theoretical Criminology, 12,* 79 – 101.

Hirschi, T. (1969). *Causes of delinquency.* Berkeley: University of California Press.

Hirschi, T. (1983). Crime and the family. In J. Wilson (Ed.), *Crime and public policy* (pp. 53 – 68). San Francisco: Institute for Contemporary Studies.

Hoeve, M., Blokland, A., Dubas, J. S., Loeber, R., Gerris, J. R. M., & van der Laan, P. H. (2008). Trajectories of delinquency and parenting styles. *Journal of Abnormal Child Psychology, 36,* 223 – 235.

Hoeve, M., Dubas, J. S., Eichelsheim, V. I., van der Laan, P. H., Smeenk, W., & Gerris, J. R. M. (2009). The relationship between parenting and delinquency: A metaanalysis. *Journal of Abnormal and Child Psychology, 37,* 749 – 775.

Hoffman, M. L. (1977). Moral internalization. *Advances in Experimental Social Psychology, 10,* 85 – 133.

Hoffman, M. L. (2000). *Empathy and moral development: Implications for caring and justice.* Cambridge: Cambridge University Press.

Hogan, R., & Mills, C. (1976). Legal socialization. *Human Development, 19,* 261 – 276.

Hollingsworth, E. J., Luffler, H. S., & Clune, W. H. (1984). *School discipline.* New York: Praeger.

Horan, S. M., & Myers, S. A. (2009). An exploration of college instructors' use of classroom justice, power and behavior alteration techniques. *Communication Education, 58,* 483 – 496.

Horan, S. M., Chory, R. M., & Goodboy, A. K. (2010). Understanding students' classroom justice experiences and responses. *Communication Education, 59,* 453 – 474.

Huesmann, L. R., & Guerra, N. G. (1997). Children's normative beliefs about aggression and aggressive behavior. *Journal of Personality and Social Psychology, 72,* 408 – 419.

Huizinga, D. , Schumann, K. , Ehret, B. , & Elliott, A. (2003). *The effects of juvenile justice processing on subsequent delinquent and criminal behavior*. Washington, DC: Final Report to the National Institute of Justice.

Humes, E. (1997). *No matter how loud I shout*. New York: Simon & Schuster.

Huo, Y. J. (2002). Justice and the regulation of social relations: When and why do group members deny claims to social goods? *British Journal of Social Psychology*, *41*, 535 – 562.

Huq, A. Z. , Jackson, J. , & Trinkner, R. (2016). Legitimating practices: Revisiting the predicates of police legitimacy. *British Journal of Criminology*. Published online August 31, 2016. doi: 10.1093/bjc/asw037

Hyman, H. H. (1959). *Political socialization*. New York: Free Press.

Hyman, I. A. , & Perone, D. C. (1998). The other side of school violence: Educator policies and practices that may contribute to student misbehavior. *Journal of School Psychology*, *36*, 7 – 27.

Jackson, A. (2002). Police-school resource officers' and students' perception of the police and offending. *Policing*, *25*, 631 – 650.

Jackson, J. , Bradford, B. , Stanko, B. , & Hohl, K. (2013). *Just authority? Trust in the police in England and Wales*. New York: Routledge.

Jackson, J. , Huq, A. Z. , Bradford, B. , & Tyler, T. R. (2013). Monopolizing force? Police legitimacy and public attitudes toward the acceptability of violence. *Psychology*, *Public Policy and Law*, *19*, 479 – 497.

Jackson, S. , & Fondacaro, M. (1999). Procedural justice in resolving family conflict: Implications for youth violence prevention. *Law & Policy*, *21*(2), 101 – 127.

James, K. , Bunch, J. , & Clay-Warner, J. (2015). Perceived injustice and school violence. *Youth Violence and Juvenile Justice*, *13*(2), 169 – 189.

James, N. , & McCallion, G. (2013). *School resource officers: Law enforcement officers in schools*. Washington, DC: Congressional Research Service.

Jenkins, P. H. (1997). School delinquency and the school social bond. *Journal of Research in Crime and Delinquency*, *34*(3), 337 – 367.

Jennings, M. K. , & Niemi, R. G. (1974). *The political character of adolescence*. Princeton, NJ: Princeton University Press.

Jennings, M. K. , & Stoker, L. (2004). Social trust and civic engagement across time and generations. *Acta Politica*, *39*, 342 – 379.

John, P. , & Morris, Z. (2004). What are the origins of social capital? *British Elections and Parties Review*, *14*, 94 – 112.

Johnson, S. L. (2009). Improving the school environment to reduce school violence. *Journal of School Health*, *79*, 451 – 465.

Jones, N. (2014). "The regular routine": Proactive policing and adolescent development among young, poor black men. In K. Roy & N. Jones (Eds.), *Pathways to adulthood for disconnected young men in low-income communities: New Directions in Child and Adolescent Development*, *143*, 33 – 54.

Jones, J. M. (2015a). Gallup: Trust in U. S. judicial branch sinks to new low of 53%. Retrieved February 4, 2016 from http://www. gallup. com/poll/185528/trust-judicial-branch-sinks-new-low. aspx.

Jones, J. M. (2015b). Gallup: In U. S. , confidence in police lowest in 22 years. Retrieved September 9, 2015 from http://www. gallup. com/poll/183704/confidence-police-lowest-years. aspx.

Jurkovic, G. J. (1980). The juvenile delinquent as a moral philosopher: A structural-developmental perspective. *Psychological Bulletin*, *88*, 709 – 727.

Justice, B. , & Meares, T. (2014). How the criminal justice system educates citizens. *Annals of the American Academy of Political and Social Science*, *651*(1), 159 – 177.

Kahan, D. (1999). The secret ambition of deterrence. *Harvard Law Review*, *113*, 413 – 500.

Kam, C. D. , & Kinder, D. R. (2007). Terror and ethnocentrism: Foundations of American support for the war on terrorism. *Journal of Politics*, *69*(2), 320 – 338.

Kane, R. J. (2005). Compromised police legitimacy as a predictor of violent crime in structurally disadvantaged communities. *Criminology*, *43*(2), 469 – 498.

Kassa, S. O. , Malloy, L. C. , & Cauffman, E. (2008). *Procedural justice and the adolescent offender*. Paper presented at the annual meeting of the American Psychology-Law Society. Jacksonville, Fl.

Katz, J. (1988). *Seductions of crime*. New York: Basic Books.

Keijsers, L. , & Laird, R. D. (2014). Mother-adolescent monitoring dynamics and the legitimacy of parental authority. *Journal of Adolescence*, *37*(5), 515 – 524.

Kelley, H. H. (1973). The processes of causal attribution. *American Psychologist*, *28*(2), 107 – 128.

Kelman, H. C. , & Hamilton, V. L. (1989). *Crimes of obedience*. New Haven, CT: Yale University Press.

Kempf, K. L. (1993). The empirical status of Hirschi's control theory. In F. Adler and W. S. Laufer (Eds.), *New Directions in Criminological Theory* (Vol. 4, 143 – 185). New Brunswick, NJ: Transaction Publishers.

Kessler, D. K. (2009). Free to leave? An empirical look at the fourth amendment's sei-zure standard. *Journal of Criminal Law and Criminology*, *99*(1), 51 – 88.

Killen, M. , & Smetana, J. G. （Eds.） （2006）. *Handbook of moral development*. Mahwah, NJ: Lawrence Erlbaum Associates.

Killen, M. , & Smetana, J. G. （2015）. Origins and development of morality. In M. E. Lamb （Ed.）, *Handbook of child psychology and developmental science* （Vol. 3, 7th ed. , pp. 701 – 749）. New York: Wiley-Blackwell.

King, M. L. , Jr. （1963）. *Letter from a Birmingham jail*. Retrieved from https://kinginsti-tute.   stanford.   edu/king-papers/documents/letter-birmingham-jail.

Kirk, D. S. , & Matsuda, M. （2011）. Legal cynicism, collective efficacy, and the ecology of arrest. *Criminology*, *49*(2), 443 – 472.

Kirk, D. S. , & Papachristos, A. （2011）. Cultural mechanisms and the persistence of neighborhood violence. *American Journal of Sociology*, *116*, 1190 – 1233.

Kleiman M. （2009）. *When brute force fails: Strategic thinking for crime control*. Princeton, NJ: Princeton University Press.

Knafo, A. （2003）. Authoritarians, the next generation: Values and bullying among adolescent children of authoritarian fathers. *Analysis of Social Issues and Public Policy*, *3*, 199 – 204.

Kochel, T. R. , Parks, R. , & Mastrofski, S. D. （2013）. Examining police effectiveness as a precursor to legitimacy and cooperation with police. *Justice Quarterly*, *30*(5), 895 – 925.

Kohlberg, L. （1963）. The development of children's orientations toward a moral order. *Human Development*, *51*, 8 – 20.

Kohlberg, L. （1980）. High school democracy and educating for a just society. In Mosher, R. （Ed.）, *Moral education* （pp. 20 – 57）. New York: Praeger.

Kohlberg, L. （1981）. *The philosophy of moral development: Essays on moral development* （Vol. 1）. New York: Harper & Row.

Kohler-Hausmann, I. （2013）. Misdemeanor justice: Control without conviction. *American Journal of Sociology*, *119*, 351 – 393.

Kohler-Hausmann, I. （2014）. Managerial justice and mass misdemeanors. *Stanford Law Review*, *66*, 611 – 693.

Kowalski, R. M. , Giumetti, G. W. , Schroeder, A. N. , & Lattanner, M. R. （2014）. Bullying in the digital age. *Psychological Bulletin*, *140*, 1073 – 1137.

Kowalski, G. S. , & Wilke, A. S. （2001）. Juvenile delinquency prediction. *Crime and Juvenile Delinquency*, *11*, 352 – 358.

Kraska, P. B. （Ed.） （2001）. *Militarizing the American criminal justice system*. Boston: Northeastern University Press.

Krevans, J. , & Gibbs, J. C. (1996). Parents' use of inductive discipline: Relations to children's empathy and prosocial behavior. *Child Development*, 67(6), 3263 – 3277.

Krislov, S. , Boyum, K. O. , Clark, J. N. , Shaefer, R. C. , & White, S. O. (1966). *Compliance and the law: A multi-disciplinary approach*. Thousand Oaks, CA: Sage.

Kroneberg, C. , Heintze, I. , & Mehlkop, G. (2010). The interplay of moral norms and instrumental incentives in crime causation. *Criminology*, 48(1), 259 – 294.

Kupchik, A. (2010). *Homeroom security: School discipline in an age of fear*. New York: New York University Press.

Kupchik, A. , & Catlaw, T. J. (2014). Discipline and participation: The long-term effects of suspension and school security on the political and civic engagement of youth. *Youth & Society*, 47(1), 95 – 124.

Kupchik, A. , & Ward, G. (2014). Race, poverty and exclusionary school security. *Youth Violence and Juvenile Justice*, 12, 332 – 354.

Laible, D. J. , Carlo, G. , & Roesch, S. (2004). Pathways to self-esteem in late adolescence: The role of parent and peer attachment, empathy, and social behaviours. *Journal of Adolesence*, 27(6), 703 – 716.

Laible, D. , Eye, J. , & Carlo, G. (2008). Dimensions of conscience in mid-adolescence: Links with social behavior, parenting, and temperament. *Journal of Youth and Adolescence*, 37, 875 – 887.

Landenberger, N. A. , & Lipsey, M. W. (2005). The positive effects of cognitive-behavioral programs for offenders. *Journal of Experimental Criminology*, 1, 451 – 476.

Langton, K. P. , & Jennings, M. K. (1968). Political socialization and the high school civics curriculum in the United States. *American Political Science Review*, 62, 852 – 867.

Lansford, J. E. , Chang, L. , Dodge, K. A. , Malone, P. S. , Oburu, P. , Bombi, A. S. , et al. (2005). Physical discipline and children's adjustment: Cultural normativeness as a moderator. *Child Development*, 76, 1234 – 1246.

Lapsley, D. K. (2006). Moral stage theory. In M. Killen & J. G. Smetana (Eds.), *Handbook of moral development* (pp. 37 – 66). Mahwah, NJ: Lawrence Erlbaum Associates.

Larzelere, R. E. , Klein, M. , Schumm, W. R. , & Alibrando, S. A. Jr. (1989). Relations of spanking and other parenting characteristics to self-esteem and perceived fair-ness of parental discipline. *Psychological Reports*, 64, 1140 – 1142.

Latimer, J. , Dowden, C. , & Muise, D. (2005). The effectiveness of restorative justice practices. *Prison Journal*, 85, 127 – 144.

Laub, J. H. , & Sampson, R. J. (2003). *Shared beginnings, divergent lives : Delinquent boys to age 70.* Cambridge, MA : Harvard University Press.

Laub, J. H. , Sampson, R. J. , & Sweeten, G. A. (2008). Assessing Sampson and Laub's life-course theory of crime. In. F. T. Cullen, J. P. Wright, & K. R. Blevins (Eds.), *Taking stock : The status of criminological theory* (pp. 313 – 333). New Brunswick, NJ : Transaction Publishers.

Laupa, M. (1991). Children's reasoning about three authority attributes : Adult status, knowledge, and social position. *Developmental Psychology, 27,* 321 – 329.

Laupa, M. , & Turiel, E. (1986). Children's conceptions of adult and peer authority. *Child Development, 57,* 405 – 412.

Laupa, M. , & Turiel, E. (1993). Children's concepts of authority and social contexts. *Journal of Educational Psychology, 85,* 191 – 197.

Leisering, L. (2003). Government and the life course. In J. T. Mortimer & M. J. Shanahan (Eds.), *Handbook of the life course* (pp. 205 – 228). New York : Kluwer Academic Publishers.

Leve, L. D. , Chamberlain, P. , & Reid, J. B. (2005). Intervention outcomes for girls referred from juvenile justice. *Journal of Consulting and Clinical Psychology, 73,* 1181 – 1185.

Leventhal, G. S. (1980). What should be done with equity theory? New approaches to the study of fairness in social relationships. In K. Gergen, M. Greenberg, & R. Willis (Eds.), *Social exchange* (pp. 27 – 55). New York : Plenum Press.

Levine, F. J. , & Tapp, J. L. (1977). The dialectic of legal socialization in community. In J. L. Tapp & F. J. Levine (Eds.), *Law, justice, and the individual in society* (pp. 163 – 182). New York : Holt, Rinehart, & Winston.

Levy, K. S. (2001). The relationship between adolescent attitudes toward authority, self-concept and delinquency. *Adolescence, 36*(142), 333 – 346.

Lewin, K. , Lippitt, R. , & White, R. K. (1939). Patterns of aggressive behavior in experimentally created social hierarchies. *Journal of Social Psychology, 10*(2), 269 – 299.

Limber, S. P. , & Small, M. A. (2003). State laws and policies to address bullying in schools. *School Psychology Review, 32,* 445 – 455.

Lind, E. A. , & Tyler, T. R. (1988). *The social psychology of procedural justice.* New York : Plenum.

Lipset, S. M. (1959). Some social requisites of democracy : Economic development and political legitimacy. *American Political Science Review, 53* (1), 69 – 105.

Lipsey, M. (1999). Can rehabilitative programs reduce the recidivism of young offend-ers? *Virginia Journal of Social Policy and Law*, *6*, 611 – 641.

Lipsey, M. W., & Cullen, F. T. (2007). The effectiveness of correctional rehabilitation: A review of systematic reviews. *Annual Review of Law and Social Science*, *3*, 297 – 320.

Liska, A. E., & Reed, M. D. (1985). Ties to conventional institutions and delinquency. *American Sociological Review*, *50*, 547 – 560.

Loeber, R., & Stouthamer-Loeber, M. (1986). Family factors as correlates and predictors of juvenile conduct problems and delinquency. *Crime and Justice*, *7*, 29 – 149.

Long, R., & Chase, J. (2003). Schools to target "bad" kids for prison: But law to scare youths has critics. *Chicago Tribune*, August 19. Retrieved June 11, 2016 from http://articles.chicagotribune.com/2003-08-19/news/0308190228_1_state-prison-prison-tour-chicago-public-schools.

Losen, D. (2011). *Discipline policies, successful schools, and racial justice*. Boulder, CO: National Education Policy Center.

Luong, G., Rauers, A., & Fingerman, K. L. (2015). The multifaceted nature of late-life socialization: Older adults as agents and targets of socialization. In J. E. Grusec & P. D. Hastings (Eds.), *Handbook of Socialization* (pp. 109 – 134). New York: Guilford Publishers.

Maccoby, E. E., & Martin, J. A. (1983). Socialization in the context of the family: Parentchild interaction. In P. H. Mussen (Series Ed.) & E. M. Hetherington (Vol. Ed.), *Handbook of child psychology: Vol. 4. Socialization, personality, and social development* (4th ed., pp. 1 – 101). New York: Wiley.

MacCoun, R. (1993). Drugs and the law: A psychological analysis of drug prohibition. *Psychological Bulletin*, *113*, 497 – 512.

MacKenzie, D. L. (2006). *What works in corrections*. New York: Cambridge University Press.

Mahoney, J. L., Larson, R. W., & Eccles, J. S. (Eds.). (2005). *Organized activities as contexts of development: Extracurricular activities, after school and community programs*. New York: Psychology Press.

Maltais, M. (2014). Raising a black son. *Los Angeles Times*, August 15. Available online at http://www.latimes.com/opinion/opinion-la/la-ol-raising-black-brown-boys-ferguson-20140815-story.html.

Mansbridge, J. (2014). What is political science for? *Perspectives on Politics*, *12*(10), 8 – 17.

Marsh, A., & Kaase, M. (1979). Background of political action. In S. H. Barnes & M. Kaase (Eds.), *Political action: Mass participation in five western democracies* (pp. 57 – 96). Thousand Oaks, CA: Sage.

Mayer, M. J., & Leone, P. E. (1999). A structural analysis of school violence and disruption: Implications for creating safer schools. *Education and Treatment of Children*, *22*, 333 – 356.

May, T. , Gyateng, T. , & Hough, M. (2010). *Differential treatment in the youth justice system*. London: Institute for Criminal Policy Research, King's College London.

Mazerolle, L. , Bennett, S. , Davis, J. , Sargeant, E. , & Manning, M. (2013). Procedural justice and police legitimacy: A systematic review of the research evidence. *Journal of Experimental Criminology*, *9*, 245 – 274.

McAra, L. , & McVie, S. (2007). Youth justice? The impact of system contact on patterns of desistance from offending. *European Journal of Criminology*, *4*, 315 – 345.

McCord, J. (1979). Some child-rearing antecedents of criminal behavior in adult men. *Journal of Personality and Social Psychology*, *37*(9), 1477 – 1486.

McCord, J. (1991). Family relationships, juvenile delinquency, and adult criminality. *Criminology*, *29*(3), 397 – 417.

McCord, J. , Widom, C. S. , & Crowell, N. A. (2001). *Juvenile Crime, Juvenile Justice*. Wasghington, DC: National Academy Press.

McMahan, J. (2004). The ethics of killing in war. *Ethics*, *114*(4), 693 – 733.

Meares, T. L. (2000). Norms, legitimacy and law enforcement. *Oregon Law Review*, *79*, 391 – 416.

Meares, T. L. (2009). The legitimacy of police among young African-American men. *Marquette Law Review*, *92*(4), 651 – 666.

Meares, T. L. , & Tyler, T. R. (2014). Justice Sotomayor and jurisprudence of procedural justice. *Yale Law Journal Forum*.

Meares, T. L. , Tyler, T. , & Gardener, J. (2016. Lawful or fair? How cops and laypeople view good policing. *Journal of Criminal Law and Criminology*, *105*(2), 297 – 344.

Melton, G. B. (Ed.). (1985). The law as a behavioral instrument. *Nebraska Symposium on Motivation* (Vol. 33). Lincoln: University of Nebraska Press.

Miklikowska, M. (2012). Psychological underpinnings of democracy: Empathy, author-itarianism, self-esteem, interpersonal trust, normative identity style, and openness to experience as predictors of support for democratic values. *Personality and Individual Differences*, *53*, 603 – 608.

Milnitsky-Sapiro, C. , Turiel, E. , & Nucci, L. (2006). Brazilian adolescents' conceptions of autonomy and parental authority. *Cognitive Development*, *21*, 317 – 331.

Miller, E. K. , Freedman, D. J. , & Wallis, J. D. (2002). The prefrontal cortex: Categories, concepts, and cognition. *Philosophical Transactions of the Royal Society of London. Series B: Biological Sciences*, *357*(1424), 1123 – 1136.

Mills, K. L. , Lalonde, F. , Clasen, L. S. , Giedd, J. N. , & Blakemore, S. J. (2014). Developmental changes in the structure of the social brain in late childhood and adolescence. *Social Cognitive Neuroscience*, *9*(1), 123 – 131.

Moffitt, T. E. (1993). Adolescent-limited and life-course-persistent antisocial behavior. *Psychological Review*, *100*, 674 – 701.

Moffitt, T. E. (2007). A review of research on the taxonomy of life-course persistent versus adolescence-limited antisocial behavior. In D. J. Flannery, A. T. Vazsonyi, & I. D. Waldman (Eds.), *The Cambridge handbook of violent behavior and aggression* (pp. 49 – 74). New York: Cambridge University Press.

Moffitt, T. E. , & Caspi, A. (2001). Childhood predictors differentiate life-course persistent and adolescent-limited pathways, among males and females. *Development and Psychopathology*, *13*, 355 – 375.

Moore, C. (2009). Fairness in children's resource allocation depends on the recipient. *Psychological Science*, *20*(8), 944 – 948.

Morash, M. A. (1978). *Implications of the theory of legal socialization for understanding the effect of juvenile justice procedures on youth*. Unpublished dissertation, Department of Criminology and Criminal Justice, University of Maryland.

Morash, M. A. (1981). Cognitive developmental theory: A basis for juvenile correctional reform? *Criminology*, *19*, 360 – 371.

Morash, M. A. (1982). Relationships of legal reasoning to social class, closeness to parents and exposure to a high level of reasoning among adolescents varying in seriousness of delinquency. *Psychological Reports*, *50*, 755 – 760.

Morell, M. E. (2010). *Empathy and democracy: Feeling, thinking, and deliberation*. University Park: Penn State University Press.

Morgan, A. B. , & Lilienfeld, S. O. (2000). A meta-analytic review of the relation between antisocial behavior and neuropsychological measures of executive function. *Clinical Psychology Review*, *20*(1), 113 – 136.

Morgane, P. J. , Galler, J. R. , & Mokler, D. J. (2005). A review of systems and networks of the limbic forebrain/limbic midbrain. *Progress in Neurobiology*, *75*, 143 – 160.

Morrill, C. , Tyson, K. , Edelman, L. B. , & Arum, R. (2010). Legal mobilization in schools: The paradox of rights and race among youth. *Law & Society Review*, *44*(3 – 4), 651 – 694.

Morris, M. W. (2012). *Race, gender, and the school-to-prison pipeline*. New York: African American Policy Forum.

Morris, S. Z. , & Gibson, C. L. (2011). Corporal punishment's influence on children's aggressive and delinquent behavior. *Criminal Justice and Behavior*,

38, 818 - 839.

Mowen, T. J. (2010). Shifting parenting styles and the effect of juvenile delinquency. Unpublished thesis, Department of Sociology, University of Louisville.

Mukherjee, E. (2007). *Criminalizing the classroom: The over-policing of New York City schools*. New York: American Civil Liberties Union.

Murphy, K. (2015). Does procedural justice matter to youth? Comparing adults' and youths' willingness to collaborate with police. *Policing and Society*, *25* (1), 53 - 76.

Musitu, G. , Estevez, E. , & Emler, P. (2007). Adjustment problems in the family and school contexts, attitudes toward authority, and violent behavior at school in adolescence. *Adolescence*, *42*, 779 - 794.

Myrdal, G. (1995). *An American dilemma: The Negro problem and modern democracy*. New Brunswick, NJ: Transaction Publishers.

Nagin, D. S. (1998). Criminal deterrence research at the outset of the twenty-first century. In M. Tonry's (Ed.), *Crime and justice: An annual review of research* (Vol. 23, pp. 1 - 42). Chicago: University of Chicago Press.

Nance, J. P. (2014). School surveillance and the fourth amendment. *Wisconsin Law Review*, *2014*, 79 - 137.

National Center for Mental Health and Juvenile Justice. (2013). *Improving diversion policies and programs for justice-involved youth with co-occurring mental and substance use disorders*. Retrieved from http://www. ncmhjj. com/wp-content/uploads/2013/10/improvingdiversionstrategies. pdf.

Niemi, R. G. , & Junn, J. (1998). *Civic education: What makes students learn*. New Haven, CT: Yale University Press.

Nessel, P. A. (1998). Teen court: A national movement. *Technical Assistance Bulletin No. 17*. Chicago: American Bar Association. Available online at http://files. eric. ed. gov/fulltext/ED431671. pdf

Neuman, C. S. , & Hare, R. D. (2008). Psychopathic trains in a large community sample: Links to violence, alcohol use, and intelligence. *Journal of Consulting and Clinical Psychology*, *76*(5), 893 - 899.

New Jersey v. T. L. O. 469 US 325, 1985, p. 384.

Newman, K. , Harrison, L. , Dashiff, C. , & Davies, S. (2008). Relationships between parenting styles and risk behaviors in adolescent health: An integrative literature review. *Revista Latino-Americana de Enformagem*, *16* (1), 142 - 150.

Nie, N. H. , Junn, J. , & Stehlik-Barry, K. (1996). *Education and democratic citizenship in America*. Chicago: University of Chicago Press.

Norman, J. (2009). Seen and not heard: Young people's perceptions of the police. *Policing*, *3*, 364 - 372.

Nucci, L. P., & Nucci, M. (1982a). Children's social interactions in the context of moral and conventional transgressions. *Child Development*, *53*(2), 403 – 412.

Nucci, L. P., & Nucci, M. (1982b). Children's responses to moral and social conventional transgressions in free-play settings. *Child Development*, *53*(5), 1337 – 1342.

Nucci, L. P., & Turiel, E. (1978). Social interactions and the development of social concepts in preschool children. *Child Development*, *49*, 400 – 407.

Nucci, L. P., & Weber, E. K. (1995). Social interactions in the home and the development of young children's conceptions of the personal. *Child Development*, *66*, 1438 – 1452.

Nugent, W. R., Williams, M., & Umbreit, M. S. (2003). Participation in victim-offender mediation and the prevalence and severity of subsequent delinquent behavior. *Utah Law Review*, *2003*, 137 – 166.

Nye, J. S., Zelikow, P., & King, D. C. (Eds.). (1997). *Why people don't trust government*. Cambridge, MA: Harvard University Press.

Olson, K. R., & Spelke, E. S. (2008). Foundations of cooperation in young children. *Cognition*, *108*, 222 – 231.

Paine, T. (1997). *Common sense*. Mineola, NY: Dover Publications.

Paoline, E. A. (2004). Shedding light on police culture: An examination of officers' occupational attitudes. *Police Quarterly*, *7*(2), 205 – 236.

Parker, J. S., & Benson, M. J. (2004). Parent-adolescent relations and adolescent functioning: Self-esteem, substance abuse, and delinquency. *Adolescence*, *39*(155), 519 – 530.

Parker, A. L., & Sarre, R. (2008). Policing young offenders: What role discretion? *International Journal of Police Science and Management*, *10*, 474 – 485.

Parsons, T. (1937). *The structure of social action*. New York: Free Press.

Paternoster, R. (2006). How much do we really know about criminal deterrence? *Journal of Criminal Law and Criminology*, *100*(3), 765 – 824.

Paternoster, R., & Iovanni, L. (1989). The labeling perspective and delinquency: An elaboration of the theory and an assessment of the evidence. *Justice Quarterly*, *6*(3), 359 – 394.

Paternoster, R., & Pogarsky, G. (2009). Rational choice, agency, and thoughtfully reflective decision making: The short and long-term consequences of making good choices. *Journal of Quantitative Criminology*, *25*, 103 – 127.

Patterson, G., & Yoerger, K. (1993). Developmental models for delinquent behavior. In S. Hodgins (Ed.), *Mental Disorders and Crime*. Thousand Oaks, CA: Sage.

Paulsel, M. L. (2005). The relationship between student perceptions of instructor power and classroom justice. *Communication Research Reports*, 22, 207 – 215.

Payne, A. A. (2008). A multilevel analysis of the relationships among communal school organization, student bonding, and delinquency. *Journal of Research on Crime and Delinquency*, 45(4), 429 – 455.

Pellerin, L. A. (2005). Applying Baumrind's parenting typology to high schools. *Social Science Research*, 34, 283 – 303.

Perry, B. L., & Morris, E. W. (2014). Suspending progress. *American Sociological Review*, 79, 1067 – 1087.

Perry, D. G., Perry, C., & Kennedy, E. (1992). Conflict and the development of antisocial behavior. In C. U. Shantz & W. W. Hartup (Eds.), *Conflict in child and adolescent development* (pp. 301 – 329). New York: Cambridge University Press.

Peterson, P. L., Hawkins, D. J., Abbott, R. D., & Catalano, R. F. (1994). Disentangling the effects of parental drinking, family management, and parental alcohol norms on current drinking by black and white adolescents. *Journal of Research on Adolescence*, 4, 203 – 227.

Petrosino, A., Turpin-Petrosino, C. T., & Buehler, J. (2004). "Scared straight" and other juvenile awareness programs for preventing juvenile delinquency. Oslo, Norway: The Campbell Collaboration. doi: 10. 4073/csr. 2010. 1

Petrosino, A., Turpin-Petrosino, C. & Guckenburg, S. (2010). *Formal system processing of juveniles: Effects on delinquency*. Oslo, Norway: The Campbell Collaboration. doi: 10. 4073/csr. 2013. 5

Pew Center on the States. (2008). *One in 100: Behind bars in American 2008*. Washington, DC: Pew Charitable Trusts.

Pew Research Center. (2013). Trust in government nears record low, but most federal agencies are viewed favorably. October 18. Washington, DC: Pew Research Center for the People & the Press. Retrieved from http://www. people-press. org/2013/10/18/trust-in-government-nears-record-low-but-most-federal-agencies-are-viewed-favorably/.

Pew Research Center. (2014). Few people say police forces nationally do well in treating races equally: Most have at least "fair amount" of confidence in local police. Retrieved from http://www. people-press. org/files/2014/08/8-25-14-Police-and-Race-Release. pdf.

Pew Research Center. (2014b). Millennials in adulthood: Detached from institutions, networked with friends. March 7. Washington, DC: Pew Research Center. Retrieved from http://www. pewsocialtrends. org/2014/03/07/millennials-in-adulthood/.

Pharr, S. J. , Putnam, R. D. , & Dalton, R. J. (2000). Trouble in the advanced democracies? A quarter-century of declining confidence. *Journal of Democracy*, *11*(2), 5 - 25.

Piaget, J. (1932). *The moral judgment of the child*. New York: Hartcourt, Brace & World.

Piko, B. F. , & Balazs, M. A. (2012). Authoritative parenting style and adolescent smoking and drinking. *Addictive Behaviors*, *37*, 353 - 356.

Piquero, A. R. , Gomez-Smith, Z. , & Langton, L. (2004). Discerning unfairness where others may not: Low self-control and unfair sanction perceptions, *Criminology*, 42, 699 - 733.

Piquero, A. R. , Fagan, J. , Mulvey, E. P. , Steinberg, L. , & Odgers, C. (2005). Developmental trajectories of legal socialization among serious adolescent offenders. *Journal of Criminal Law and Criminology*, *96*(1), 267 - 298.

Poulson, B. (2003). A third voice: A review of empirical research on the psychological outcomes of restorative justice. *Utah Law Review*, *2003*, 167 - 204.

Pratt, T. C. , Cullen, F. T. , Blevins, K. R. , Daigle, L. E. , & Madensen, T. D. (2006). The empirical status of deterrence theory: A meta-analysis. In F. T. Cullen, J. P. Wright, & K. R. Blevins (Eds.), *Taking stock: The status of criminological theory—Advances in criminological theory* (Vol. 15, pp. 367 - 395). New Brunswick, NJ: Transaction Publishers.

President's Task Force on 21st Century Policing. (2015). *Final report of the President's task force on 21st century policing*. Washington, DC: Office of Community Oriented Policing Services.

Public Policy Polling. (2013). Congress less popular than cockroaches, traffic jams. Raleigh, NC: Public Policy Polling. Retrieved from http://www. publicpolicypoll-ing. com/pdf/2011/PPP_Release_Natl_010813_. pdf.

Raaijmakers, Q. A. W. , Engels, R. C. M. E. , & van hoof, A. (2005). Delinquency and moral reasoning in adolescence and young adulthood. *International Journal of Behavioral Development*, *29*, 247 - 258.

Rahr, S. , & Rice, S. K. (2015). From warriors to guardians: Recommitting American police culture to democratic ideals. Washington, DC: National Institute of Justice Executive Session on Policing and Public Safety.

Redding, R. E. (2010). Juvenile transfer laws. An effective deterrent to delinquency? Washington, DC: Department of Justice.

Regalado, M. , Sareen, H. , Inkelas, M. , Wissow, L. S. , & Halfon, N. (2004). Parents' discipline of young children: Results from the National Survey of Early Childhood Health. *Pediatrics*, *113*(6), 1952 - 1958.

Reicher, S. , & Emler, N. (1985). Delinquent behavior and attitudes toward formal authority. *British Journal of Social Psychology*, *24*, 161 – 168.

Reiner, R. (2010). *The Politics of the Police* (4th ed.). Oxford: Oxford University Press.

Reisig, M. D., & Lloyd, C. (2009). Procedural justice, police legitimacy, and helping the police fight crime. *Police Quarterly*, *12*(1), 42 – 62.

Reisig, M. D., Tankebe, J., & Mesko, G. (2013). Compliance with the law in Slovenia: The role of procedural justice and police legitimacy. *European Journal of Criminal Policy Research*, *20*(2), 259 – 276.

Reiter, D., & Stam, A. C. (2002). *Democracies at war*. Princeton, NJ: Princeton University Press.

Renshon, S. A. (Ed.). (1977). *Handbook of political socialization*. New York: Free Press.

Resh, N., & Sabbagh, C. (2014a). Justice, belonging and trust among Israeli middle school students. *British Educational Research Journal*, *40*(6), 1036 – 1056.

Resh, N., & Sabbagh, C. (2014b). Sense of justice in school and civic attitudes. *Social Psychology and Education*, *17*(1), 51 – 72.

Riesman, D., Glazer, N., & Denney, R. (2001). *The lonely crowd*. New Haven, CT: Yale University Press.

Rigby, K., Mak, A. S., & Slee, P. T. (1989). Notes and short communications: Impulsiveness, orientations to institutional authority, and gender as factors in self-reported delinquency among Australian adolescents. *Personality and Individual Differences*, *6*, 689 – 692.

Rigby, K., & Rump, E. E. (1981). Attitudes toward parents and institutional authorities during adolescence. *Journal of Psychology*, *109*, 109 – 118.

Rigby, K., Schofield, P, & Slee, P. T. (1987). The similarity of attitudes towards personal and impersonal types of authority among adolescent schoolchildren. *Journal of Adolescence*, *10*, 241 – 253.

Rios, V. M. (2011). *Punished: Policing the lives of Black and Latino boys*. New York: New York University Press.

Roberts, J. V., & Stalans, L. J. (2004). Restorative sentencing: Exploring the views of the public. *Social Justice Research*, *17*, 315 – 334.

Robins, L. N., & Ratcliff, K. S. (1978). Risk factors in the continuation of childhood antisocial behavior into adulthood. *International Journal of Mental Health*, *7*, 96 – 116.

Rodgers, D. T. (2011). *Age of fracture*. Cambridge, MA: Harvard University Press.

Rosen, H. (2014). The overprotected kid. *The Atlantic*. April. Retrieved from http://www. theatlantic. com/magazine/archive/2014/04/hey-parents-leave-those-kids-alone/358631.

Rothbaum, F., & Weisz, J. R. (1994). Parental caregiving and child externalizing behavior in nonclinical samples: A meta-analysis. *Psychological Bulletin*, *116*(1), 55 – 74.

Ruderman, W. (2012a). Rude or polite, city's officers leave raw feelings in stops. *New York Times*, June 26. Retreived from http://www. nytimes. com/2012/06/27/nyregion/new-york-police-leave-raw-feelings-in-stops. html.

Ruderman, W. (2012b). For women in street stops, deeper humiliation. *New York Times*, August 6. Retreived from http://www. nytimes. com/2012/08/07/nyregion/for-women-in-street-stops-deeper-humiliation. html.

Rusinko, W. T., Johnson, K. W., & Hornung, C. A. (1978). The importance of police contact in the formulation of youths' attitudes toward police. *Journal of Criminal Justice*, *6*(1), 53 – 67.

Saad, L. (2015). Gallup: Americans faith in honesty, ethics of police rebounds. Retrieved February 4, 2016 from http://www. gallup. com/poll/187874/americans-faith-honesty-ethics-police-rebounds. aspx.

Samet, D. D. (2004). *Willing obedience*. Redwood City, CA: Stanford University Press.

Sampson, R. J., & Bartusch, D. J. (1998). Legal cynicism and (subcultural?) tolerance of deviance: The neighborhood context of racial differences. *Law & Society Review*, *32*(4), 777 – 804.

Sampson, R. J., & Laub, J. H. (1993). *Crime in the making: Pathways and turning points through life*. Cambridge, MA: Harvard University Press.

Sampson, R. J., Raudenbush, S. W., & Earls, F. (1997). Neighborhoods and violent crime: A multilevel study of collective efficacy. *Science*, *277* (5328), 918 – 924.

Schmidt, M. F. H., & Tomasello, M. (2012). Young children enforce moral rules. *Psychological Science*, *21*, 232 – 236.

Scott, E. S. (1992). Judgment and reasoning in adolescent decision making. *Villanova Law Review*, *37*, 1607 – 1669.

Scott, E. S., & Grisso, T. (2005). Developmental incompetence, due process, and juvenile justice policy. *North Carolina Law Review*, *83*, 793 – 846.

Scott, E. S. & Steinberg, L. (2008). Adolescent development and the regulation of youth crime. *The Future of Children*, *18*(2), 18 – 33.

Scott, E. S., & Steinberg, L. (2010). *Rethinking juvenile justice*. Cambridge, MA: Harvard University Press.

Schulhofer, S. J., & Tyler, T. R., & Huq, A. Z. (2011). American policing at a crossroads: Unsustainable policies and the procedural justice alternative. *Journal of Criminal Law & Criminology*, *101*(2), 335 – 374.

Sears, D. O. (1975). Political socialization. In F. I. Greenstein and N. W. Polsby (Eds.), *Handbook of political science* (Vol. 2, pp. 93 – 153).

Reading, MA: Addison-Wesley.

Sears, D. O. , & Brown, C. (2013). Childhood and adult political development. In L. Huddy, D. O. Sears, & J. S. , Levy (Eds.), *The Oxford handbook of political psychology* (2nd ed.). Oxford: Oxford University Press.

Shackleton, R. (1961). *Montesquieu: A critical biography*. New York: Oxford University Press.

Shaw, A. , & Olson, K. (2014). Fairness as partiality aversion: The development of procedural justice. *Journal of Experimental Child Psychology*, *119*, 40 - 53.

Shaw, J. M. , & Scott, W. A. (1991). Influence of parent discipline style on delinquent behaviour: the mediating role of control orientation. *Australian Journal of Psychology*, *43*(2), 61 - 67.

Sherer, Y. C. , & Nickerson, A. B. , (2010). Anti-bullying practices in American schools: Perspectives of school psychologists. *Psychology in the Schools*, *47*(3), 217 - 229.

Sherman, L. (1993). Defiance, deterrence, and irrelevance. *Journal of Research in Crime and Delinquency*, *30*, 445 - 473.

Sherman, L. (1999). *Consent of the governed*. Presentation at Hebrew University, Jerusalem. January.

Sherman, L. & Rogan, D. P. (1995). The effects of gun seizures on gun violence: "Hot spots" patrol in Kansas City. *Justice Quarterly*, *12*, 673 - 693.

Sherrod, L. R. (2008). Adolescents' perceptions of rights as reflected in their views of citizenship. *Journal of Social Issues*, *64*(4), 771 - 790.

Shore, N. (2011). Millennials are playing with you. *Harvard Business Review*, December 12. Retrived from https://hbr. org/2011/12/millennials-are-playing-with-y.

Silbey, S. S. (1991). *Child's play: The origins of hegemony, acquiescence, and obligation in adolescents' studies of law*. A Colloquium in Honor of Egon Bittner, Brandeis University, Waltham, MA. May.

Silbey, S. S. (2005). After legal consciousness. *Annual Review of Law and Social Science*, *1*, 323 - 368.

Silbey, S. S. (2010). Invocations of law on snowy streets. *Journal of Comparative Law*, *5*, 66 - 91.

Simons, R. L. , Johnson, C. , Conger, R. D. , & Elder, G. (1998). A test of latent trait versus lifecourse perspectives on the stability of adolescent antisocial behavior. *Criminology*, *36*(2), 217 - 244.

Simons, R. L. , Simons, L. G. , Burt, C. H. , Brody, G. H. , & Cutrona, C. (2005). Collective efficacy, authoritative parenting and delinquency. *Criminology*, *43*(4), 989 - 1029.

Skiba, R. J. (2000). *Zero tolerance, zero evidence*. Bloomington, IN: Education Policy Center.

Sklansky, D. A. (2005). Police and democracy. *Michigan Law Review, 103* (7), 1699 – 1830.

Sklansky, D. A. (2006). Not your father's police department: Making sense of the new demographics of law enforcement. *Journal of Criminal Law & Criminology, 96*(3),1209 – 1244.

Skogan, W., & Frydl, K. (2004). *Fairness and effectiveness in policing*. Washington, D. C. : National Research Council.

Slobogin, C., & Fondacaro, M. R. (2011). *Juveniles at risk: A plea for preventative justice*. Oxford: Oxford University Press.

Slocum, L. A., Tayler, T. J., Brick, B. T., & Esbensen, F. A. (2010). Neighborhood structural characteristics, individual-level attitudes, and youths' crime reporting intentions. *Criminology, 48*(4), 1063 – 1100.

Slocum, L. A., Wiley, S. A., & Esbensen, F. (2013). The unintended consequences of being stopped or arrested. *Criminology, 51*, 927 – 966.

Smetana, J. G. (1988). Adolescents' and parents conceptions of parental authority. *Child Development, 59*, 321 – 335.

Smetana, J. G. (1995a). Parenting styles and conceptions of parental authority during adolescence. *Child Development, 66*, 299 – 316.

Smetana, J. G. (1995b). Morality in context: Abstractions, ambiguities and applications. In V. Ross (Ed.), *Annals of child development* (Vo. 10, p. 83 – 130). London: Jessica Kingsley Publishers.

Smetana, J. G. (2002). Culture, autonomy, and personal jurisdiction in adolescent-parent relationships. *Advances in Child Development, 29*, 51 – 87.

Smetana, J. G., & Asquith, P. (1994). Adolescents' and parents' conceptions of parental authority and personal autonomy. *Child Development, 65*, 1147 – 1162.

Smetana, J. G., & Bitz, B. (1996). Adolescents' conceptions of teachers' authority and their relations to rule violations in school. *Child Development, 67*(3), 1153 – 1172.

Smetana, J. G., Campione-Barr, N., & Yell, N. (2003). Children's moral and affective judgments regarding provocation and retaliation. *Merrill-Palmer Quarterly, 49*,209 – 236.

Smetana, J. G., & Daddis, C. (2002). Domain-specific antecedents of parental psycho-logical control and monitoring. *Child Development, 73*, 563 – 580.

Smith, T. W., & Son, J. (2013). *General social survey 2012 final report: Trends in public attitudes about confidence in institutions*. Chicago: NORC at the University of Chicago.

Snyder, H. N. (2012). *Arrest in the United States, 1990 – 2010*. Washington,

DC: US Department of Justice, Bureau of Justice Statistics.

Spear, L. P. (2000). The adolescent brain and age-related behavioral manifestations. *Neuroscience and Biobehavioral Reviews*, 24, 417-463.

Spencer, J. P., Blumberg, M. S., McMurray, B., Robinson, S. R., Samuelson, L. K., & Tomblin, J. B. (2009). Short arms and talking eggs: Why we should no longer abide the nativist-empiricist debate. *Child Development Perspectives*, 3, 79-87.

Srole, L. (1956). Social integration and certain corollaries: An explanatory study. *American Sociological Review*, 21, 709-716.

Stams, G. J., Brugman, D., Dekovic, M., van Rosmalen, L., van der Lann, P., & Gibbs, J. C. (2006). The moral judgment of juvenile delinquents. *Journal of Abnormal and Child Psychology*, 34, 697-713.

Starks, B., & Robinson, R. V. (2005). Who values the obedient child now? The religious factor in adult values for children, 1986-2002. *Social Forces*, 84(1), 343-359.

Steffensmeier, D., & Ulmer, J. (2002). Age and the patterning of crime. In S. Kadish (Ed.), *Encyclopedia of crime and justice* (pp. 22-28). New York: Macmillan.

Steinberg, L. (2008). A social neuroscience perspective on adolescent risk-taking. *Developmental Review*, 28, 78-106.

Steinberg, L. (2009). Adolescent development and juvenile justice. *Annual Review of Clinical Psychology*, 5, 459-485.

Steinberg, L. (2014). *Age of opportunity: Lessons from the new science of adolescence*. Boston: Houghton Mifflin Harcourt

Steinberg, J., & Cauffman, E. (1996). Maturity of judgment in adolescence. *Law and Human Behavior*, 20, 249-272.

Stenner, K. (2005). *The authoritarian dynamic*. Cambridge: Cambridge University Press

Stickle, W. P., Connell, N. M., Wilson, D. M., & Gottfredson, D. (2008). An experimental evaluation of teen courts. *Journal of Experimental Criminology*, 4(2), 137-163.

Stoudt, B. G., Fine, M., & Fox, M. (2011-2012). Growing up policed in the age of aggressive policing policies. *New York Law School Law Review*, 56, 1331-1372.

Straus, M. A. (1991). Discipline and deviance: Physical punishment of children and violence and other crime in adulthood. *Social Problems*, 38(2), 133-154.

Straus, M. A., & Donnelly, D. A. (2001). *Beating the devil out of them: Corporal punishment in American families and its effects on children*. New Brunswick, NJ: Transaction Publishers.

Stuart, J. , Fondacaro, M. , Miller, S. A. , Brown, V. , & Brank, E. M. (2008). Procedural justice in family conflict resolution and deviant peer group involvement among adolescents. *Journal of Youth and Adolescence*, *37*, 674 – 684.

Stuart-Cassel, V. , Bell, A. , & Springer, J. F. (2011). *Analysis of state bullying laws and policies*. Washington, DC: US Department of Education, Office of Planning, Evaluation and Policy Development.

Stuss, D. T. , & Knight, R. T. (2002). *Principles of frontal lobe function*. New York: Oxford University Press.

Sullivan, C. J. (2008). Childhood emotional and behavioral problems and predictions of delinquency. *Applied Psychology in Criminal Justice*, *4*(1), 45 – 80.

Sullivan, J. L. , & Transue, J. E. (1999). The psychological underpinnings of democracy. *Annual Review of Psychology*, *50*, 625 – 650.

Sunshine, J. , & Tyler, T. R. (2003a). The role of procedural justice and legitimacy in shaping public support for policing. *Law and Society Review*, *37*, 513 – 548.

Sunshine, J. , & Tyler, T. R. (2003b). Moral solidarity, identification with the community, and the importance of procedural justice: The police as prototypical representatives of a group's moral values. *Social Psychology Quarterly*, *66*(2), 153 – 165.

Tangney, J. P. , & Dearing, R. L. (2002). *Shame and guilt*. New York: Guilford.

Tapp, J. L. (1966). Persuasion to virtue. In Krislov, S. , Boyum, K. O. , Clark, H. N. , Shaefer, R. C. , & White, S. O (Eds.), *Compliance with the law*. Thousand Oaks, CA: Sage.

Tapp, J. L. (1976). Psychology and the law: An overture. *Annual Review of Psychology*, *27*, 359 – 404.

Tapp, J. L. (1987). The jury as a socialization experience: A socio-cognitive view. In R. W. Rieber (Ed.), *Advances in forensic psychology and psychiatry* (Vol. 2, pp. 1 – 32). Norwood, NJ: Ablex Publishing Corporation.

Tapp, J. L. (1991). The geography of legal socialization: Scientific and social markers. *Droit et Sociète*, *19*, 331 – 358.

Tapp, J. L, & Kohlberg, L. (1971). Developing sense of law and legal justice. *Journal of Social Issues*, *27*(2), 65 – 91.

Tapp, J. L. , & Levine, F. J. (1970). Persuasion to virtue: A preliminary statement. *Law & Society Review*, *4*, 565 – 582.

Tapp, J. L. , & Levine, F. J. (1972). Compliance from kindergarten to college: A specula-tive research note. *Journal of Youth and Adolescence*, *1*,

233 - 249.

Tapp, J. L., & Levine, F. J. (1974). Legal socialization: Strategies for an ethical legality. *Stanford Law Review*, *27*, 1 - 72.

Tapp, J. L., & Levine, F. J. (1977). *Law, justice, and the individual in society*. New York: Holt.

Tapp, J. L., & Melton, G. B. (1983). Preparing children for decision making: Implications of legal socialization research. In. G. B. Melton, G. P. Koocher, & M. J. Saks (Eds.), *Children's competence to consent* (pp. 215 - 233). New York: Plenum.

Tarry, H., & Emler, N. (2007). Attitudes, values and moral reasoning as predictors of delinquency. *British Journal of Developmental Psychology*, *25*, 169 - 183.

Thomas, R. M. (2005). *Comparing theories of child development* (6th ed.). Belmont, CA: Thomason Wadsworth.

Thompson, R. A. (2008). Early attachment and later development: Familiar questions, new answers. In J. Cassidy & P. R. Shaver (Eds.), *Handbook of attachment* (pp. 348 - 365). New York: Guilford Press.

Thibaut, J., & Walker, L. (1975). *Procedural justice: A psychological analysis*. Mahwah, NJ: Lawrence Erlbaum Associates.

Thoreau, H. D. (1993). *Civil disobedience and other essays*. Mineola, NY: Dover Publications.

Thorkildsen, T. A., & White-McNulty, L. (2002). Developing conceptions of fair context procedures and the understanding of luck and skill. *Journal of Educational Psychology*, *94*, 316 - 326.

Tillman, J. (2010). Illinois is broke. September. Retrieved from https://www.illi-noispolicy.org/illinois-is-broke.

Tisak, M. S. (1986). Children's conceptions of parental authority. *Child Development*, *57*, 166 - 176.

Tisak, M. S., Crane-Ross, D., Tisak, J., & Maynard, A. M. (2000). Mothers' and teachers' home and school rules. *Merrill-Palmer Quarterly*, *46*, 168 - 187.

Tisak, M. S., Tisak, J., & Goldstein, S. E. (2006). Aggression, delinquency, and morality: A social-cognitive perspective. In M. Killen & J. G. Smetana (Eds.), *Handbook of moral development* (pp. 611 - 629). Mahwah, NJ: Lawrence Erlbaum Associates.

Torney, J. V. (1971). Socialization of attitudes toward the legal system. *Journal of Social Issues*, *27*(2), 137 - 154.

Torney-Purta, J. (2002). The school's role in developing civic engagement: A study of adolescents in twenty-eight countries. *Applied Developmental Science*, *6*(4), 203 - 212.

Torney-Purta, J. , & Wilkenfeld, B. (2008). How adolescents in 27 countries understand, support and practice human rights. *Journal of Social Issues*, *64*, 857–880.

Travis, J. , Western, B. , & Redburn, S. (Eds.) (2014). *The growth of incarceration in the United States*. Washington, DC: National Academies Press.

Trinkner, R. (2012). *Testing the procedural justice model of legal socialization: Expanding beyond the legal world*. Unpublished dissertation, Department of Psychology, University of New Hampshire.

Trinkner, R. (2015). *The ubiquity of legal socialization: Parental influences on legal attitudes and values in adulthood*. Paper presented at the annual meetings of the American Psychology-Law Society in San Diego, CA.

Trinkner, R. , & Cohn, E. S. (2014). Putting the "social" back in legal socialization: Procedural justice, legitimacy, and cynicism in legal and nonlegal authorities. *Law and Human Behavior*, *38*(6), 602–617.

Trinkner, R. , Cohn, E. S. , Rebellon, C. J. , & Van Gundy, K. (2012). Don't trust anyone over 30: Parental legitimacy as a mediator between parenting style and changes in delinquent behavior over time. *Journal of Adolescence*, *35*, 119–132.

Trinkner, R. , & Goff, P. A. (2016). The color of safety: The psychology of race & policing. In B. Bradford, B. Jauregui, I. Loader, & J. Steinberg (Eds.), *The SAGE handbook of global policing* (pp. 61–81). London: Sage.

Trinkner, R. , Jackson, J. P. , & Tyler, T. R. (2016). Expanding 'appropriate' police behavior beyond procedural justice: Bounded authority & the legitimation of the law. Unpublished manuscript. Available online at https://papers. ssrn. com/sol3/papers. cfm? abstract_id=2846659.

Trinkner, R. , & Tyler, T. R. (2016). Legal socialization: Coercion vs. consent in an era of mistrust. *Annual Review of Law and Social Science*, *12*, 417–439.

Turiel, E. (1987). Potential relations between the development of social reasoning and childhood aggression. In D. Crowell, I. Evans, & C. R. O'Connell (Eds.), *Childhood aggression and violence* (pp. 95–114). New York: Plenum.

Turiel, E. (2002). *The culture of morality*. New York: Cambridge University Press.

Twenge, J. M. (2006). *Generation me*. New York: Free Press.

Tyler, T. R. (1988). What is procedural justice?: Criteria used by citizens to assess the fairness of legal procedures. *Law and Society Review*, *22*, 103–135.

Tyler, T. R. (1997). The psychology of legitimacy: A relational perspective on voluntary deference to authorities. *Personality and Social Psychology Review*, *1*, 323 - 345.

Tyler, T. R. (2000). Social justice: Outcome and procedure. *International Journal of Psychology*, *35*, 117 - 125.

Tyler, T. R. (2004). Enhancing police legitimacy. *Annals of the American Academy of Political and Social Science*, *593*(1), 84 - 99.

Tyler, T. R. (2006a). *Why people obey the law*. Princeton, NJ: Princeton University Press.

Tyler, T. R. (2006b). Legitimacy and legitimation. *Annual Review of Psychology*, *57*, 375 - 400.

Tyler, T. R. (2009). Legitimacy and criminal justice: The benefits of self-regulation. *Ohio State Journal of Criminal Law*, *7*, 307 - 359.

Tyler, T. R. (2011). *Why people cooperate*. Princeton, NJ: Princeton University Press.

Tyler, T. R. , & Blader, S. L. (2000). *Cooperation in groups: Procedural justice, social identity, and behavioral engagement*. Philadelphia: Psychology Press.

Tyler, T. R. , & Blader, S. L. (2003). The group engagement model: Procedural justice, social identity, and cooperative behavior. *Personality and Social Psychology Review*, *7*, 349 - 361.

Tyler, T. R. , & Boeckmann, R. J. (1997). Three strikes and you are out, but why? The psychology of public support for punishing rule breakers. *Law & Society Review*, *31*(2), 237 - 265.

Tyler, T. R. , Casper, J. D. , & Fisher, B. (1989). Maintaining allegiance toward political authorities: The role of prior attitudes and the use of fair procedures. *American Journal of Political Science*, *33*, 629 - 652.

Tyler, T. R. , & Fagan, J. (2008). Why do people cooperate with the police? *Ohio State Journal of Criminal Law*, *6*, 231 - 275.

Tyler, T. R. , Fagan, J. , & Geller, A. (2014). Street stops and police legitimacy: Teachable moments in young urban men's legal socialization. *Journal of Empirical Legal Studies*, *11*, 751 - 785.

Tyler, T. R. , Goff, P. A. , & MacCoun, R. J. (2015). The impact of psychological science on policing in the United States: Procedural justice, legitimacy, and effective law enforcement. *Psychological Science in the Public Interest*, *16*(3), 75 - 109.

Tyler, T. R. , & Huo, Y. J. (2002). *Trust in the law*. New York: Russell Sage Foundation.

Tyler, T. R. , & Jackson, J. (2013). Future challenges in the study of legitimacy and criminal justice. In J. Tankebe and A. Liebling (Eds.),

Legitimacy and criminal jus-tice: An international exploration. Oxford: Oxford University Press.

Tyler, T. R., & Jackson, J. (2014). Popular legitimacy and the exercise of legal authority: Motivating compliance, cooperation and engagement. *Psychology, Public Policy and Law, 20,* 78 - 95.

Tyler, T. R., Jackson, J., & Mentovich, T. (2014). *The consequence of being an object of suspicion: Potential pitfalls of proactive policing.* Paper presented at the annual meetings of the Society for Empirical Studies, Berkeley, CA.

Tyler, T. R., & Lind, E. A. (1992). A relational model of authority in groups. *Advances in Experimental Social Psychology, 25,* 115 - 191.

Tyler, T. R., Lind, E. A., & Huo, Y. J. (2000). Cultural values and authority relations. *Psychology, Public Policy, and Law, 6* (4), 1138 - 1163.

Tyler, T. R., & Rankin, L. (2012). The mystique of instrumentalism. In J. Hanson (Vol. Ed.) & J. Jost (Series Ed.), *Ideology, psychology, and law* (pp. 537 - 573). New York: Oxford University Press.

Tyler, T. R., Schulhofer, S. J., & Huq, A. Z. (2010). Legitimacy and deterrence effects in counter-terrorism policing. *Law and Society Review, 44* (2), 365 - 402.

Tyler, T. R., & Sevier, J. (2013/2014). How do the courts create popular legitimacy? The role of establishing the truth, punishing justly, and/or acting through just procedures. *Albany Law Review, 77*(3), 1095 - 1137.

Tyler, T. R., Sherman, L. W., Strang, H., Barnes, G. C., & Woods, D. J. (2007). Reintegrative shaming, procedural justice, and recidivism: The engagement of offenders' psychological mechanisms in the Canberra RISE drinking-and-driving experiment. *Law and Society Review, 41*(3), 553 - 586.

Ufer, U. (2012). Criminalizing the classroom: The rise of aggressive policing and zero tolerance discipline in New York City public schools. *New York Law School Law Review, 56,* 1373 - 1411.

Unnever, J. D., Colvin, M., & Cullen, F. T. (2004). Crime and coercion: A test of core theoretical propositions. *Journal of Research in Crime and Delinquency, 41*(3), 244 - 268.

van Prooigen, J., Gallucci, M. & Toeset, G. (2008). Procedural justice in punishment systems: Inconsistent punishment procedures have detrimental effects on cooperation. *British Journal of Social Psychology, 47,* 311 - 324.

Vandeleur, C. L., Perrez, M., & Schoebi, D. (2007). Associations between measures of emotion and familial dynamics in normative families with adolescents. *Swiss Journal of Psychology, 66,* 5 - 16.

Vignati, J. (2011). "Beyond Scared Straight" is beyond common sense.

January. Retrieved November 6 from http://jjie. org/joe-vignatibeyond-scared-straight-beyond-common-sense.

Viki, G. T. , Culmer, M. J. , Eller, A. , & Abrams, D. (2006). Race and willingness to cooperate with the police. *British Journal of Social Psychology*, *45*, 285 - 302.

Wang, J. , Iannotti, R. J. , & Nansel, T. R. (2009). School bullying among adolescents in the United States: Physical, verbal, relational, and cyber. *Journal of Adolescence Health*, *45*, 368 - 75.

Ward, J. T. , Nobles, M. R. , Lanza-Kaduce, L. , Levett, L. M. , & Tillyer, R. (2011). Caught in their own speed trap: The intersection of speed enforcement policy, police legitimacy, and decision acceptance. *Police Quarterly*, *14*(3), 251 - 276.

Wasserman, G. A. , Keenan, K. , Tremblay, R. E. , Cole, J. D. , Herrenkohl, T. I. , Loeber, R. , & Petechuk, D. (2003). *Risk and protective factors of child delinquency*. Washington, DC: Office of Juvenile Justice and Delinquency Prevention.

Way, S. M. (2011). School discipline and disruptive classroom behavior. *Sociological Quarterly*, *52*, 346 - 375.

Weber, M. (1968). *Economy and society*. (G. Roth & C. Wittich, Eds.). Berkeley: University of California Press.

Weisz, V. , Wingrove, T. , & Faith-Slaker, A. (2007/2008). Children and procedural justice. *Court Review*, *44*, 36 - 43.

Welsh, W. N. (2001). Effects of student and school factors on five measures of school disorder. *Justice Quarterly*, *18*, 911 - 947.

Welsh, W. N. (2003). Individual and institutional predictors of school disorder. *Youth Violence and Juvenile Justice*, *1*, 346 - 368.

West, D. J. , & Farrington, D. P. (1973). *Who becomes delinquent?* London: Heinemann.

Westholm, A. , Lindquist, A. , & Niemi, R. G. 1990. Education and the making of the informed citizen. In O. Ichilov (Ed.), *Political socialization, citizenship education, and democracy* (pp. 177 - 204). New York: Teachers College Press.

White, S. O. (2001). Reasoning and justice. In S. O. White (Ed.), *Handbook of Youth and Justice* (pp. 307 - 327). New York: Plenum Publishers.

Whitman, J. Q. (2003). *Harsh justice: Criminal punishment and the widening divide between America and Europe*. New York: Oxford University Press.

Wilson, D. (2004). The interface of school climate and school connectedness and relationships with aggression and victimization. *Journal of School Health*, *74*, 293 - 299.

Wilson, J. Q. , & Kelling, G. L. (1982). Broken windows. *The Atlantic*. March. Retrieved from http://www. theatlantic. com/magazine/archive/1982/03/broken-windows/304465/.

Wolfe, S. E. , Chrusciel, M. M. , Rojek, J. , Hansen, J. A. , & Kaminski, R. J. (2015). Procedural justice, legitimacy and school principals' evaluations of school resource officers. Available online at *Criminal Justice Policy Review*. doi: 10. 1177/ 0887403415573565

Woolard, J. L. , Fried, C. S. , & Reppucci, N. D. (2001). Toward an expanded definition of adolescent competence in legal situations. In R. Roesch, R. R. Corrado, & R. Dempster (Eds.), *Psychology in the courts* (pp. 21 - 40). New York: Routledge.

Wu, S. C. , Pink, W. , Crain, R. , & Moles, O. (1982). Student suspension: A critical reappraisal. *Urban Review*, *14* , 245 - 303.

Yariv, E. (2009). Students' attitudes on the boundaries of teachers' authority. *School Psychology International*, *30*(1), 92 - 111.

Yau, J. , & Smetana, J. G. (2003). Conceptions of moral, social-conventional, and personal events among Chinese preschoolers in Hong Kong. *Child Development*, *74*(3), 647 - 658.

Younts, C. W. (2008). Status, endorsement and the legitimacy of deviance. *Social Forces*, *87*(1), 561 - 590.

索 引

译后记 ———————————————————————————

　　《孩子为什么遵守规则》(*Why Children follow rules*)，光是书名就足够吸引人。这种吸引力来自于两个方面：其一，采用疑问式的书名，采用能够吸引读者注意的一种句式。虽然书名并未给出孩子遵守规则的原因（而非理由），但是如果将书名改为"孩子因为规范认同遵守规则"，或者类似的肯定性、观点性表述，则吸引力可能会大打折扣。其二，"孩子为什么遵守规则"不仅是个引人深思的问题，而且是一个足够日常因而容易被忽视的问题。这个问题犹如圣奥古斯丁关于时间观念的名言所说："什么是时间？如果没有人问我，我是知道的；如果我希望向问我的人释明它，那我就不知道了。"①同样，"孩子为什么遵守规则"这个问题，你不问我或者我不问你，我们可能隐约知道一点，但一发问，就发现我们对这个问题即使不是一无所知，也难说知道点什么。只是这个问题一问出，就犹如漆黑雨夜中手电射出的一道光柱，"手掌那么大的一圈黄光，无数的雨线飞蛾见火似的匆忙扑向这光圈里来"②。诸多答案涌入心头。本书正是试图给出一些答案或者原因。

———————————————

① 转引自［英］H. L. A·哈特：《法律的概念（第二版）》，许家馨、李冠宜译，法律出版社2011年版，第13页。

② 钱钟书：《围城》，人民文学出版社1991年版，第144页。

　　法治建设的成功不仅需要立法、执法、司法，还需要全体公民普遍守法。守法是法治的社会基础，普遍违法的社会很难被称为法治社会，因为普遍违法意味着法律缺乏正当性，人们不认同法律，不支持法治。在这个意义上，内在蕴含着社会共识价值的法治便沦为话语工具。因此，法治建设需要法律、法治获得人们的认同，从而使得法律施行与法治运转具备坚实的社会基础与心理基础，即人们自觉守法。

　　自觉守法与守法投机主义不同。特定行为人之所以不闯红灯并不是因为其认同道路交通安全法，而是因为他担心闯红灯会被车撞到，或者担心受到不远处的交警之处罚，此种守法认知便是守法投机主义。特定行为人实施守法行为立基于成本－效益分析，其在违法收益高于违法成本，守法成本高于守法收益，以及违法被抓住的概率的权衡中选择遵守法律还是违背法律。相反，持有自觉守法认知的行为人，即使在违法收益大于违法成本的情况下也不会违法，或者说在守法成本大于守法收益的情况下依然选择守法。

　　自觉守法与基于其他原因的守法不同。特定行为人之所以不杀人，并非是因为他知道《刑法》第232条规定了故意杀人罪，而是因为他认为这是不对的，或者说是因为特定行为在道德上是错误的。也就是说，特定行为人存在不同于法律的行动理由，并将该理由作为行动的评价标准，当其他行为人违背这一理由时，该行为人便以特定理由进行评价。只不过基于非法律内容的守法可能会在法律之外构造一个二阶理由，并将法律作为一阶理由。当一阶理由（法律）与二阶理由（道德等）存在冲突时，二阶理由得因其性质而排除一阶理由，从而导致法律治理落空。当然，法律与道德等其他社会规范并非总是冲突的；相反，作为社会共识规范，法律通常与其他规范相契合乃至一致。因此，遵守法律即遵守道德，但在两者发生冲突的场合，法律可能需要面对道德的冲击。

自觉守法本质上是法律价值共识与主体内在的价值观相契合，以使主体认同法律。而且，主体并非在短期内认同法律，而是在长期的社会实践中践行法律。反复的践行促使主体将法律内化于心，进而外化于行。更为重要的是，当主体在实践中将法律内化于心后，其将形成特定的心理认知路径。在实践中，主体常常以快速、无觉知的方式实施合法行为。其中，主体的价值观与法律价值共识相契合是规范认同的过程，这一过程是事实行为获得规范效力的中介点，而这并非本书的关注点。本书的关注点在于，为何认同能够发生，或者说法律社会化的过程是如何发生的。

自觉守法不是齐一化的，并非所有男女老少都具有相同的守法认知。尤其对于青少年而言，其处于认知心理的发展阶段，对守法认知具有很大的开放性与可塑性。更为重要的是，今天的少年就是明天的希望。真正的全民守法是持续生长与更新的过程，只有一代又一代的年轻人形成自觉的守法认知，才会有常态化的全民守法。青少年法律社会化正是守法认知形成的关键路径，因而其是突破当前不尽如人意的守法情况之核心突破口。与青少年相比，成年人往往容易出现认知固化，但这并非是说成年人无需法律社会化，而是说相比于青少年，对认知确定的成年人进行法律社会化的难度与成本都要高得多。因此，法律社会化应从青少年做起，以使得守法认知随着青少年年龄的增长而更加完善与稳定。有鉴于此，本书主张从家庭到学校再到社会的阶段化法律社会化。

翻译此书肇因于宋寅悦编辑与我多次聊到出版有价值的书籍之想法，最早起因于 2018 年 9 月宋寅悦编辑让我看一份外文书单，并让我就哪些书比较吸引人提出建议，我最早圈中的正是这本书。再后来，就书单同其他同学进行交流时，我发现大家都对这本书兴趣盎然。在经过多次商议后，宋寅悦编辑与我敲定由我翻译此书。之后的 2018 年下半年与 2019 年春节期间，我便集中阅读本书，并于 2019 年 3 月 19 日译完草稿，后又三次审校，最终于 2019 年 6 月 15 日将初稿交给宋寅悦编辑，距今已一年多的时间。不敢谈译事艰辛。以往读译著，在觉不通顺或者词不达意时，心中多有责难，如今从读者变作译者，恐谬误在所难免，只期望谬误之处能得到方家批评指正。

最后分享一个思考。2019 年春节期间，外甥来家居住，正值我在翻译此书，便试图以翻译过程中的所思所想在外甥身上试一试，发现小孩子并非"不讲道理""毫无逻辑"。2020 年的暑假，外甥来家居住一月有余，他与周边邻居家十来个 10 岁以下孩子在玩耍过程中的表现，更是加深了我对下述观点的认同：成年人在与青少年和幼童进行交流的过程中，不能因年龄、认知能力、知识储备略长而采取居高临下的态度。类似于"因为我是妈妈，所以你要听我""我说你不对你就是不对""我不让你看电视就不能看电视"的教育方式，会导致孩子产生抵触心理，而且会导致孩子模仿父母，从而在与其他孩子相处的过程中采取类似的行为方式。相反，当家长以平等的方式同孩子进行交流时，孩子往往会获得更舒适，因而更容易被接受的教育，这也证明了本书的主题。有时并非孩子"不听话"，而是我们"不听话"；并非孩子"不讲道理"，而是我们不愿意"听孩子讲道理"；并非孩子"毫无逻辑"，而是我们没耐心试图弄清楚"孩子的逻辑"。对孩子的搪塞会导致孩子封闭他们的内心，频繁的斥责则会使得孩子变得沉默或诉诸暴力。最终，我要提醒自己——如果包括大家的话——的是，我们曾经也是孩子，但我们是否因为年岁增长而忘了自己曾经是个孩子，更过分的是，我们还要求孩子不要像个孩子。

图书在版编目(CIP)数据

孩子为什么遵守规则：法律社会化与合法性发展/[美]汤姆·R.泰勒(Tom R. Tyler)，[美]里克·特林克纳(Rick Trinkner)著；雷槟硕译.—上海：上海三联书店，2020.10
ISBN 978-7-5426-7017-5

Ⅰ.①孩… Ⅱ.①汤…②里…③雷… Ⅲ.①青少年犯罪－司法制度－研究 Ⅳ.①D916

中国版本图书馆 CIP 数据核字(2020)第 060744 号

孩子为什么遵守规则：法律社会化与合法性发展

著　　者 / [美]汤姆·R.泰勒　[美]里克·特林克纳

译　　者 / 雷槟硕
审　　校 / 范进学
责任编辑 / 宋寅悦
装帧设计 / 一本好书
监　　制 / 姚　军
责任校对 / 张大伟　王凌霄

出版发行 / 上海三联书店
　　　　　(200030)中国上海市漕溪北路 331 号 A 座 6 楼
邮购电话 / 021-22895540
印　　刷 / 上海惠敦印务科技有限公司

版　　次 / 2020 年 10 月第 1 版
印　　次 / 2020 年 10 月第 1 次印刷
开　　本 / 890×1240　1/32
字　　数 / 280 千字
印　　张 / 11.125
书　　号 / ISBN 978-7-5426-7017-5/D·448
定　　价 / 65.00 元

敬启读者，如发现本书有印装质量问题，请与印刷厂联系 021-63779028

Oxford
University Press

Oxford University Press is a department of the University of Oxford. It furthers the University's objective of excellence in research, scholarship, and education by publishing worldwide. Oxford is a registered trade mark of Oxford University Press in the UK and certain other countries.

Published in the United States of America by Oxford University Press
198 Madison Avenue, New York, NY 10016, United States of America.

CIP data is on file at the Library of Congress
ISBN 978-0-19-064414-7

1 3 5 7 9 8 6 4 2

Printed by Sheridan Books, Inc., United States of America